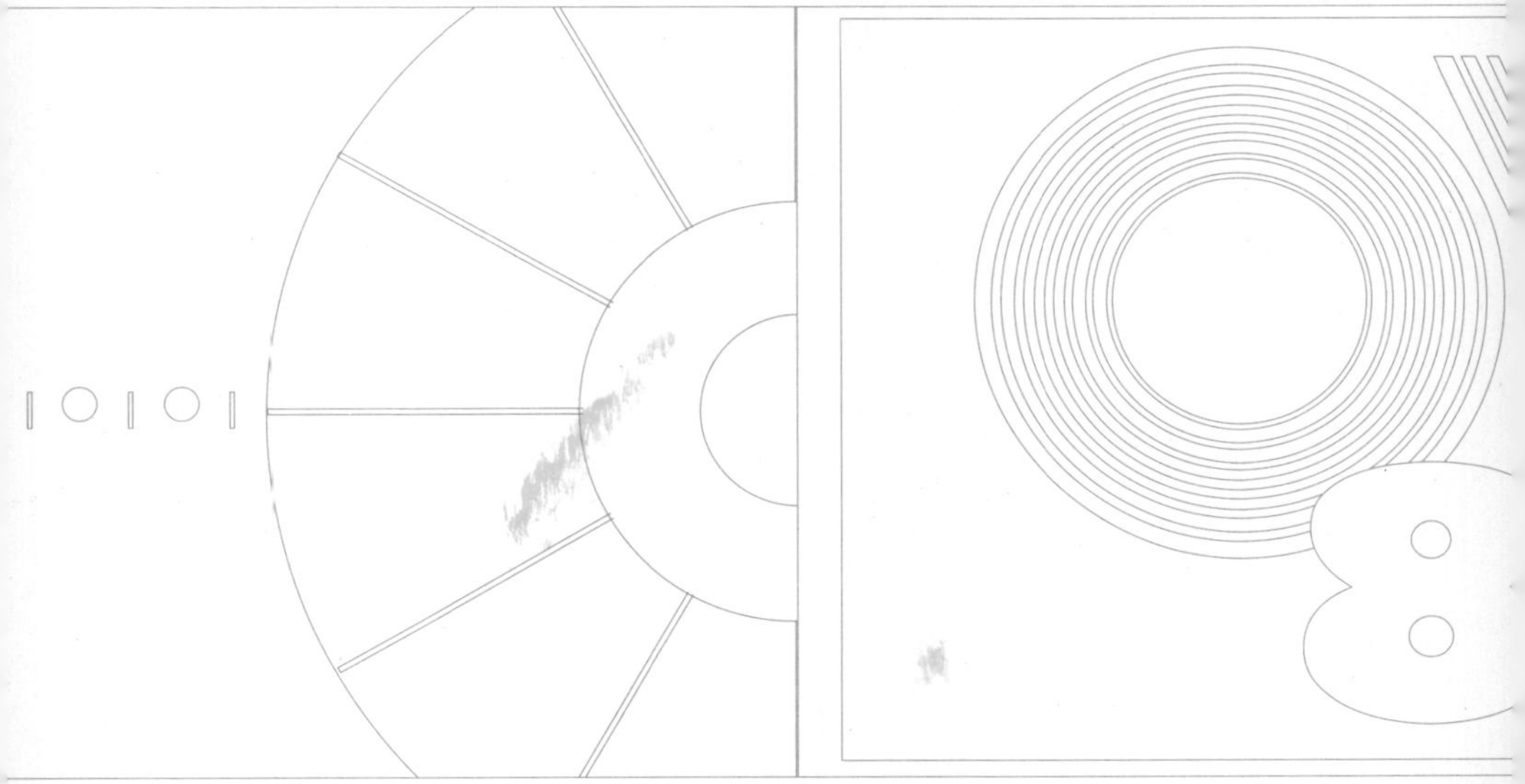

DIG THE C

BEFORE THE TAPE EN

時代を超える名作 OVA
オリジナルビデオアニメーション

数多の傑作が誕生してマーケットを広げていった80年代のアニメシーンの中で、独自の進化を遂げていったOVA。その魅力は、30年以上の時を経た今も色褪せることがない。

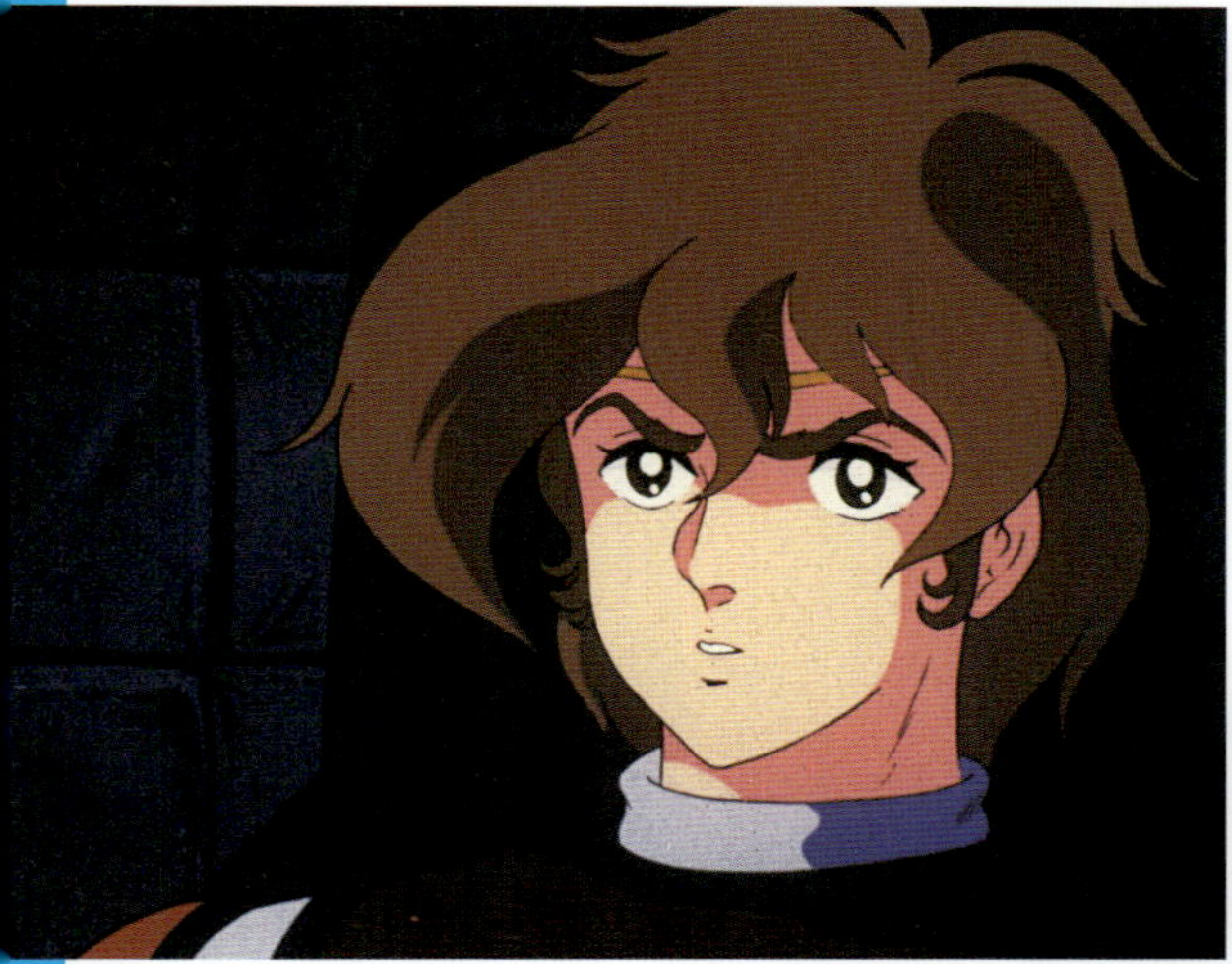

戦いの混乱に巻き込まれていくシュン

ダロス (1983-1984)

月の守護神・ダロスとは？ 世界初OVAはハードな戦闘シーンと巧みな心理描写で衝撃を与えた

鳥海永行＆押井守の師弟コンビが描いたSF叙事詩。渋いドラマとメカ描写で従来のSFアニメでは成立し得なかった世界観に挑戦した世界初OVA作品だ。

徹底的な管理を進める統轄局司令官・アレックス

開拓民が神と崇めるダロスとは

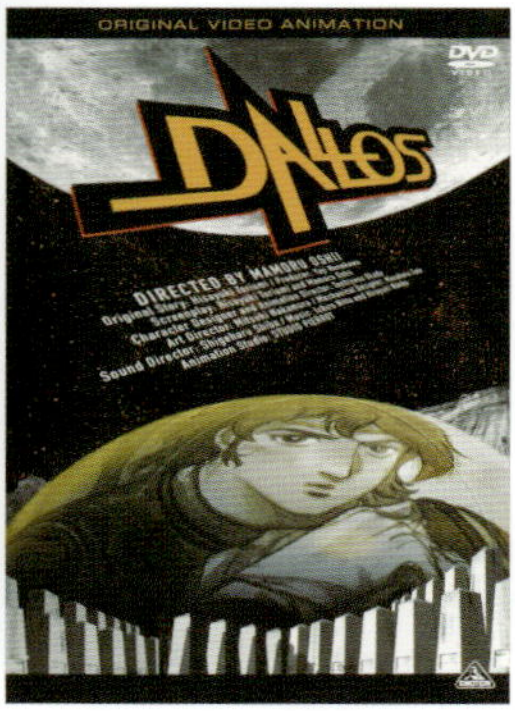

ダロス
DVD
税抜価格 5800円
収録分数 164分
発売・販売元
バンダイビジュアル

メガゾーン23（1985）

**明日なき世界を生きる
若者たちの住む世界は
虚構都市だった!**

ガーランドのバトルシーンも圧巻

巨大な影の正体に迫り命を狙われる省吾

巨大コンピューター・バハムートに支配された虚構都市で、暴走する若者たちの鼓動。軍事用可変バイク・ガーランドを手に入れた省吾に魔の手が迫る!

OVA黎明期に大ヒットを記録したSFアニメの金字塔!

夢を追い続けるヒロイン・由唯

人気絶頂のアイドル・イヴの正体は…

メガゾーン23 PARTⅡ
（1986）

キャラクターもアダルトに、物語も一層ハードに！

凛々しく端正になった省吾

B.Dは自身の信念の元、省吾と対峙する

前作から数年後、情報操作による戦時下で暮らす人々は、デザルグとメガゾーンの激しい戦闘を知らずに生活していた。イヴのメッセージを聞いた省吾は、暴走族TRASHの仲間たちと世界の真実を暴くために立ち上がる。

アクションシーンもさらに過激に

当時のOVAで主流だったゴア描写も

髪を切り省吾と身も心も結ばれる由唯

メガゾーン23
Blu-ray
税抜価格 6000円
発売元 株式会社LUXENT
収録分数 81分
販売元 株式会社フロンティアワークス

メガゾーン23
PARTⅡ
Blu-ray
税抜価格 6000円
収録分数 82分
発売元 株式会社LUXENT
販売元 株式会社フロンティアワークス

メガゾーン23Ⅲ
Blu-ray
税抜価格 6000円
収録分数 102分
発売元 株式会社LUXENT
販売元 株式会社フロンティアワークス

戦え!!イクサー１
(1985-1987)

メカ、美少女&触手!
圧倒的テンションを誇るSFアクション!

平凡に暮らしていた女子高生・渚は、ふとしたきっかけでイクサー１と共に、ビッグゴールド率いる宇宙からの侵略者・クトゥルフと戦うようになる。平野俊弘の代表作にして、大ヒットしてシリーズ化されたOVAのマスターピース的作品。

「ゆるさないから…」両親を殺された仇をとるためイクサーロボで戦う渚

超能力を使うにはパートナーの協力が必要なイクサー１は、パートナーに渚を選び、クトゥルフの魔の手から地球を救うため戦う

クトゥルフのリーダー・ビッグゴールド（左）、司令官サー・バイオレット（中央）、戦闘下士官コバルト（右）たちは大型宇宙船を拠点に、発達した科学力で地球を襲撃してくる

戦え!!イクサー１
Blu-ray Box（初回限定版）
税抜価格 15000円
枚数 4枚組
収録分数 194分
発売・販売元
キングレコード株式会社

引き裂かれた時空からイクサー１の分身であるイクサーロボが登場！

戦国魔神ゴーショーグン
時の異邦人《エトランゼ》(1985)

レミーの過去、現在、未来を描いた人気ロボットアニメのスピンオフ作品

テレビシリーズの後日談を描いた作品。病魔に冒されたレミーを案ずるかつての仲間たち。病床のレミーは自身の精神内世界で、逃れることのできない運命と戦っていた…。

戦国魔神ゴーショーグン
Blu-ray Box(初回限定版)
税抜価格 50000円　枚数 8枚組
発売・販売元 キングレコード株式会社

超獣機神ダンクーガ 失われた者たちへの鎮魂歌《レクイエム》(1986)

ダンクーガとムゲ帝国、最後の戦いの行方は？

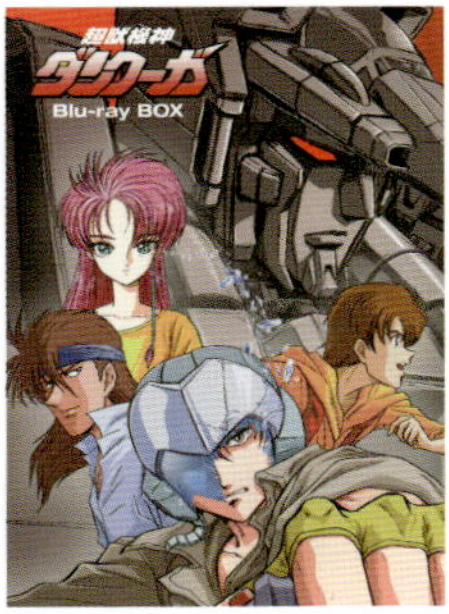

ガンドール砲のエネルギーに乗って超空間を移動したダンクーガ。鬼気迫る勢いで迫り来るデスガイヤーと激しい戦いを繰り広げる忍たちは、果たして強大なムゲ帝王を倒せるのか?

超獣機神ダンクーガ
Blu-ray Box(初回限定版)
税抜価格 53700円　枚数 8枚組
発売・販売元 キングレコード株式会社

レイナ剣狼伝説
(1988-1989)

人気ヒロイン・レイナが悪を斬る人気テレビシリーズのスピンオフ作品

正義のために旅を続けるレイナは剣狼を手に、地球、惑星B-1、そして故郷の惑星ウルスで悪と戦いを繰り広げる。健気に正義のために強敵に立ち向かうレイナ。彼女を守るため、兄のロム・ストールやブルー・ジェット、トリプル・ジム、ロッド・ドリルとおなじみのメンツも登場する。当時、アニメファンから熱狂的に支持された『マシンロボ』のスピンオフ作品。

ダーティペアの大勝負 ノーランディアの謎 (1985)

ユリとケイがノーランディアの森に秘められた謎に迫る

不思議な力を持つ少女・ミスニーの保護を依頼されたユリとケイは、ノーランディアの森に向かう。しかし、そこでは悪夢のような出来事が待っていた。原作に近いアダルトなキャラクターデザインになったダーティペアが話題となった。

ダーティペアの大勝負
ノーランディアの謎
DVD
税抜価格 4800円
収録分数 57分
発売・販売元 バンダイビジュアル

装甲騎兵ボトムズ ザ・ラストレッドショルダー (1985)

レッドショルダーの設立者・ペールゼンの最期を描く

ボトムズシリーズ初の外伝OVA。キリコはかつて自分と仲間たちを苦しめた司令官・ペールゼンへ復讐する。

装甲騎兵ボトムズ DVD-BOXⅢ
DVD
税抜価格 18000円
収録分数 641分
発売・販売元 バンダイビジュアル
※本作はDVD-BOXⅢに収録

バブルガムクライシス
(1987-1991)

メガロシティ TOKYOの夜を駆け抜けるSF美少女アクション

第2次関東大震災から復興した超過密都市・メガロシティ TOKYOを支配する超集合企業体・ゲノム。非合法ブーマを使い犯罪を重ねる彼らに、ハードスーツを身に纏った闇の仕置人・ナイトセイバーズが敢然と立ち向かう。

バブルガムクライシス
Blu-ray Box
税抜価格 20000円
収録分数 333分　枚数 2枚組
発売・販売元 バンダイビジュアル

トップをねらえ! (1988-1989)

監督・庵野秀明、熱血SFロボットアニメの金字塔!

宇宙怪獣の襲来に備え設立された宇宙パイロット養成学校に入学したタカヤノリコ。宇宙パイロットになり父の意思を継ごうと決意する彼女は、厳しい特訓を乗り越え才能を発揮していく。人類最後の戦いを迎え、彼女は地球を救うことができるのだろうか。

トップをねらえ!
Blu-ray Box
税抜価格 12800円
収録分数 210分（本編160分＋特典映像50分）　枚数 3枚組
発売・販売元 バンダイビジュアル

ドリームハンター麗夢 (1985-1987)

ポップで可愛い麗夢が恐怖と情念渦巻く夢の世界で夢魔と戦う!

夢の世界に入り、人々を苦しめる夢魔と戦う夢守の民の末裔・綾小路麗夢の活躍を描く。PARTⅠはB級ホラー色の強い作品(「麗夢登場編」「死神博士編」の2本立て)、PARTⅡはオカルトホラー、PARTⅢは『平家物語』をモチーフとした和モダンホラーと作品ごとにカラーが違い、毎回ファンの意表をつき、テレビ化の話もあったほどの人気作品である。

麗夢を助ける修行僧の円光は超人的な力で夢魔に戦いを挑む

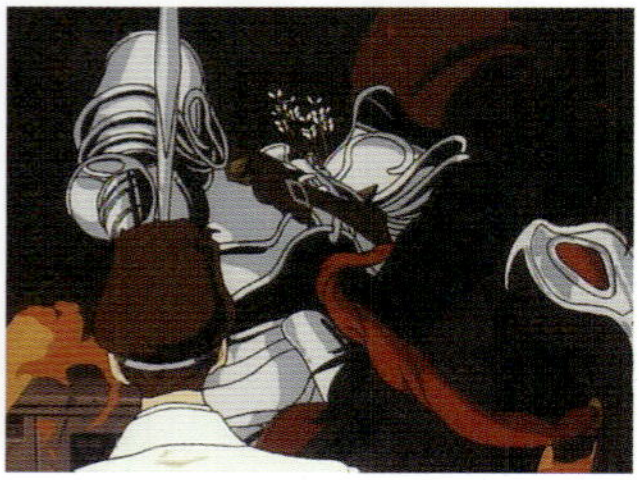

夢魔たちは夢の世界から現実世界へ侵食し、人々に恐怖を与えながら麗夢や円光に襲いかかる

惨夢、甦る死神博士

夢魔に苦しめられている人の夢へ入り込む麗夢

死神博士は92年にリリースされた『～殺戮の夢幻迷宮』にも登場する

聖美神女学園の妖夢

麗夢は怪死事件が相次ぐ聖美神女学園に潜入する

双子の妹・鏡子を不良グループの黒薔薇会に殺されたと麗夢に話す陽子

夢隠 首なし武者伝説

智盛の怨霊は首なし武者となり惨劇を繰り広げる

横溝正史テイスト漂う和モダンホラーの異色作だ

ドリームハンター麗夢 DVD-BOX I

DVD Box
税抜価格 17400円
収録分数 165分　枚数 3枚組
発売・販売元 オンリー・ハーツ

ドリームハンター麗夢 残夢の白百合

CD（完全新作書き下ろしオーディオドラマ）
税抜価格 2315円
収録分数 30分57秒
発売・販売元 フランティック

破邪大星ダンガイオー

（1987-1989）

**ロボットアニメの醍醐味を凝縮した
魂が熱く燃える大活劇OVA！**

ターサン博士によってエスパー戦士に改造されたミアたち４人の若者は、４機のダンメカニックに乗り込み地球へ向かう。襲いかかる宇宙海賊バンカーにダンガイオーで挑むミアたち。唸れ、必殺のスパイラルナックル！　クロス・ファイト、ダンガイオー！

EMOTION the Best
破邪大星ダンガイオー
DVD
税抜価格 1900円
収録分数 121分
発売・販売元 バンダイビジュアル

冥王計画ゼオライマー

（1988-1990）

**人間の心の闇に迫る
究極のSFロボット美学！**

多国籍企業を隠れ蓑に、八卦ロボを使い世界征服を企む秘密結社・鉄甲龍。秋津マサトと氷室美久は、最強の八卦ロボ・天のゼオライマーで彼らに挑む。衝撃のラストへ怒涛の展開を繰り広げる異色のロボットアニメだ。

冥王計画ゼオライマー
Blu-ray
税抜価格 7800円
収録分数 112分
発売・販売元 バンダイビジュアル

MOBSPROOF EX

OVA 80's
オリジナルビデオアニメ

テープがヘッドに絡まる前に VHS

MOBSPROOF編集部・編

DIG THE OVA GRAVE

BEFORE THE TAPE ENTANGLED WITH THE HEAD

OVA

DIG THE OVA GRAVE

BEFORE THE TAPE ENTANGLED WITH THE HEAD

CONTENTS

本文中、データ情報の詳細は下記の通りとなります。
① 発売日 ② 発売元／販売元 ③ ジャケット表示収録分数 ④制作会社 ⑤監督名または演出家名 ⑥ ジャケット表示価格（消費税導入後は税抜価格） ⑦ LD化の有りまたは未LD化 ⑧ DVD化の有りまたは未DVD化

※データ情報の表記は、当時のVHSビデオのジャケットを基にしております。※発売日はメーカー発表のものをベースに、当時の広告、雑誌、記事データを基にしております。また、VHD先行発売のものはカッコ内に表記しています。※基本的に発売日順に掲載していますが、レイアウトの都合上、前後する場合があります。 ※DVDに関しては2018年2月現在の情報となります。 ※現在DVDやBlu-rayを発売している会社はビデオを販売した会社と異なる場合があります。また、社名を変更した会社、現存しない会社もあります。 ※諸事情によりエモーション、ネットワークは「バンダイビジュアル」表記となります。

OVA

1983-1985

DIG THE OVA GRAVE

BEFORE THE TAPE ENTANGLED WITH THE HEAD

レビュー執筆者記名表記

吉田：吉田正高　伴：伴ジャクソン　ロビン：ロビン前田　多根：多根清史　キムラ：キムラケイサク
馬場：馬場卓也　かに：かに三匹　坂本：坂本技師長　中村：中村実香　ホシノコ：ホシノコ・コウ
加藤：加藤雄斗　リワークス：リワークス　松原：松原弘一良

001

ダロス

アニメシーンに革命を起こした世界初のOVA

83年12月16日に発売された、記念すべき世界初のOVA作品である。84年7月までに全3部（第3部のみ前後編）・4巻がリリースされた。

人智を遥かに超えたダロスとは…

21世紀末、人工増加や資源枯渇の問題を解決するために、地球連邦政府は月面開拓計画に着手。幾多の犠牲を払いながら、遂に月の裏側に巨大都市「ルナポリス」が完成、月の潤沢な鉱物資源は地球を見事再生させることに成功する。

だが、地球連邦政府にとって月の開拓に従事する移民たち＝ルナリアンたちは単なる労働力にすぎず、ルナリアンたちは頭の認識リングで常に監視・管理され、故郷である地球への自由航行も禁止されるという不当な扱いに甘んじていた。月で生まれ育った第3世代はその様な状況に納得できず、ドグ・マッコイをリーダーとする不満分子グループがゲリラ活動を展開していくことに。

一方、統轄局軍司令官としてルナポリスに赴任してきた地球連邦軍大佐アレックス・ライガーは、徹底的なルナリアンの管理とゲリラに対する武力での圧力を遂行する強硬派で、それに対抗するべくドグは月にやって来たアレックスの婚約者・レイチェルを誘拐することに成功した。

その騒ぎに巻き込まれ、ドグと知り合うことになったルナリアンの少年シュン・ノノムラ。兄・タツヤがドグの仲間だったと知ったこと、そしてレイチェルに惹かれたことから、シュンは徐々にゲリラ活動へと足を踏み入れていく。そして、レイチェルを奪われたアレックスは、ルナリアンの精神的支柱となっている謎の月面建造物〝ダロス〟を破壊することで彼らを掌握しようとするが、ダロスは人智を遥かに超えた存在だった…。

SFの形を借りたレジスタンスドラマであるこの骨太な物語が、実は元々テレビアニメ企画だったということに、まず驚かされる。『魔法のプリンセス ミンキーモモ』の後番組として提案されて検討を繰り返す中で、最終的にシリーズ序盤部分を再構成、ビデオアニメとして制作されることになった本作だが、さらに「第1部が地味な内容」という営業の判断から、第2部「ダロス破壊指令！」が先行して発売されるという、現在なら絶対ありえない販売スケジュールが決行されたのも、まさにOVA黎明期ならではのエピソードだ。

「原作／鳥海永行　脚本・監督／押井守」というクレジットになってはいるが、実際には共同監督。月と地球の狭間で引き裂かれた人間たちのドラマを目指した鳥海担当の1話に対し、2話で押井はハードなゲリラ闘争史を追求。作品の方向性がなかなか定まらぬ双頭の制作現場は混乱したそうであるが、後半はドラマ

＝鳥海、アクション＝押井の役割分担に収まった。

当時の空気感も内封した ドラマ性の高さに注目

先に述べたように、テレビシリーズ序盤の展開でまとめたため、ドラマは綺麗に完結していない。シュンは本格的にゲリラへの道を進むことを決めるが、肝心の月と地球の戦いはこれからの話であるし、タイトルロールのダロスの正体も遂に謎のまま。鑑賞後に消化不良の感があるのは、紛れもない事実だ。

しかし、本作の大胆な挑戦は、今なお観る者を驚嘆させるだろう。先に述べた渋過ぎるドラマに加え、メカ描写もまた激渋。従来のSFアニメではいわゆるヒーロー、またはそれに値するロボット・メカなどがなければ成立しなかったが、スポンサーなどの規制が入らないOVAである本作では、月面採掘マシンを改造した無骨なパワードスーツがメインメカとして活躍。山下将仁作画のハードなアクション、また第2部冒頭の薬莢の描写は唖然とする凄さなので、皆さんも死ぬまでに必見。クールなライバルに池田秀一、シュンの心配ばかりしている幼馴染の少女に鵜飼るみ子という判り易すぎる配役にも、まだ『機動戦士ガンダム』ショック抜けやらぬ、当時の空気が閉じ込められている。**（伴）**

第1部「リメンバー・バーソロミュー」①84／01／28　**第2部「ダロス破壊指令！」**①83／12／16　**第3部「望郷の海に起つ ACTⅠ」**①84／04／28　**第3部「望郷の海に起つ ACTⅡ」**①84／07／25　**（全巻共通）**②バンダイビジュアル　③30　④スタジオぴえろ　⑤押井守　⑥6800　⑦有　⑧有

CHECK!
ダロス・スペシャル

鳥海永行が4巻分のエピソード120分を90分に再編集した作品。威勢の良い玄田哲章の「リメンバー・バーソロミュー！」の掛け声が消えたのは残念だが、一大SF叙事詩を一気に楽しむことができる。**（伴）**

①85／08／05　②バンダイビジュアル　③90　④スタジオぴえろ　⑤押井守　⑥12800　⑦有　⑧有

mini column
1983年のアニメシーン

『ダロス』がリリースされた83年、テレビでは『銀河漂流バイファム』『巨神ゴーグ』『機甲創世記モスピーダ』『特装機兵ドルバック』『魔法の天使クリィミーマミ』『うる星やつら』『みゆき』『伊賀野カバ丸』などが放送されていた。また、『タイムスリップ10000年プライム・ローズ』『ナイン』『我輩は犬である ドン松五郎の生活』がスペシャル番組として放送。映画館では、角川の大ヒット話題作『幻魔大戦』、意欲的な挑戦に挑んだ『ゴルゴ13』など、数々の作品が公開された。70年代後半の『宇宙戦艦ヤマト』の大ヒットから続くアニメブームの影響もありアニメシーンは活況を呈していた。主だったアニメ誌「アニメージュ」「アニメディア」「月刊OUT」「ジ・アニメ」「マイアニメ」「アニメック」も発行されており、互いに競い合って充実した誌面で読者を楽しませていた。また、ラジオでもアニメ番組が放送され、多くのアニメファンが最新情報や主題歌などに耳を傾けていた。アニメソングをエアチェックしてオリジナルのコンピレーションテープを作っていた読者も多いだろう。

一方、ビデオデッキも普及し、ビデオソフトのリリースも徐々に増えつつあった。同年の前半に比べると、年末に近づくに連れて毎月の販売作品数は数倍となっていった（もちろん、後年に比べれば可愛い数字ではあるが）。当時のVHSの価格は90分前後の長編だと『うる星やつら オンリーユー』が17800円、『宇宙戦艦ヤマト』が19800円、25分前後の短編の『鉄腕アトム 地球防衛隊の巻』などが9800円と非常に高価であった。そんな中、完全新作で6800円という価格で発売された『ダロス』が、如何に衝撃的だったか理解いただけるだろう。83年は日本アニメ史においてエポックメイキングな年であったといえる。本書はそんな時代の作品紹介から幕を開ける。**（松原）**

002

RADIO CITY FANTASY 街角のメルヘン

▼叙情性豊かな独創性あふれる印象的な作品

首藤剛志がシナリオ研究生時代に課題で書いた「十八歳の童話」を16年後にアニメ化。キャラクターデザイン・天野喜孝、美術監督・小林七郎で、監督は西久保瑞穂。

新宿駅西口から新宿中央公園を舞台に、童話作家志望の高校3年生の少年・山本浩と謎めいた同い年の少女・裕子が出会ってから1年間の物語。出会いは浩が落としたノートを裕子が拾うところから始まる。ノートは浩が書いた童話「街角のメルヘン」。

俯瞰で捉えた映像が多く使われ、今ではもう見られない西新宿の風景も懐かしい（もちろん都庁はまだ建っていない）。登場人物でセリフがあるのは二人だけで、浩は実写版『みゆき』で若松真人を演じた直後の永瀬正敏。BGMは無く、全編にヴァージンVSのヴォーカル曲が流れて、さらに童話世界のイメージ映像が挿入されるイメージビデオ的な趣もある。音楽集は未だCD化されていない。**（坂本）**

①84／07／21 ②ファイブエース／ポニー ③54 ④キティ・フィルム ⑤西久保瑞穂 ⑥9800 ⑦有 ⑧未

003

バース

▼ナムとラサは無軌道に突っ走る！

謎の無機知性体・イノガニックに支配された惑星アクアロイド。そこに住む少年ナムが偶然手に入れた聖剣、それはイノガニックを倒せる唯一の武器だった。そこからナムは、幼馴染の少女・ラサ、モンガーと共に、イノガニックに追われる身となってしまう…。

金田アクションの満漢全席！

個性的なアクション描写で多くのフォロワーを生み出した伝説のアニメーター・金田伊功のオリジナルコミックをOVAアニメ化、金田はキャラクターデザインとアニメーションディレクターを担当した。「止まると死ぬ」という間寛平のギャグそのままに、隙あらば走り、飛び、爆発する。全編をアクションで塗り固めた結果、その分肝心のストーリー進行はおろそかになってしまい、視聴者は何が起きたかわからないので、結局、繰り返し観ざるを得ない。ある意味OVAの正しいあり方を示した一作。**（伴）**

①84／08／21 ②ビクター音楽産業 ③80 ④カナメプロ／あいどる ⑤貞光紳也 ⑥14800 ⑦有 ⑧有

CHECK!

メイキング・オブ・バース

作画ファン狂喜の作品として、リリース当時、多くの注目を集めた『バース』。アニメ雑誌でも盛んに取り上げられ、ムック本もリリースされた。本作はディフォルメされたキャラクターが登場するメイキング映像などを収録。**（松原）**

①84／11／05 ②ビクター音楽産業 ③50 ④カナメプロ ⑤掛須秀一 ⑥6800 ⑦有 ⑧有

004

魔法の天使クリィミーマミ
永遠のワンスモア

▼もうひとりのマミがいるとしたら…

マミがカムバック!? 早川愛の正体は…

60年代から70年代を通じて「魔女っ子アニメ」というジャンルを定着させた東映が80年の『魔法少女ララベル』で撤退したあとを受け、スタジオぴえろが「80年代型魔女っ子アニメ」のスタイルを完成させた『魔法の天使クリィミーマミ』のOVA。テレビ版最終回のエンディングで、主人公・森沢優や俊夫たちのその後の様子がスナップ写真風に提示されたことがファンの間で話題となり制作された、世界初のテレビアニメを基にしたOVAである。そのため、前半部分がテレビシリーズの総集編、後半が新作の2部構成になっている。新作パートは、忽然と姿を消し引退したクリィミーマミの復帰をめぐる騒動を描いている。フェザースターの船を見てしまったことから、1年間という約束で魔法を授かり、クリィミーマミに変身してアイドルとして活動していた優は、セントラル競馬場でのラストコンサートの後に魔法のコンパクトをフェザースターの使者・ピノピノに返上し、普通の小学生として日常生活を送っていた。

そんな折、かつてクリィミーマミが所属していた芸能プロダクションの社長・立花は、テレビのインタビューで、マミは渡米してダンスの本格的レッスンをしており、近いうちに日本に戻って復帰すると宣言する。優と俊夫は、フェザースターの船を見た誰かが魔法を授かり、再びクリィミーマミに変身するのではないか、それは立花がアメリカから連れてきた少女・早川愛ではないかと想像した。釈然としない状況の中、クリィミーマミ復帰コンサートの開催が迫る。マミの復帰を快く思わないかつてのライバル・綾瀬めぐみは、同じ思いの優や俊夫らと手を結んで、マミの復帰コンサートの開催を阻止しようとするが…。

本作が発売された84年はOVAの草創期にあたり、一般向けの作品はわずか3本しか発売されていない。他の2作（『バース』『街角のメルヘン』、83年から続く『ダロス』除く）がビデオオリジナル企画であったのに対して、テレビアニメの続編という位置づけの本作が商業的な成功をおさめたことは、テレビでヒットしたアニメの続編やスピンオフをビデオやLD、DVDという、パーソナルなソフトメディアで展開する、という今につながる流れを定着させる大きな契機となった。（吉田）

①84／10／28 ②バンダイビジュアル ③93 ④スタジオぴえろ ⑤望月智充／小林治 ⑥12800 ⑦有 ⑧有

CHECK!

世代を超えて愛されるマミ

テレビ放送から30年を過ぎた現在でも高い人気を誇る『クリィミーマミ』。近年ではヴィレッジヴァンガードなどマミグッズをコーナー展開している店舗も多く、親子で商品を選んでいる姿もよく見かける。物語は素晴らしい結末を迎えているだけに続編はないだろうが、永遠に愛されるキャラクターになったことは間違いないであろう。

005

NORA

▼アメコミタッチの美少女キャラが大活躍！

劇画的で巧みな筆致を駆使して重厚なストーリーを展開させながら、2次元美少女の先駆けともとれる魅力的な女性キャラクターを活躍させた稀有な漫画家、御厨さと美が、原作・監督・脚本・絵コンテ・キャラクターデザイン・メカデザインを兼任して制作されたOVA。

御厨作品ではおなじみのノーラが初アニメ化！

御厨さと美の複数の漫画作品に登場する少女・ノーラ・スコラを主人公に、スペースコロニーを支配し、自我に目覚めて暴走したコンピューター・アーティフィーンドとの対決を描くSFアニメ。

冒頭の惑星のシーンなどは、当時まだ珍しかったCGで描かれており、東洋現像所が大阪大学工学部と組んで立ち上げたCGグループ「トーヨーリンクス」（現在のIMAGICA）が担当している。

ノーラ役は、『イクサー1』など80年代のOVAでヒロインを演じた山本百合子。

なお、本作の続編にあたるOVA『トゥインクルNORA ロック・ミー！』では、主人公は本作と同一人物ながら、作品世界などが一新されている。（吉田）

①85／01／21 ②ポニー ③56 ④フィルムリンク・インターナショナル ⑤御厨さと美 ⑥9800 ⑦有 ⑧未

006

GREED

▼観念的で難解なヒロイックファンタジー

死ぬ直前の父から人々を束縛する悪の権化・ヴァイイと若い頃に戦って破れたという話を聞いたリッドは、その意志を継いで世界を解放するための旅に出る。キィ・ミ、ロングン、ミマウ、バグダと出会い、行動を共にし、ヴァイイの元に辿り着いた彼らは、自分たちもヴァイイと同じ立場になれば倒せるという非常に突飛な思いつきに至る。

破壊と創造を描いた名作『伝説巨人イデオン』などのキャラクターデザインでオリジナリティを発揮し、また、ビーボォーを率いて人気絶頂だった湖川友謙が、原作・監督・脚本・絵コンテ・キャラデザ・作画監督を担当した“俺・THE・OVA”。

ポニーOVA第1弾として、『NORA』と同時リリースされた本作（奇しくも両作とも未DVD化）は、非常に観念的で難解な作品に仕上がっており、リッドを担当した声優・堀内賢雄も、「むずかしいストーリーですね」と当時のアニメ誌のインタビューで答えていた。（松原）

①85／01／21 ②ポニー ③57 ④フィルムリンク・インターナショナル ⑤湖川友謙 ⑥9800 ⑦有 ⑧未

「大冒険」にコミカライズ版が掲載された

007

エリア88

策略で送られた地獄の最前線で生き残れるか!?

傭兵パイロットたちによる戦闘を描いた新谷かおるの同名漫画のOVA。大和航空のパイロット候補生・風間真は、将来を嘱望されながらパリでの研修を終えた後、親友の神崎に誘われ呑みにでたバーで泥酔し、神崎からすすめられるままに、ある契約書に署名をしてしまう。それは、内戦の続く中東のアスラン王国の傭兵部隊に入隊する、という契約書であった。こうして真は、3年間の任期を全うするか、出撃を重ねて敵軍にダメージを与えることで得られる報酬の合計が150万ドルとなるまで、エリア88と呼ばれる傭兵パイロットの基地に所属することになったのだが…。

原作漫画では、巻を重ねるにつれ、真を罠にはめた神崎の野望が一会社の乗っ取りを越えて世界規模で拡大していくが、本OVAでは、真が傭兵として戦うエピソードを積み重ねていく前半部分を、迫力のある丁寧な作画でアニメ化している。死線を潜り抜け作戦を成功させていく一方で、日本に帰るという目的のために人殺しを続ける自分の行為に苦悩する風間真と、盟友ミッキーや司令官のサキなどエリア88に関係する個性的な面々との交流を中心に、真を慕い続ける大和航空社長令嬢・津雲涼子との運命的なすれ違い、真に嫉妬し抹殺しようとする神崎の暗躍など、多様なエピソードをコンパクトに3巻のOVAにまとめている。のちにOVA全3巻のうち、「ACTⅠ 裏切りの大空」と「ACTⅡ 狼たちの条件」が再編集され、劇場映画として公開されている。現在では、この劇場版がDVD化されているものの、オリジナルのOVAの2作品は（国内では）未だDVD化されていないことが残念である。**（吉田）**

ACTⅠ「裏切りの大空」①85／02／05 ③50 ④スタジオぴえろ／プロジェクト88 ⑥9800 ⑦有 ⑧未 **ACTⅡ「狼たちの条件」**①85／08／05 ③57 ④スタジオぴえろ／プロジェクト88 ⑥9800 ⑦有 ⑧未 **ACTⅢ「燃える蜃気楼」**①86／08／15 ③96 ④スタジオぴえろ／プロジェクト88 ⑥14800 ⑦有 ⑧有 **（全巻共通）**②キングレコード ⑤鳥海永行

008

銀河漂流バイファム

消えた12人

ひとり残されたスコットを待っていたのは?

地球の開拓星であるクレアドが、突如異星人ククトニアンの襲撃を受けた。避難民は練習用の宇宙戦艦ジェイナス号でクレアドを脱出するが、激しい追撃を受けた末、大人たちは全滅。取り残された子どもたちは、協力して地球を目指す長い旅を続けることになった。

ロボットアニメに『十五少年漂流記』の要素を導入した『銀河漂流バイファム』の新たな試みは、非戦闘員の少年たちが、慣れない航海の中、衝突を繰り返しながら友情の絆を深めて成長していく姿を丁寧に描き、ファンの共感を得ることに成功した傑作アニメである。テレビ放送終了後、その人気の高さから総集編に新作カットを加えた『カチュアからの便り』と『集まった13人』の2本が発売された。これらはサンライズが制作した初のOVAでもあった。この2本の売れ行きが好調であったことから、完全新作のOVAが企画され、完成したのが本作である。

人気シリーズのコミカルな番外編

時間軸としては、テレビ版の22～27話の間に入るストーリーと思われる。女の子たちの寝室をのぞいた疑惑をかけられて立腹したリーダーのスコットがジェイナス号を出ていく導入部分からはじまり、ジェイナス号のコンピューター「ボギー」も巻き込む不可解な事件が続出し、後半はアガサ・クリスティの『そして誰もいなくなった』的に物語が進んでいく。ラストでは、徐々に姿を消していく仲間たちの身を案じたスコットが『八ツ墓村』風のいで立ちで戦いに挑むが…と、書くとシリアスな展開を思い浮かべるかもしれないが、実際にはいつものバイファムらしいドタバタ劇の要素が強い。

テレビ版では、それでも物語の根底にシリアスな部分が内包されているが、番組終了から1年以上が経過した本作では、同じく芦田豊雄と神田武幸がタッグを組んだ『超力ロボ ガラット』にも通ずるスラップスティックコメディの要素がより強く感じられる。また、テレビ版でもおなじみの少女たちのサービスカットや、ラウンドバーニアンに乗り込んでの戦闘シーンなどは、OVAらしい丁寧な作画となっており、バイファムファンが楽しめる1本となっていた。とはいえ、余録やインターミッションとも言えそうな本作の登場によって、より密接にテレビ本編と関わる作品の登場が期待されるようになったのも事実である。（吉田）

①85/02/25 ②ワーナー・パイオニア ③58 ④サンライズ ⑤神田武幸 ⑥12800 ⑦有 ⑧有

009 幻夢戦記レダ

▼ビキニアーマーを発明したOVA黎明期の傑作

ノアとアンシャティを繋ぐレダパワーの謎とは

制作者自ら「やったもん勝ち」と言ったビキニアーマーの女の子が剣を持つというビジュアルは、その後のアニメ・漫画やゲームに多大な影響を与えた。

同級生に1年5ヶ月もの間想いを秘めていた女子高生・朝霧陽子は、その想いを曲に秘め、自らピアノを弾きテープに録音する。曲をヘッドフォンステレオで聴きながら告白しようとするも、声すらかけられなかった。と、その瞬間、陽子は異世界アシャンティへと召喚されてしまう。アシャンティでは陽子の住む世界を〝ノア〟と呼び、その往来には〝レダのハート〟が必要だった。レダのハートとは音声パターンであり、それは正に陽子が作った曲。しかしそれは偶然ではなく、伝説の女神レダがノアに助けを求め、それに陽子が反応して曲を書き上げたのであった。ノアを征服せんとレダのハートと陽子を召喚したのは元レダ教徒のゼル。レダの戦士となった陽子は喋る犬・リンガムとレダの巫女・ヨニと共に戦うことを決意する。ちなみに、リンガムとヨニとはヒンズー教の男根と女陰のこと。ビデオには英語版予告も収録されていたのだが、名前はそのままであった。

いのまたむつみが企画段階から参加し、キャラクターデザイン・作画監督と1シーンのみ絵コンテを務めた。女性が描いていたので、ビキニの女の子も下品な嫌らしさが感じられなかったのであろう（高橋留美子のラムも同様）。また、版権イラストなどにアール・ヌーヴォーを持ち込んでいたのも特徴だ。イメージ設定・メカデザインの豊増隆寛は陽子が乗り込むレダの鎧の変形フィギュアをフルスクラッチして発表していた。

BGMは同時期に『メガゾーン23』も手がけていた鷺巣詩郎。主題歌・挿入歌を歌った秋本理央はその後、『剛Q超児イッキマン』のアイドル役で声優デビューもしたが、野球選手と結婚して引退した。

幻に終わったシリーズ第2弾

本作は85年12月には『吸血鬼ハンターD』と劇場公開された。直前に『幻夢戦記レダⅡ』のイメージソング、86年1月にはイメージアルバムが発売され、翌86年夏に『レダⅡ』の劇場公開の告知がされた。タイトルは『幻夢戦記レダⅡ テイスト オブ ハニー』。現実世界に戻り告白は上手くいったが、結局別れてしまった陽子の元に指輪が届く。友人の杏子もまた、指輪と〝三つ壁村においで下さい〟とのメッセージを受け取っていたのだ。三つ壁村に向かい、再びゼルと出会う…という内容だったが頓挫してしまう。そしてなぜか翌年にストーリー原案を一般公募するも入選作品はなし。その後、続編の音沙汰はない。後にいのまたむつみは、「続編が嫌だった」と語っている。『レダⅡ』の脚本を書いた故・首藤剛志がブログで、幻に終わった本作のプロットと脚本を公開していた。**（坂本）**

①85／03／01 ②東宝 ③72 ④カナメプロ ⑤湯山邦彦 ⑥12000 ⑦有 ⑧有

幻に終わった『幻夢戦記レダⅡ テイスト オブ ハニー』のイメージソングシングル「夢の迷路／ファンタジアがきこえる」とイメージアルバム。中古レコードショップでイメージアルバムを購入する際は、パート1のドラマ編とジャケットが同じイラストを流用しているので、帯が付属していない場合は要注意だ。これらの音源はパート1の音源と共に、『幻夢戦記レダ スペシャルセレクション』CDに収録されている

010 メガゾーン23

ハードな結末を迎えるOVAの代名詞

80年代の東京でバイクを駆り、青春を謳歌する青年・矢作省吾。街でナンパした美少女・高中由唯の電話番号もゲットしてご機嫌な省吾は、ある日、友人の真二に呼び出される。真二は省吾に、会社から盗んだという「バハムート」の文字が刻まれた謎の巨大バイクを見せるが、その直後、謎の黒服の男たちが二人を突如急襲、逃げ切れなかった真二は犠牲となってしまう。

しかし、その事実が一切報道されることはなかった。それに憤りを感じた省吾は、人気アイドル・時祭イヴがパーソナリティを務めるテレビ番組の生放送に電話出演して、真実を公表しようと試みた。しかし、その目論見は潰され、またしても省吾は謎の集団に拉致されそうになる。その時、謎のバイクが突如ロボットに変型。謎のバイク「ガーランド」と呼ばれるメカの真の姿が明らかにされる。

由唯の友人・智美が撮る自主映画に出演することになった省吾は、二人でロケ地探しをしている内に、巨大な地下の廃墟に紛れ込んだ。ひとりでさらに奥へと進んだ省吾は、ここで軍のパトロール隊と交戦状態に突入、彼の前に現れた軍の若き将校B・Dは、省吾たちの住む世界が巨大コンピューター〝バハムート〟に支配された宇宙船の中にあり、しかも宇宙からの脅威が迫っていると告げる…。

原作・監督は石黒昇、キャラクターデザインを平野俊弘（現・俊貴）、アクション監督を板野一郎、さらにヴァーチャル・アイドル時祭イヴのキャラクターデザインを美樹本晴彦が手がけるということで、当時のアニメファンが『超時空要塞マクロス』のネクストレベルを期待した1作。確かに可変メカと美少女、アイドルと、要素としてはそれに準じているが、目指す世界観は予想以上にハードなものであった。自分の住む世界が巨大な宇

バハムートの一部であるイヴは戦意高揚歌を歌うようになる

人類を支配する巨大コンピューター・バハムート

宙船の内部だったという、ロバート・A・ハインライン「宇宙の孤児」などのSF小説ではよくある設定を巧みに引用しながら、本作は日常の裏に潜んだ戦争の影がオセロゲームのように裏返り、平和な日々をあっさりと終わらせる瞬間を描く。80年代の東京が「一番平和だった」という理由により宇宙船内に再現されている、という設定も、ある意味皮肉に満ちている。

発表当時は尻切れトンボのように感じられたラストも、今改めて観ると不安と絶望に満ちた特別な余韻を残す。日本が不安な情勢にある現在にこそ再見すべき、OVAの古典。**(伴)**

①85/03/09 ②ビクター音楽産業 ③81 ④アートランド/アートミック ⑤石黒昇 ⑥13800 ⑦有 ⑧有

主人公である省吾が傷つきフラフラと歩くラストシーンは衝撃的であった

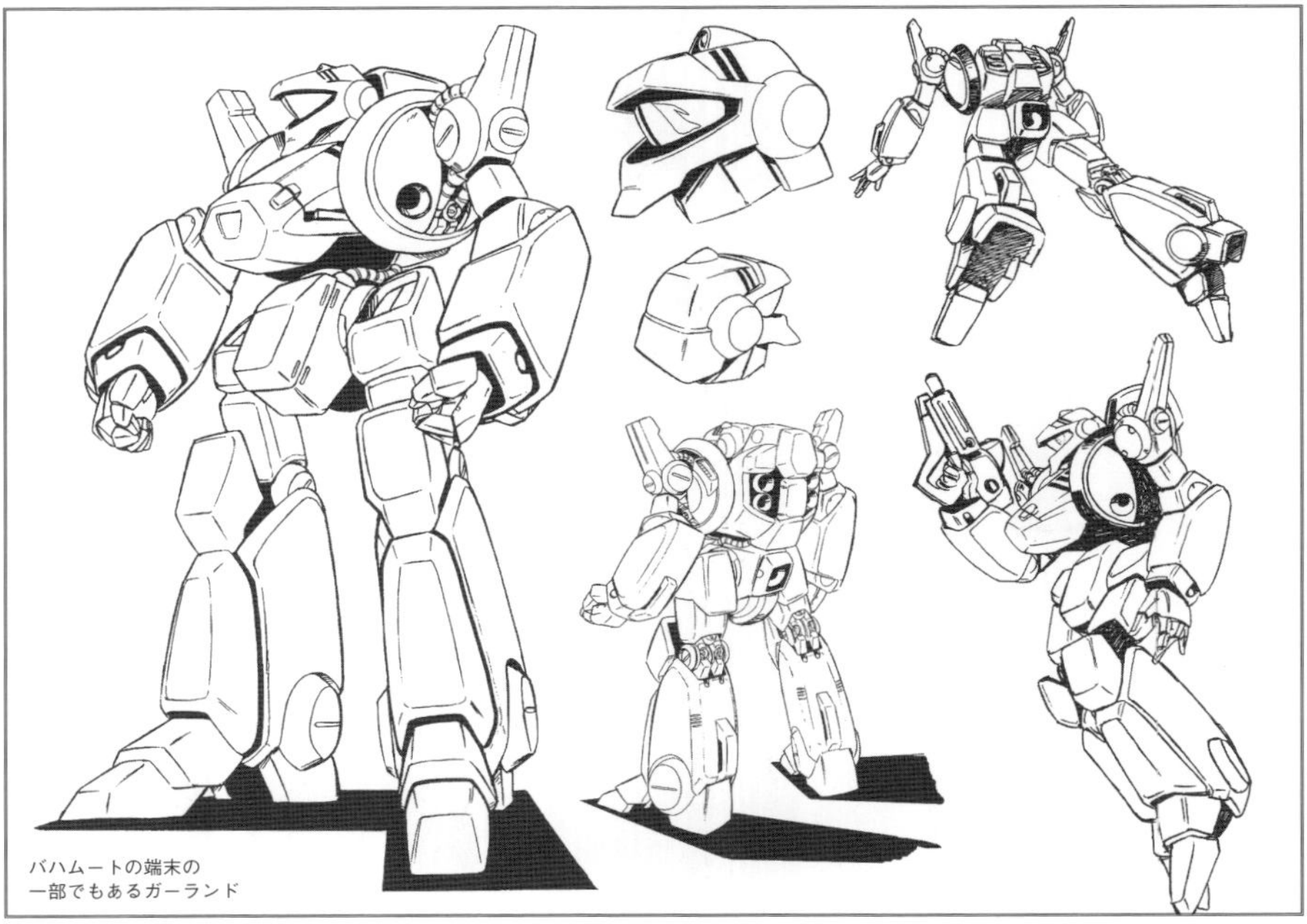

バハムートの端末の一部でもあるガーランド

011 戦国魔神ゴーショーグン 時の異邦人《エトランゼ》

▼レミーの実像と精神的葛藤

81年に放送されたテレビシリーズ『戦国魔神ゴーショーグン』の後日談として制作された作品。徳間書店が初めてリリースしたOVA作品で、85年4月27日に劇場公開もされた。ゴーショーグン・チームの紅一点、レミー島田を主人公に据えたストーリーを展開しており、テレビシリーズに登場した主役ロボット・ゴーショーグンやケン太が登場しないなど、実質的なスピンオフ作品としての体を成している。真吾、キリー、ブンドル、カットナル、ケルナグールがテレビシリーズから40年後の姿を披露している点は本作の見所のひとつ。また、作品全般で用いられているホラー映画をかなり意識した恐怖演出はかなり目を惹くことだろう。

ドクーガとの戦い終結後、40年ぶりに真吾、キリーと会う約束をした70代のレミーは、待ち合わせ場所の博物館へ行く途中、事故に遭い瀕死の状態に陥っていた。すでに死に至る病に侵されていた彼女は、事故による重症も相俟って医師に危篤と宣告される。昏睡状態のレミーは己の精神世界の中で若かりし頃や7歳の子供の頃に戻り、今の自分に死期が迫っていることを知らされるが如く、悪夢に苦しめられる。特に7歳時のシーンは、かつて彼女の身に起こった辛い出来事を垣間見ることができる。真吾たちが見守る中、元ドクーガ3幹部の尽力と彼女の強い生命力によって、レミーは一命を取り留める。

タイトルが意味する通り、様々な年代、場所におけるレミーの物語が並行して描かれ、それが最終的に全体としてひとつのドラマに収束する複雑な構成が取られている。強い作家性を持つ脚本家である首藤剛志氏が、テレビシリーズよりも挑戦的な制作が可能なOVAという環境を得たことで世に放つことができた作品といっていいだろう。

（ホシノコ）

①85/05/10 ②徳間書店 ③90 ④葦プロダクション ⑤湯山邦彦 ⑥12800 ⑦有 ⑧有

012

魔法の天使クリィミーマミ ロング・グッドバイ

▼優たちは大人の階段を登っていく

80年代における魔女っ子アニメの名作『魔法の天使クリィミーマミ』のOVA第2弾にして完全新作。

前回のクリィミーマミ復帰騒動から2年が経ち、優も中学生になろうとしていた。その頃、立花とめぐみの婚約会見が開かれた。席上では、めぐみの主演映画第2弾の企画も発表されたが、集まった記者の「マミだ!」という声に立ち上がる立花を見て、めぐみは動揺する。その夜、居酒屋で愚痴を聞かされためぐみのマネージャー・木所は、めぐみのためにアパートに籠って主演映画第2弾「二つの世界の物語」の脚本を書き上げた。立花やめぐみも脚本を気に入ったため、「二つの世界の物語」の制作が本格的に始まり、春休みに入った優や俊夫たちも手伝いとして参加することになった。唯一の不安点は、二人のヒロインのうち、めぐみ以外のもうひとりの女優が未だ決定していないことだ。そんな中、体調を崩した優は、自分の意志とは関係なく、突如クリィミーマミに変身してしまう。それを見つけた立花は、「二つの世界の物語」のもうひとりの主演女優を強引にマミに決定してしまう。一方、優は、夜になると優に戻り、昼間はマミになる、という不安定な状態のまま、俊夫のサポートもあって映画制作に参加し続けるのだが…。

見所の多い本作の中にあって、最大の注目点は、優たちが制作を手伝う劇中劇的な映画「二つの世界の物語」の存在であろう。別の時空間にあるはずの人間世界と機械化人の世界が衝突しそうになったため、どちらかの世界を消そうと考えた神が、その選択をそれぞれの世界の代表者2名に託し対決をさせる、というSFファンタジー的な筋立てに加えて、変形メカを装着して戦うキャラクター、機械化人として表現されたマミとめぐみなど、当時流行していた他のOVAの要素をも取り込んだ内容となっており、この劇中劇と本作のクライマックスがオーバーラップしていく後半の流れも素晴らしい。

また、小学生から中学生へと成長する優の、思春期ならではの心と身体の変化を、魔女っ子アニメの定番である「変身」になぞらえて表現する巧みな演出も見事である。

さらに、立花、めぐみ、木所といった、テレビでは「大人」として描かれていたキャラクターが、本作ではそれぞれの悩みを抱えた若者として描かれていることも特筆に値する。テレビ版からOVAへと引き継がれていく中で、物語の中でも確実に「時間」が経過し、それに伴ってすべてのキャラクターが成長し変化していく様子が自然に描かれているという点で、80年代的OVAのひとつの到達点と捉えることもできる作品である。(**吉田**)

①85／06／15 ②バンダイビジュアル ③50 ④スタジオぴえろ ⑤小林治／望月智充 ⑥9800 ⑦有 ⑧有

013

軽井沢シンドローム

▼センシティヴな青春グラフティ

原作はたがみよしひさが月2回刊行時代の「ビッグコミックスピリッツ」に連載していた漫画。連載は終盤にさしかかって行き詰った感もあり、絵柄もだいぶ変化していた時期だった。ちなみにたがみよしひさがキャラデザインを担当するも、「嫌い」と言ってしまった『超攻速ガルビオン』は発売の2年前、84年放送。ガルビオンにはなかった、キャラがいきなりギャグタッチの3頭身にデフォルメするたがみよしひさの十八番もきっちり再現されている。

売れないカメラマン・相沢耕平と同じく売れないイラストレーター・松沼純生は、東京の貧乏生活から軽井沢に住む純生の姉・薫の元へと都落ち。耕平は薫と付き合いつつも、元暴走族リーダーの紀子やモデルの縁を次々と愛人にしていく。とにかく登場人物が多く、それぞれが複雑に絡み合った関係性にある作品なのだが、純生の恋愛話を省略した原作2巻途中の妊娠騒動が一段落するところまでがアニメ化された。舞台が軽井沢でロケハンも行われたが、元祖聖地巡礼作品の原作ほどそれは活かされていない。だが、作画面ではキャラは原作のイメージを損ねることなく描かれ、車やバイクもよく動いている。耕平は塩沢兼人、純生は三ツ矢雄二が声を担当。原作は1ページにコマ数とセリフが多く、「軽井沢」に「このまち」、「姉貴」に「あいつ」など本来と違うルビを振る会話劇で話を進めてたり、裸体やセックスシーンが多いのもネックになりアニメ化は難しいと思われていた。だが、それを逆手に取り、女性キャラに声優とは別に女優を用意し、実写のヌードを挿入する手法を用いた。松沼薫・中村れい子、久遠寺紀子・小野みゆき、津野田絵里・北原ちあき、箕輪みるく・水島裕子らが、オープニングやアイキャッチ代わりで裸体を披露した。パッケージには「ANIME & LIVE-VIDEOGRAPHY」と表記され、監督は西久保瑞穂だが別に実写監督も立てられている。しかし実写のヌードシーンを拒否するファンも多く、後にアニメに差し替えられたバージョンも制作する羽目に。元NOBODYメンバーで『うる星やつら』の「愛はブーメラン」作曲者の松田良が歌うオープニングとエンディングや、暴走族DEEP解散パレードに流れた挿入歌などは未CD化。（坂本）

①85／07／05 ②ファイブエース／ポニー ③81 ④キティフィルム ⑤西久保瑞穂（アニメ）／森安建雄（実写） ⑥14800 ⑦有 ⑧未

CHECK!

軽井沢シンドローム アニメ・ヴァージョン

個人的にはノンの小野みゆきは合っていたと思いますが、オタクには不評だった実写ヌードシーンをアニメに差し替えた版。しかし、その後DVD化されたのは実写ヌードシーンを切っただけで、差し替えアニメは無いバージョン。（坂本）

①86／03／21 ②ファイブエース／ポニー ③76 ④キティフィルム ⑤西久保瑞穂 ⑥9800 ⑦未 ⑧有

014

魔法のプリンセスミンキーモモ 夢の中の輪舞《ロンド》

▼夢の国からやって来たミンキーモモ

人間が夢を忘れたため遠ざかってしまった夢の国・フェナリナーサを再び地球に近づけるため、フェナリナーサのプリンセスであるミンキーモモが地球に舞い降り、人々の夢をかなえるために魔法の力を使って奮闘する、という80年代の魔女っ子アニメの先駆けた『魔法のプリンセスミンキーモモ』のOVA化作品。

大人になると夢を失う？ 謎のエネルギーの正体

南極旅行のチケットを当てたモモの両親だったが、途中で飛行機が墜落し、「南のまんなか小島」付近で消息を絶ってしまう。2人を助けるため、島の上空に浮かぶ不思議な世界に向かったモモたちは、そこでペーターという謎の少年と出会う。この世界はペーターと、彼が集めてきた仲間の子どもたちが作った「夢を忘れて大人にならないため、永遠に子どもで居続けることができる子どもの国」だというが…。テレビアニメ版にも通底する「大人になると夢を失うのか」というテーマを前面に押し出した作品となっている。また、後に『魔法のアイドルパステルユーミ』で主役を務めることになる志賀真理子が主題歌を歌っている。（吉田）

①85／07／25 ②バンダイビジュアル／ビクター ③90 ④葦プロダクション ⑤湯山邦彦 ⑥12800 ⑦有 ⑧有

015

COSMO POLICE ジャスティ

▼悪を追ってジャスティは宇宙をかける

81年〜84年に「少年サンデー増刊号」で連載された岡崎つぐおのSF漫画を、日本初のOVA『ダロス』を制作したスタジオぴえろがアニメ化。

銀河系監察宇宙局「コズモポリス」所属のエスパー、ジャスティ・カイザードと、超能力を悪用する犯罪者との戦いを描く。

ジャスティを兄と慕う アスタリスの運命は？

『超人ロック』の系譜に連なるエスパー漫画のひとつであり、原作では悲劇的な展開に陥っていくが、OVA版では、ジャスティが倒した超能力犯罪者の娘であり、彼を兄と慕う強力なエスパー・アスタリスを巻き込む宇宙船ハイジャック事件を中心に、家族や愛情の絆を強調するヒューマンドラマ的側面が強調されている。

監督および作画監督はベテランの高橋資祐が務めており、超能力者同士の激突シーンなどに冴えをみせ、短い時間ながらまとまりのある1作に仕上がっている。また、麻倉未稀が歌う主題歌「孤独の戦士（ロンリー・ハンター）」は、80年代OVA屈指の名曲として知られる。（吉田）

①85／08／05 ②キングレコード ③44 ④スタジオぴえろ／ジャスティ・プロジェクト ⑤高橋資祐 ⑥9800 ⑦有 ⑧未

016

装甲騎兵ボトムズ ザ・ラストレッドショルダー

▼第3回日本アニメ大賞OVA最優秀賞受賞作

アストラギウス銀河を二分する100年におよぶ戦争の末期、味方部隊奇襲という理不尽な作戦に投入されたキリコ・キュービィーの数奇な運命を描いた80年代リアルロボットアニメの最高峰『装甲騎兵ボトムズ』最初のOVA。ボトムズのOVAは、テレビ版では描き切れなかった空白の期間を埋めるように制作されていくのが特徴。

本作は、レッドショルダー部隊の中でもとりわけ適性に欠く、キリコを含む4名の隊員が、部隊の創設者・ペールゼン大佐によって生存率の極めて低い特別任務に送りだされるシーンから始まる。冒頭の部分はテレビ版の第1話の直前にあたり、この後、「ウド編」を生き延びた直後の物語を展開。それぞれ地獄のような作戦を生き残った4名の元レッドショルダー隊員が再び集結し、パーフェクトソルジャーの研究を続けるペールゼンたちに復讐を挑む。キリコ以外の3名も、ある者は戦場で身体の一部を破壊され、ある者は家族を惨殺されていた。ペールゼンの実験施設は、レッドショルダー部隊の残党が警護にあたっており、テレビ版の「秘密結社」のメンバーが勢揃いし、さらにフィアナによってイプシロンの教育がなされている最中であった。復讐に燃える4名は、30名以上のレッドショルダー部隊を倒し、ペールゼンへの復讐を遂げることができるのか。

性格がまったく異なる個性的な4名が、何度も衝突を繰り返しながら、お互いの過酷な運命を理解し、受け入れ、絆を深めていく全体の流れが見事である。

彼らがスクラップの中からレストアして作った旧式AT（アーマード・トルーパー）が、本OVAのために描き起こされた最新機体ブラッドサッカーと激突するAT戦も迫真の出来映え。

なお、本作は、レッドショルダーの創設やパーフェクトソルジャーの研究など、テレビ版で印象的であった敵対組織の存在意義や関係性を補完する意味でも重要作といえるが、その謎が完全に説明されてはおらず、その解明は『野望のルーツ』に持ち越されることになる。（吉田）

①85／08／21 ②東芝映像ソフト ③53 ④サンライズ ⑤高橋良輔 ⑥9800 ⑦有 ⑧有

017 夢次元ハンター ファンドラ

カナメプロ渾身の美少女SFファンタジー

『バース』『幻夢戦記レダ』『プラレス3四郎』などを手掛け、80年代にアニメファンから注目を集めていたカナメプロダクションが85〜86年にかけて制作したアニメオリジナル企画作品。原作として漫画家の永井豪氏が参加した。

ファントス王家の遺児であり、不思議な力を放つ赤い宝珠「ルピア」の付いた宝冠を被った美少女ハンター・ファンドラが、ドラゴンに変化する相棒・クエと共に次元宇宙で賞金首を追いかける。そして、宿敵となる青い宝珠を持つヨグ・ソゴスとの対決…という当時アニメやゲームなどで人気ジャンルだった美少女ファンタジー路線の作品。『レム・ファイト編』『デッドランダー編』『ファントス編』の全3話で構成されている。

多数のアニメソングを歌い、テレビアニメで声優としても活動していた堀江美都子氏がOVAに声優として初参加した作品であり、主人公・ファンドラ役を演じた。作画マニア的には80年代後期からの新たな美少女キャラのトレンドを創造し、さらに金田伊功調アクションとの融合を成立させた田村英樹が『レム・ファイト編』でキャラクターデザインとメインアニメーターを担当している点に注目したい。（ホシノコ）

Ⅰ レム・ファイト編 ①85／09／21 ③35 ⑤岡迫和之 ⑥7800 **Ⅱ デッドランダー編** ①86／03／10 ③43 ⑤吉田浩 ⑥8800 **Ⅲ ファントス編** ①86／11／21 ③46 ⑤影山楙倫 ⑥8800 **（全巻共通）** ②日本コロムビア ④カナメプロ／ヒロメディア ⑦有 ⑧有

018 ザ・チョコレートパニック・ピクチャーショー

作画ファン必見の異端な実験的イメージビデオ

今やドラクエ漫画家として名を馳せているが、当時はサブカル系オシャレ漫画家だった藤原カムイが原作の漫画をアニメ化。原作者自ら制作に全面協力している。ストーリーやセリフはなく、OPEN SESAME!の音楽に合わせて3人の黒人が踊ったりコントを繰り広げたりするだけの実験映像イメージビデオ的作品。なぜなら原作は船から落ちた3人の黒人（ひとりはちびくろサンボらしい設定）が、同じく漂流していた少女と共に飲み込まれた巨鯨の腹の中で生活し、子供・マンボ、チンボ、チョンボを産み、彼らが日本に来て騒動を起こす『ブッシュマン』的作品で、差別用語連発に輪姦、薬物など、とてもではないがそのままアニメ化不可能な内容なのだ。原画はカット単位でなくシーンごとに担当していて、金田伊功（絵コンテも）や、設立直後のガイナックスのクレジットも。（坂本）

①85／09／21 ②CBSソニー ③26 ④バルク／スタジオ2B ⑤広瀬和好 ⑥7800 ⑦有 ⑧未

019

銀河漂流バイファム

"ケイトの記憶" 涙の奪回作戦!!

▼戦いは終わったが、戦争の悲劇は残った…

異星間の戦争に巻き込まれた13人の少年少女の活躍と成長を描き、80年代を代表するロボットアニメとなった『銀河漂流バイファム』のOVA第4弾。第1弾『カチュアからの便り』と第2弾『集まった13人』が新作カットを含む総集編、第3弾『消えた12人』が余録的位置付けだったのに対して、本作はテレビ版の最終回を受けた正統派の後日譚となっている。

地球とククト星の和平締結後、友好記念式典に出席するため、ククト星を訪れたロディたち11名は、ククトニアンの仲間であるカチュアやジミーとの再会を果たし、久しぶりにジェイナス号の乗組員13名が勢揃いした。そんな中、かつての宿敵・ミューラァから呼び出しがかかる。現在は軍を退役しホテルを経営するミューラァからロディに告げられたのは、子どもたちの乗るジェイナス号を守って死んだケイトが生きている、という衝撃的な情報であった。死んだと思われていたケイトは、ククト軍の捕虜となり、地球の情報を聞き出す目的でロボトミー同様の仕打ちを受けて、記憶を完全に失っていた。子どもたちは、ケイトの記憶を取り戻すため、かつての乗船・ジェイナス号に彼女を連れていくのだが…。

完全新作のOVAにふさわしく、主題歌やBGM、キャラクターの服装などがテレビ版から一新されており、また、ケイトやミューラァという人気キャラを再び登場させるなど、制作サイドの力の入れ方が伝わる作品に仕上がっている。一方で、テレビ版において、子どもたちを独立させ、真の成長に導く象徴的な事件であった「ケイトの死」が撤回されたことは、大げさに言えばテレビ版の世界観を破綻させかねない危険性をはらんでおり、発売当初より賛否が分かれる問題作でもある。とはいえ、前向きで明るい子どもたちの活躍が困難を乗りこえ奇跡を呼び込む、という『銀河漂流バイファム』のコンセプトを考えた場合、本作のようなハッピーエンドも決して不自然ではない、という見方もあるだろう。なお、本作をもって『銀河漂流バイファム』のOVA制作は終了するが、13年後の98年には、テレビ版の第22話～第26話に相当する期間を補完する新作『銀河漂流バイファム13』が制作されている。(吉田)

①85/09/25 ②ワーナー・パイオニア ③60 ④サンライズ ⑤神田武幸 ⑥11800 ⑦有 ⑧有

白鳥座が歌う本作の主題歌「つばさ」は、物語と相まって非常にエモーショナルに観る者の心に訴えかけてくる

020 戦え!!イクサー1

▼美少女&アクション! OVAの理想的到達点

ごく普通の女子高校生・加納渚を突如襲う謎の怪物・クトゥルフ。両親もその毒牙にかかり絶体絶命のピンチに陥った彼女を救ったのは、謎の女戦士・イクサー1だった。イクサー1は、クトゥルフの侵略を防ぐため、渚にパートナーになってほしいと申し出る。

一方、宇宙に漂う隕石型の宇宙船・クトゥルフの月から、イクサー1の覚醒を怖れる黄金に輝く謎の少女〝ビッグゴールド〟の命を受けて、巨大ロボット・ディロスθ（シータ）が地球に向かって出撃した。人類の、そしてイクサー1と渚の運命や如何に?

原作は、美少女コミック誌「レモンピープル」に掲載された、阿乱霊原作の短編漫画、いわゆる「ロリコン漫画」として発表された作品である。物語の骨子はアニメとほぼ同じだが、漫画のイクサー1は人語を喋らない長い尾を持つ猫娘キャラであり、渚の立場に当たるヒロインの少女は名前すら出てこないなど、細かい部分でかなり違っている。

この作品に共鳴したのが、当時、肉感的でセクシーな女性キャラの描き手として評価を高めていたアニメーターの平野俊弘（現・平野俊貴）。平野は、阿乱と共に「レモンピープル」の版元である久保書店に企画を持ち込み、自身の初の監督作としてアニメ化を手がけることになった。

平野がこの作品で目指したのは、徹底的な美少女アクションと巨大ロボットバトル。見せ場優先で構成された、テレビヒーロー番組の第1話的ストーリーからも、「それ以上のものは要らない」という平野の意図と潔さが透けて見える。いや、そんな内容だからこそ、平野は阿乱の原作に飛びついたのだろう。

本作では、いたるところに特撮へのオマージュを見つけることができる。わたなべぢゅんいちが担当したクトゥルフの造型や描写は、80年代ホラー映画の過激な特殊メイク。敵が生み出す異空間でのバトルや光る剣で戦うイクサー1の格闘シーンは「宇宙刑事シリーズ」。ハードなムードで登場しながら、敵にまったく歯が立たない防衛軍メカ「富士壱號」、そして巨大メカバトルは『地球防衛軍』『海底軍艦』

などの東宝特撮。そして、イクサー1と渚が搭乗する巨大ロボット・イクサーロボのバトルは『ウルトラマン』ほか円谷特撮ヒーローと、様々なイメージが重なっている。

音楽を担当したのは、数多くのアニメ・特撮作品でその辣腕をふるった名匠・渡辺宙明。当時「宇宙刑事シリーズ」を担当していた印象も強く、メイキングビデオで渡辺の起用は平野からの強い希望であった、と語られている。

勿論、美少女コミック原作ならではのエロス描写も本作の売りのひとつだ。クトゥルフの女戦士コバルトとセピアが全裸で絡み合うレズ描写、そしてイクサーロボの胸部に合体するフルヌードの渚など、テレビアニメではまず通らない場面も存分に盛り込まれ、重いストーリーに華を添えた。

『イクサー1』は好評を以ってアニメファンに迎えられ、「ACTⅡ イクサーΣの挑戦」「ACTⅢ 完結編」の制作が決定、3部作としてまとまることに。垣野内成美、大張正己、荒牧伸志らがメインスタッフとして新たに加わり、「ACTⅡ」では、イクサー1の妹にして最大のライバル、イクサー2、並びに巨大ロボット・イクサーΣが立ち塞がり、物語のスケールは一挙に拡大され、続く「ACTⅢ」では、激闘の中で、クトゥルフとビッグゴールドの謎が一挙に明らかにされていく。戦いが終わりを告げた後、少し切なさが残るラストを迎えるのもまた、70年代の特撮ヒーロー番組最終回のイメージそのものという感じで、観ていて清清しい。

最初から最後まで、好きなものしか出さない、描かない…そう、『イクサー1』は、クリエイターの個性を存分に押し出す80年代OVAの基礎を固める重責を果たした、メルクマール的一作なのである。**（伴）**

ACTⅠ ①85／10／19 ③25 ⑥9800 **ACTⅡ イクサーΣの挑戦** ①86／07／23 ③29 ⑥8800 **ACTⅢ 完結編** ①87／03／04 ③45 ⑥10500 **（全巻共通）** ②久保書店 ④AIC ⑤平野俊弘 ⑦有 ⑧有

CHECK!

MAKING OF ICZER-1

デイドリーム

ACTⅡ～Ⅲの間に発売されたメイキングビデオであり、「Ⅲ」の主題歌「永遠のイクサー1」レコーディング風景、メインスタッフ座談会（ただし制作途中のため、ほぼ雑談）、デフォルメキャラのショートアニメなどを収録。**（伴）**

①86／12／20 ②久保書店 ③30 ④AIC ⑤平野俊弘 ⑥5000 ⑦有 ⑧有

戦え!!イクサー1 特別編

描き直し50カット以上！

シリーズ3作を、1作の長編としてまとめた作品。単に繋いだだけではなく、場面の入れ替えや新作追加カット、修正カットやBGMの変更が細かく丁寧に加えられており、ストーリーの大河性がより強められている。**（伴）**

①87／09／25 ②久保書店 ③100 ④AIC ⑤平野俊弘 ⑥14800 ⑦有 ⑧有

021

耐ハイれもん LOVE30S

60年代ポップスが渋いハードボイルドアニメ

史村翔（武論尊）原作、しのはら勉作画による「週刊ヤングマガジン」連載の同名漫画のOVA化作品。日本初のアダルトOVA『ロリータアニメ 雪の紅化粧 少女薔薇刑』を制作したワンダーキッズが、初めて手掛けた一般向けのアニメである。

はみだしものの刑事・辰巳五郎と、不良女子高生・藤田麻紀のラブロマンスを、刑事ドラマに絡めて描く。

居酒屋チェーンの全国展開が始まり、さらに缶入りのチューハイが発売された80年代中期の世相を反映したタイトルであるが、辰巳が住むマンションや飲み屋など、作品内で描かれる日常や舞台設定などは、きわめて70年代的である。辰巳を歌手の世良公則、麻紀を『うる星やつら』のラム役で知られる平野文が演じており、特に平野文による不良少女の演技には、ラムとは違った魅力が感じられる。なお、本作は「雨にぬれても」と名作映画の主題歌からとられたサブタイトルが付けられており、作中でも同名曲が流れている。ビデオの巻末には次回作『～カラーに口紅』の予告編が収録されており、本来は連続モノとして制作されていたことがうかがえるが、本作を最後に制作元のワンダーキッズは倒産している。（吉田）

①85／10／25 ②ワンダーキッズ ③45 ④土田プロダクション ⑤小泉謙三 ⑥9800 ⑦有 ⑧未

022

トゥインクル NORA ロックミィ！

漫画家・御厨さと美が生み出した金髪のスーパーヒロイン、ノーラの活躍を描くOVA第2弾。

今回のノーラは、悪党を逮捕する超能力者のバウンティハンター（賞金稼ぎ）という設定に一新されており、惑星ダズルを支配する魔術師フーチュロ兄弟と対決する。

なお、劇中にダンスシーンなどがふんだんに用意されているものの、動画枚数が不足気味で、なんともカクカクした動きになってしまっているのが残念である。（吉田）

①85／11／21 ②ポニー ③45 ④フィルムリンク・インターナショナル ⑤御厨さと美 ⑥8800 ⑦有 ⑧未

023

ホワッツマイケル？

大ヒットしたネコ漫画の元祖をアニメ化

『1・2の三四郎』や『柔道部物語』などで知られる小林まことの大ヒット漫画のOVA化作品。

トラ猫のマイケルを主人公に、恋人役の白猫・ポッポが登場する話や、飼い主である小林一家との日常生活を中心に、ヤクザ映画や白黒アニメ、怪獣特撮映画などのパロディを含めた複数のショートフィルムで構成されている。

また、中盤に挿入歌「Soppo!」のPV映像が入っており、銀色の近未来的な衣装を身にまとった黒人少年が画面中央で踊っているシーンが実写で表現されるなど、非常にバラエティに富んだ内容になっている。マイケルは、単独のキャラクターとしても人気が出たため、NECのCDプレイヤーなどのCMにも起用された。

マンション暮らしだった小林家が夢のマイホームを手に入れ、引っ越した新居でのエピソードで構成されたOVA2作目が制作され、さらにOVAとはまったく異なるスタッフによってテレビアニメも制作されている。**（吉田）**

ホワッツマイケル？ ①85／11／25 ③56 ④キティフィルム ⑤長尾粛 ⑥12800 **ホワッツマイケル？2** ①88／07／25 ③45 ④キティ・エンタープライズ ⑤古川順康 ⑥9800 **（全巻共通）** ②ポリドール／キティエンタープライズ ⑦有 ⑧未

024

ドリームハンター麗夢
惨夢、甦る死神博士

▼美少女・麗夢が夢魔による猟奇的殺人事件に挑む

「オレンジビデオハウス」というマイナービデオレーベルから成人向けとして発売された同名アニメを修正し、「スペシャルバージョン」と銘打ち、新たに一般向けのOVAとして販売した作品。前半は成人向けだったオリジナル作品の性的なシーンを一部修正したものとなっており、ここに新たに制作された第2話をあわせ、2部構成とした、という珍しい成立過程を経たOVAとなっている。

他人の夢の中に入ることができる能力を持った少女・綾小路麗夢は、その能力を生かして青山に探偵事務所をかまえ、ドリームハンターとして夢の中で繰り広げられる難事件を解決していく…。

麗夢の独創性は熱狂的に支持された

前半は、夢魔に取り憑かれた大会社社長の娘を救出する麗夢の活躍を描いている。成人向けのオリジナル版との大きな差異は次の3つのシーンである。「1・淫夢に取り憑かれた依頼者の娘がもだえ自慰をするシーン」「2・夢の中で夢魔の触手に依頼者の娘が取り憑かれるシーン」「3・夢魔の触手で凌辱される麗夢」。

なお、本作では、前半終了後に「麗夢のお勉強」というコーナーがインターミッショ

爆発的人気を博した本作は音源だけでなく、現在まで続編やドラマCDがリリースされ続けている

ンとして挿入されている。ここでは講師役の麗夢が、睡眠、脳波、レム睡眠などについて解説をし（このレム睡眠の解説をきちんと聞いておかないと続く第2話における麗夢と死神博士の対決が理解できなくなる）、その後に本編のサブタイトルにもなっている新作第2話「惨夢、甦る死神博士」の話が始まる。

　次々と女性を殺し、カプセルの中に封じて保存していた連続殺人鬼の死神博士は、榊警部の銃弾で死亡したが、そのまま夢の世界に逃げ込み、今度は眠りについた女性を夢の中で殺し、現実でもそのまま死亡させるという手口で復活する。夢の中までは警察の手が及ぶべくもなく、ついに榊警部の娘にまで死神博士の魔の手が迫る。やむなく榊警部は、事件の真相解決を麗夢に依頼するのであった。

　作品のメインにホラー、オカルト的な要素を据えながら、夢の世界でビキニアーマーに身を包んで戦う麗夢の活躍は、80年代に多くの熱狂的なファンを生みだした。また武器として多用される銀の弾丸（先端に十字が刻んである）を仕込んだコルト44マグナムや、ミサイルランチャーを搭載した愛車のホンダシティなど、ミリタリーやメカのマニアが好む要素も巧みに取り入れられている。

　現在は『ポケットモンスター』シリーズなども手がける毛利和昭が初めてキャラクターデザインとして参加、80年代に印象的なOVAを多数手がけた奥田誠治が監督を務めている。**（吉田）**

①85／12／15 ②オレンジビデオハウス ③45（40＋α） ④プロジェクトチーム永久機関 ⑤奥田誠治 ⑥12800 ⑦有 ⑧有

025

バビ・ストックⅠ 果てしなき標的《ターゲット》

▼カナメプロとにっかつがタッグ！ SF大河作品

ベンティカ帝国第三惑星に幽閉されていた美少女ムーマ。帝国存亡のカギを握る彼女を救うため、警察惑星G・P・Pのエージェント・ケイトが派遣される。ムーマ救出に成功したケイトはさらに殺人の罪で刑務惑星に収容されている少年・バビを連行してくるよう命じられる。ケイトはムーマ、バビ、そしてバビと同じく刑務惑星に収容されていたサミィと共に警察惑星へ向かう。しかし、その頃にはすでに警察惑星はベンティカ帝国により破壊されていた。途方にくれるケイトは、一攫千金を狙って惑星周回ラリー出場を目論むバビたちと行動を共にする。しかし、そこにもベンティカ帝国の魔手が伸びているのであった。

『2000人の狂人』『原始人間』など海外のホラー映画をドロッとしたパッケージでリリースしていた（もちろんロマンポルノも）にっかつビデオフィルムズ初のOVAリリース作品は、『バース』『幻夢戦記レダ』の大ヒットで当時飛ぶ鳥を落とす勢いだったカナメプロダクションのオリジナルSFアクションである本作であった。ムーマの救出劇でのカーチェイスは、金田伊功の血を受け継ぐカナメプロだけに息もつかせぬスピード感で必見だ。

幻のタイム・フォー・アクションシリーズ

当初、「タイム・フォー・アクションシリーズ」と題し、全13話でのリリースが予定されていた。内容も3代に渡る大河ドラマで、最後には3人の主人公が一堂に会するという案もあったそうだ。

監督、キャラクターデザインに影山楙倫、ゲストキャラクター（アイズマン）デザインにいのまたむつみ、脚本に寺田憲史を迎え、アクションに定評のあるスタジオ・ジャイアンツも参加ということで、アニメ誌やアニメファンからも注目され前評判は高かった。しかし、広告のデザインが少し地味で渋過ぎたからか、一般層にはあまり響かない感じではあった。唯一のポップな要素といえば、音楽を当時アイドル的人気を誇った〝京極少年〟こと本田恭章が担当したぐらいではないだろうか。

ホバーチェイス、ボクシング、超能力合戦と45分に詰め込んだためか、少し消化不良感は否めないが、丁寧な作画と動きで爽快感のある作品に仕上がっている。（松原）

①85／12／10 ②にっかつ ③45 ④カナメプロダクション ⑤影山楙倫 ⑥10800 ⑦有 ⑧未

テンポのいい洒脱な文体の小説版は、脚本を担当した寺田憲史が執筆（左）音楽集はJAPANなどに影響を受けた本田恭章が担当（右）

026

天使のたまご

▼卵を抱く箱舟の少女と鳥を探し求める少年

難解過ぎると敬遠されている『天使のたまご』こそ、万人受けではない層を狙うOVAというジャンルにふさわしい作品ではないだろうか。

押井守の作家性が全面に出た作品といわれているが、1週間でイメージボードを400枚描いた天野喜孝と、それをアニメにした作画監督・名倉靖博と美術監督・小林七郎の功績も忘れてはならない。

大きな十（銃）字架を持った少年が廃墟の街でたまごを抱えた少女と出会い、そして少女は女になるボーイ・ミーツ・ガール物。そこに旧約聖書的な水、魚、鳥が絡む。

『ルパン三世』が転生し『天使のたまご』に

ただ、この作品はお蔵入りした、押井守が監督予定だった『ルパン三世』劇場版第3弾（代わりに公開されたのは『バビロンの黄金伝説』）の設定流用作品であった。だが、『天使のたまご』も世間には受け入れられず、押井守は業界を干されてしまう。

当時ビデオでしか観ていない人も、ぜひブルーレイのクリアな画像で観直して欲しい。**（坂本）**

①85/12/15 ②徳間書店 ③75 ④スタジオ・ディーン ⑤押井守 ⑥12800 ⑦有 ⑧有

027

るーみっくわーるど 炎《ファイヤー》トリッパー

▼人気のるーみっくわーるどOVA第1弾！

高橋留美子の短編集「るーみっくわーるど」からのアニメ化第1弾。制作はスタジオぴえろで、初期『うる星やつら』と同スタッフ。原作が発表されたのはすでにアニメ『うる星やつら』が人気を博していた83年。戦国時代に女子高生がタイムスリップする、いわばプレ『犬夜叉』のような作品。だが、こちらのタイムスリップにはさらなる仕掛けがある。

緊迫状態の中、涼子の超能力が目覚める

女子高生・涼子は隣に住む子供・周平とガス爆発に巻き込まれてしまう。ひとり戦国時代で目を覚ました涼子は野武士・宿丸に助けられる。連れて行かれた村には宿丸の妹・すずがいた。その村で周平の服を見つけた涼子は、周平もまた戦国時代に飛ばされていたことを知るも見つけ出すことは出来なかった。野盗の襲撃で村が火あぶりにされた時、涼子は自身の持つ能力に気付くのであった。

涼子の声を担当したのは、『めぞん一刻』の音無響子を演じる前の島本須美。本作はなぜか『県立地球防衛軍』と『ザ・ヒューマノイド』との3本立てで劇場上映された。

（坂本）

①85/12/16 ②小学館/ビクター ③48 ④スタジオぴえろ ⑤高橋資祐 ⑥9800 ⑦有 ⑧有

028 ラブ・ポジション ハレー伝説

▼ヒロイン役は長山洋子！ ハレー彗星の伝説

勧めている微生物研究所の調査でベトナムへ向かうことになった須春は、父・ロバートからベトナム戦争で出会った不思議な力を持つ少女・ラミーナの話を聞く。父にラミーナを探してくると約束して旅立つ須春をジッと見送る恋人の由美。彼女はこの調査費用の出資元・虎馬グループの令嬢で、少々エキセントリックな女性。偶然、迷い込んだ遺跡でラミーナと出会うことができた須春は彼女を日本に連れて帰る。しかし、由美はラミーナに須春を「NTR＝寝取られた」と勘違いし、ライフルを振り回して須春と別れろと恫喝。エクストリーム極まりない行動に出るのだった。そんな狂気を秘めた由美の父・虎馬社長がこの調査費用を出した理由は、不思議な力を持つ物質・テクタイトを我が物とするため。しかし、テクタイトの危険性を察知した微生物研究所の筑波博士は引き渡すことを拒否する。怒った虎馬社長は滞在先のアメリカから急いで帰国しようとするが、運悪く密航していた不定形生物に体を乗っ取られた凶悪殺人犯の脱獄囚・ザンバにより搭乗機を墜落させられる。ザンバの使命は、76年前に地球の腐敗を嘆き、滅ぼしてしまおうと考えた宇宙の創造主・エロリアンの使者・ラミーナを抹殺し、地球を死の世界にすること。地球の美しさに魅せられ、命令に背いたラミーナと、ザンバの闘いが繰り広げられる。

手塚治虫が原作を担当し 若手を積極的に採用

作画にバラツキがあるものの、非常に見応えのある作品。戦闘シーンは気の抜けた作画で少々寂しい感じだが。手塚治虫公式サイトでも「原作のみを担当しました」と本作の紹介は寂しい。当時の手塚治虫ファンクラブの会報でもあまり取り上げられていなかった記憶が…。キャラクターデザインはいんどり小屋（本作では松下浩美がメインとして活躍）が担当。若い世代をスタッフの中心に据え、脚本は辻真先、作画監督に高橋信也とベテランを迎えて脇を引き締めた。しかし、監督の井内秀治は「メッセージ色はあまり強くなく、荒唐無稽なSFアクションとして楽しめるように作った」、脚本の辻御大は「思いきって本音の愛情を描いてみたい」と、認識のずれがあったのかもしれない。プロット段階では筑波博士が虎馬グループに操られて細菌兵器製造の片棒を担がされていたり、ドリア（企画時のラミーナの名前）に須春が恋をしたりと、さらに面白くなりそうな要素が盛り込まれていた。（松原）

アニメの主題歌を多く歌っている長山洋子が歌う本作主題歌は染みる名曲

①85／12／16 ②パック・イン・ビデオ ③93 ④手塚プロダクション ⑤井内秀治 ⑥12800 ⑦有 ⑧未

029 ダーティペアの大勝負 ノーランディアの謎

少しアダルティになったケイとユリに注目！

高千穂遙原作の人気SF小説『ダーティペア』初のOVA化作品。アニメファンから好評を博したテレビシリーズの終了とほぼ同時の85年12月に発売された。

キャラクターデザインはテレビシリーズ同様、土器手司氏が担当。ダーティペアの二人、ケイとユリのデザインはテレビシリーズ時よりも等身が高くなり、よりアダルティでグラマラスなスタイルとなった。原作小説のイラストを手掛けた安彦良和氏によるキャラクターに近い形でデザインを試みた結果、このようなキャラになったとのこと。テレビシリーズ制作時に原作から変更された設定、例えば二人のコスチュームの変更や耐熱ジェルの装備が無いこと、ムギの能力や扱いなどは本作でも引き継がれている。その一方でテレビシリーズでは描かれなかった二人が有する超能力「千里眼（クレアボワイヤンス）」やユリが愛用する武器「ブラッディカード」が劇中で描写されており、設定面でも原作を意識したことがうかがえる。

他のほとんどの『ダーティペア』のアニメ化作品と同じく、本作のストーリーもアニメオリジナル。ミスニーと呼ばれる少女の捜索・保護を依頼されたユリとケイは、惑星ウクバールに降り立つ。だが、依頼人の女性・コニーは既に殺害されており、ミスニーも行方不明となっていた。ウクバールを支配する企業・AJデベロップ社の保安部長・サマラから、ミスニーがノーランディアの森に逃げたという情報を得たユリとケイは、事前に自分たちが見た予知を頼りに森へと向かう。その森で彼女たちは幻覚攻撃に襲われるが、それはすべてミスニーが作り出したものだった。ミスニーはAJデベロップ社が作り出したエスパーであり、ノーランディアの森は彼女を造り出すまでの失敗作を棄てる場だった。ミスニーの一件がきっかけとなり、ユリとケイはAJデベロップ社の暗部を暴くことになる。（ホシノコ）

①85／12／20 ②バンダイビジュアル ③55 ④サンライズ ⑤奥脇雅晴 ⑥9800 ⑦有 ⑧有

030

吸血鬼《バンパイア》ハンターD

▼Dが魔界の荒野の果てに見たのは光か闇か?

大人気小説家・菊地秀行の代表作のひとつでもある、SFゴシック・ホラー・ファンタジー・シリーズの初映像化作品となったOVA。

ノベライズを菊地秀行が担当した、85年3月発売の大ヒットOVA『幻夢戦記レダ』との2本立てで、同年12月21日に劇場公開もされた。

Dの血の運命 その辿り着く先は…

その超人的な力で、吸血鬼たちが地上を支配するようになった遠い遠い未来。とある辺境の地に弟と二人で暮らす勝ち気な美少女・ドリスは、その土地を支配する貴族でもあるリィ伯爵に見初められ、吸血されてしまう。リィ伯爵を斃《たお》すために、ドリスが雇ったのは流れ者の吸血鬼ハンター・D。彼は伯爵の娘・ラミーカやミュータントを操るならず者・麗銀星といった刺客から、ドリスを守るために死闘を繰り広げる。

ファンに支持された 芦田豊雄と塩沢兼人

『銀河漂流バイファム』など、80年代の日本アニメ界で注目を集めていた芦田豊雄が、監督とキャラクターデザインを兼任。原作小説の挿絵を手掛ける天野喜孝が描いた、妖しいムードを湛えるキャラクター陣を生命力たっぷりに表現している。ドリスの弟・ダンが『銀河漂流バイファム』の主人公・ロディにどこか似ているのもご愛敬。

一方、「男女問わず、その面差しを見たすべての人間を陶然とさせるほどの美貌を持つ青年」という設定の主人公・Dは、多くのシーンにおいて目元がトラベラーズ・ハットなどの陰に隠れた状態で描かれるなど、あえてその美しさを正面から表現することは避けた。しかしながら、キャラクターボイスを務めた塩沢兼人の妖艶な声によって、一気に美形度が上昇。原作ファンの多くが「塩沢兼人こそDを演じるに相応しい声優」だと絶賛するほどだった。

サービス精神炸裂 エロス&バイオレンス!

原作者・菊地秀行の持ち味でもある「エロス&バイオレンス」のエッセンスのうち、エロスはDを愛するようになったドリスがその純潔を捧げることを決意し、シャワーを浴びるシーンで表現。80年代当時はごく普通に描かれていた女性のバストトップだが、今観るととても扇情的。自分の胸に飛び込んで来たドリスの濡れた髪や美しいカーブを描く首筋をDが見下ろす場面は、クオリティの高い作画も相まって、強い印象を観る者に残すはず。

一方のバイオレンスでは中盤、Dが伯爵の城にドリスを救いに行く場面が秀逸。芦田監督が『北斗の拳』で見せたグロテスクかつダイナミックなバトル・シーンを思わせる、血と脳漿が飛び散る描写から、監督のサービス精神が見て取れる。**(中村)**

①85/12/21 ②エピックソニー ③80 ④葦プロダクション ⑤芦田豊雄 ⑥12800 ⑦有 ⑧有

interview

Talk about *OVA*

1

奥田誠治

Seiji Okuda

interview Takeshi Kikuchi

日本で最も絵コンテを切っていると言われる奥田監督。80年代には現在も人気の『超獣機神ダンクーガ』『ドリームハンター麗夢』、カルト大作『禁断の黙示録 クリスタルトライアングル』など数々の傑作を発表。その作品の裏側を伺った。

『ドリームハンター麗夢』はこの不安の時代に必要なのではないか

―代表作である『ドリームハンター麗夢』(以下、『麗夢』)について。新作CDがつい最近リリースされましたが、これから『麗夢』をまた動かそうと構想されていたり?

奥田　仕掛けてはいます。今、この不安の時代に一番良いテーマで、これから必要なのではないかなと。安易に「夢」というだけじゃなくてね。

―『麗夢』は最初にR-18のOVAとして販売、その後一般向けにリメイクと、珍しいリリース方法でした。

奥田　私が肺炎を発症して倒れて入院している時に、「奥田さん、こういう企画あるんでやってくれない?」と言われて渡された作品なんですよね。いざ作ったら「普通バージョンも作ってくれ」というはがきとファンレターがいっぱい届いて、そんな手間でもないからやろうみたいなことで、オリジナルを作ったわけですよ。そうしたら売れまして、当時でも発売当初オリコン6位くらいになった勢いでしたね(笑)。

―当時は完全にアニメーター寄りの「作画アニメ」として観ていました。

奥田　そうですね。描いてくれた連中がピーキーな連中で(笑)。メジャーになった沖浦(啓之)くんや、仕切ってくれた谷口(守泰)さんであるとか、トップに立ってくれた毛利(和昭)くんが天才的なアニメーターだったので。それはすごい嬉しい状況でしたよね。

―一般版に替えられる時は今でいうリテイクなどはされたのでしょうか?

奥田　描き足しなんかは随分やりました。そういう予算を許してくれたので。

―OVAならではの、テレビではできなかったようなことができるというのは実感しましたか?

奥田　技術的にもOVAの方が高かったですから。平野(俊弘、現・俊貴)くんあたりが頑張っていた時代ですよね。彼はアニメの作り方が本当に上手いと思います。

―平野さんもちょうどAICでOVAを手掛け始められた頃ですね。やはり80年代当時でOVAを作られていたクリエイターというのは、今の業界の中でも一目も二目も置

『ダンクーガ』は人間にあって他の動物に無い「自己犠牲」というテーマ性を持っている

Talk about Dancouga - Super Beast Machine God, Dream hunter Rem and more

かれているような方が多いような気がします。

奥田　まだ毛利（和昭）くんですら、新人ではないけれども中堅くらいの時期でした。そういう意味では面白い時代ですよね。『麗夢』の時は、谷口さんのところのメンバーで（作画の）オーディションをして、最終的に残ったのが彼でしたね。

―アニメーターのオーディションを？　では『麗夢』のアニメーターはコンペ形式だったのですか？

奥田　そうです。谷口さんの弟子筋の４人くらいだったかな？　今はもうメジャーになってるんじゃないかと思いますけど。最終的には毛利くんのキャラクターで決定となったんです。当時でも彼の名前は知られていましたけど、その下にいろんな連中が集まってくれた、みたいな感じですね。

―普通なら谷口さんがキャラデザと作監をされるというのが当時の流れだと自然な流れっぽいかなと感じたのですが。

奥田　いや、それはお互い描き手だから苦手なものは知っていて「美少女ダメだろ？」と（笑）。それこそ『超獣機神ダンクーガ』（以下、『ダンクーガ』）でいんどり小屋（スタジオ・ライブの共同ペンネーム）と作業をした時も、「芦田くんは宇宙人やってね。可愛いのは若い女の子にやらせて」みたいな感じで（笑）。そこに只野和子が出てきたんですよね。

―テレビシリーズの『ダンクーガ』の時の制作状況はかなりきつかったですか？

奥田　日本の歴史で最高に悪いですよ（笑）。それだけは自慢できるという（笑）。やっぱり段取りの悪さがね。羽原（信義）くんとか大張（正己）くんとか、それぞれの個性は伸ばしてもらえましたけどね。ある意味皆、良くも悪くも放し飼いみたいな感じだったんで（笑）。

―突出したものがかなり出ていた作品だと思います。打ち切りになりましたが、それを受けてOVAで描こうと？

奥田　とにかく辻褄を合わせなきゃと（笑）。で、２本目に『〜ゴッド・ブレス・ダンクーガ』（以下、『ゴッド・ブレス』）は僕がいない体制で作りましたでしょ。あれは作品の中に『ダンクーガ』っていう作品の情念が全然無かったところが寂しかったです。『ダンクーガ』は基本的に人間にあって他の動物に無い「自己犠牲」というテーマ性を持っているんですけどね。私が好きなのは、例えば『ダンクーガ』で将軍が突っ込んでいく話。あれはもうもろに自己犠牲ですから。それはあくまでひとつのテーマですが、そういう情念が無くなっちゃったんですよね。その後もOVAで３本（「白熱の終章」）作らせてくれたんだけど、僕はあの時は燃え尽きちゃっていて、あまり参加していなかったんですよ。監修程度にしか。

—それはやはり『ゴッド・ブレス』で一度外れたからというご自身の思いもあって？

奥田　それとちょうどその3本の時に『禁断の黙示録 クリスタル・トライアングル』をやっていたので、余力が無かったというのもね。ちょっと寂しいですよね。「泣かせられたのに！」という、作れなかったことへの悔しさもあって。

—『超時空ロマネスクSAMY』は覚えてらっしゃいますか？

奥田　けっこう覚えていますが、あの時は二転三転していて、その途中でサイ（※1）の倒産が入ったわけですから、もう大混乱でね。サイが潰れてなければ、当然前後編でやってた作品なんですけど…。それこそ『トゥインクルハート 銀河系までとどかない』（以下、『トゥインクル』）もずっとやりたかったですね。テレビシリーズ化も狙っていましたから。『トゥインクル』で面白いのは、自分ではすごいマイナー作品だと思っていたのが、イスラエルの方から「ファンです」ってメールが来たことがあってね。「職業は何？」と聞いたら、「soldier」って返ってきて。中東戦争のちょっと後ですよ。そういうファンもいたという不思議な作品ですね。

—当時の監督作品はお坊さんや宗教が多く使われていましたが、そういうものにはまっていたとか？

奥田　いや全然無いです。設定として面白いから。だから『新世紀エヴァンゲリオン』が出た時、「キリスト教でやっておけばよかったな」みたいな（笑）。仏教は地味だったなと。

—お坊さんがすごいアクションをするという、見た目のインパクトはすごかったです。

奥田　凝りましたよ。錫杖の音とか、いいところで「シャリーン」とくるところとかね。自分自身で「ああ、やったー！」なんてね。やっぱり神秘性って必要ですから。ただ何故仏教かというと、やっぱりキリスト教の愛であったり、イスラム教の正義だったり、その生臭さよりは仏教の慈悲の方がマシかなと。

—混沌とした時代だったからこそ、職業アニメーターが個々の作家性を光らせた時代でしたね。

奥田　今は大半のアニメーターが仕事と作家性を分けざるを得ないのかと思うと、80年代は面白い時代だったなぁと。

—80年代と今とでは、制作環境なども含めて、アニメを取り巻く環境が大きく変わっていると思います。ご自身の中でいわゆるOVAでできていたオリジナリティの発露というのは今の時代でも可能ですか？

奥田　できると思います。今ならやっぱり劇場版でしょうね。劇場版でビデオ発売、ネット配信みたいな流れなら。テレビシリーズは制約が多すぎますよね。ここ5年ほどは中国の企業とかに企画を出したり、アドバイスをしたりしていたんですけど、恐ろしいことに12億人いるってことは、マーケットもそれだけ大きいということなんですよね。しかも向こうの環境が80年代的なんですよ。向こうでアニメを作る若者たちの目がキラキラしているのは、そういうことなんでしょうね。

PROFILE
奥田誠治
（おくだせいじ）
1943年4月26日生まれ。東京都出身。
吉祥寺に個人事務所を置き、現在はフリーで活躍。監督作品として『横山光輝・三国志』や『銀河戦国群雄伝ライ』など。最近では『ONE PIECE』や『NARUTO -ナルト-』などの絵コンテも担当している。

※1 サイ：『ドリームハンター麗夢』シリーズなどをリリースしていたサイ・エンタープライズのこと。87年倒産。

意外と本格派! 宗教OVA

若年層をターゲットに、訴求力のあるアニメを布教用に制作している教団は多い。実は知らずに宗教アニメを観ているなんてこともあるかもよ!?

text かに三匹

DVD化されている作品や図書館にある率も高し!

宗教アニメというと、90年代にオウム真理教が自主制作したアニメが95年の地下鉄サリン事件後に広く知られたことや、幸福の科学のアニメ映画が97年から公開され始めたことから、90年代以降のイメージの方が強い。だが80年代にも、しかもOVAのフォーマットで発売されていた宗教アニメがある。そこで、ここでは80年代に作られた宗教アニメを中心に紹介したい。

まずはOVA『仏典物語』シリーズがある。これは浄土真宗本願寺派が制作したものである。全10巻が86年から発売されていた。内容は仏教説話や、浄土真宗にとって重要なお経をアニメ化したものである。例えば第6巻「王舎城の悲劇 ー仏説観無量寿経ー」、第7巻「アジャセとダイバダッタ ー続・王舎城の悲劇ー」は前後編で浄土真宗のよりどころともいうべき仏説観無量寿経にて説かれる「王舎城の悲劇」という物語をアニメ化している。この物語では念仏によりインドのマガダ王国の王妃イダイケ夫人が救われる姿を描いている。この2エピソード以外は各巻独立し、時代も前後したエピソードになっている。ちなみにスタッフロールには、ガイナックス、AIC、マッドハウスといった著名スタジオの名前を見つけることができる。また、このシリーズは近年DVD化もされている。

次は『アニメ 神だのみ入門』というシリーズである。宗教団体のコスモメイト（現在のワールドメイト）が発売していたシリーズである。全13巻が89年から発売された。後半は90年に入ってからの発売だから、すべてが80年代アニメというわけではない。シリーズは〝神霊界入門アニメ〟と銘打っていて、各話は独立したエピソードで構成されている。第1巻の「おしゃべり太郎」は時代劇であるが、それ以外は現代劇が中心となっている。理想の結婚相手に守護霊の助けで出会ったり、悪霊の呪いから除霊で救われたりと、人々が主に霊的な働きにより救われる様を描いている。某著名経済人をモデルにしたと思しき人物が主人公の回もあるなど、教祖が経営者も兼ねる同団体のアニメらしい要素もある。また、エピソードの中には除霊のシーンなどアニメらしい見せ場も用意されている回もあり、エンターテイメントとしても楽しめる作品が多い。原作・監修はワールドメイトのリーダー深見東州（当時は深見青山）が行っているが、さらに主題歌を歌い、声優で本人役までこなすマルチぶり。制作はスタジオぴえろ。このシリーズもDVD化されているが、会員のみに500円という安価で販売されているようだ。おそらく布教用に配布するために安価に設定されているのだろう。

創価学会は多くのアニメを作っていることで知られているが、89年に『ほしのゆうえんち』というOVAを学研から発売していた。この作品は創価学会の名誉会長である池田大作の童話を原作にアニメ化したものである。内容は、「折り鶴から宇宙にある『ほしのゆうえんち』に招待された少年が、そこで冒険することにより勇気を得て、意地悪をした友人に謝罪する心を育てる」というファンタジー色の強いものであり、道徳的な作品である。DVD化はされていない。また、創価学会ではOVAではないが創価学会系企業であるシナノ企画により、83年に『少年とさくら』『月さまと王女』『青い海と少年』、85年に『雪国の王子さま』という劇場用作品を制作している。

このように80年代に作られた宗教アニメ作品は意外と多いものである。当時はセルアニメの時代であり、それぞれが本格的な作品として作られ、アニメ作品としても観ごたえのある作りとなっている。

仏典物語 **第1巻「ウパーリの出家」**①86／03／01 ⑤馬場健 **第2巻「マハーカッサパ お経のはじまり」**①86／07／01 ⑤石川康夫 **第3巻「大きな願い 仏説無量寿経」**①87／03／01 ⑤石川康夫 **第4巻「ルリ王子の怒り シャカ族の最後」**①87／07／01 ⑤石川康夫 **第5巻「子どもたちよ お釈迦さまとニーチおじさん」**①88／02／01 ⑤石川康夫 **第6巻「王舎城の悲劇 仏説観無量寿経」**①88／08／01 ⑤富沢和雄 **第7巻「アジャセとダイバダッタ 続・王舎城の悲劇」**①88／08／01 ⑤富沢和雄 **第8巻「パンタカ兄弟 ホウキの教え」**①88／08／01 ⑤蔭山康生 **第9巻「極楽浄土 仏説阿弥陀経」**①89／02／01 ⑤日下部光雄 **第10巻「お釈迦さま 誕生から涅槃まで」**①89／02／01 ⑤蔭山康生 （全巻共通）②本願寺 ③30 ④ビジュアル80 ⑥3800 ⑦未 ⑧有

アニメ神だのみ入門 1「おしゃべり太郎」①89／07／10 **2「日本株式会社」**①89／08／18 **3「星ツアーへの誘い」**①89／09／07 **第4「悪霊の呪い」**①89／10／07 **5「霊界への門」**①89／11／10 （1～5巻共通）②たちばな出版 ③28 ④スタジオぴえろ ⑤安納正美 ⑥11650 ⑦未 ⑧有 ※6巻以降は90年代に発売

ほしのゆうえんち ①89／10／14 ②学習研究社 ③18 ④ー ⑤相原信洋 ⑥1942 ⑦未 ⑧未

OVA

1986

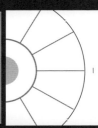

DIG THE OVA GRAVE

BEFORE THE TAPE ENTANGLED WITH THE HEAD

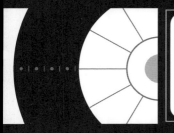

031

クール・クール・バイ

▼本編よりもオマケ映像の方がレア

国家形成が行われる前の原始的な状態にある星が舞台。旅を続けるハン一族の少年・レックとフレネーが、ムロロン族の女性をさらう巨大メカ・ペンギーンの退治を請け負い、戦いに巻き込まれていく。私欲のためにペンギーンで女性をさらっていたタンギーンとの決着は、あまりにも拍子抜けで腰砕けなものであった。

自身の代表作にしたいという意気込みで制作された本作は、原作・監督・脚本・キャラクターデザインを湖川友謙が担当した〝俺・THE・OVA〟。〝冷たいこと、固いこと、感情のないことにさようなら〟という意味を持つタイトルだけに、クールな印象だった『GREED』とはまったく異なった作風で、30分で1万3千枚のセル画を使用し、キャラクターも元気に動きまくっている。ただ、『GREED』同様、脚本が弱いのが残念。巻末にはビーボォーのスタッフ紹介映像を15分収録。（松原）

①86／01／21 ②ポニー ③45 ④フィルムリンク・インターナショナル ⑤湖川友謙 ⑥7800 ⑦有 ⑧未

> **CHECK!**
> **湖川友謙**
> 確かなデッサン力に裏付けされた独特なタッチとアングルが印象的である。79年に自身のスタジオ・ビーボォーを設立し、北爪宏幸、恩田尚之など多くの若き才能を輩出した。

032

ザ・ヒューマノイド 哀の惑星レザリア

▼感情を持ち哀愁の戦鬼に変化するヒューマノイド

地球人とメガロス星人が共存する惑星レザリア。宇宙船セル号の乗員エリックはロボットテクノロジーの権威ワトソン博士と、博士の造ったヒューマノイドのアントワネットと出会う。やがて、エリックと恋人シェリーとの楽しそうな姿を見たことをきっかけに、アントワネットは〝愛〟を知る。一方、プラウド総督が実権をにぎるメガロスエリアでは、レザリア星の遺跡で、星を消滅させてしまうほどの威力を持った巨大宇宙船イクシオンが発掘される。アントワネットは自らを犠牲として、イクシオンの発動を止めようとする。

『県立地球防衛軍』『炎トリッパー』と共に劇場公開もされた東芝EMI初のOVA。制作は当時、飛ぶ鳥を落とす勢いだったカナメプロ。カナメプロの新作、アントワネットのデザインを世界的イラストレーター・空山基が担当するなどの話題で注目を集めていた本作は、高い作画レベルに反してまったく盛り上がりに欠ける展開に…。空山基が非常にセクシーなヒューマノイドデザインを担当しているからか、海外ではDVD化されているので観たい人はチェック！（松原）

①86／03／05 ②東芝EMI ③45 ④カナメプロ ⑤影山楙倫 ⑥8800 ⑦有 ⑧未

033 憶病なヴィーナス

架空のアイドル「桐田裕美子」のMVという体裁で制作された。『魔法の妖精ペルシャ』のオープニングを担当した岡本舞子の歌に合わせ、海外の都市に渡った桐田裕美子の日常風景を描写。中盤からはライブ会場でのパフォーマンスという形でストーリーが進行する。クリィミーマミを演じた太田貴子、リンミンメイを演じた飯島真理のような、アニメ内のアイドルと現実世界のアイドルをオーバーラップさせる試みの最末端に位置づけられる特殊な作品である。キャラデザは北久保弘之、作画監督は姫野美智が務めている。（吉田）

①86/03/21 ②ビクター ③20 ④東映動画 ⑤角銅博之 ⑥4900 ⑦未 ⑧未

034 ゲバゲバ笑タイム！

伝説のバラエティ番組『巨泉×前武ゲバゲバ90分！』の中で流れるショートアニメーションのキャラクター「ゲバゲバおじさん」を主役に据えた、ナンセンスでシュールな短編アニメのオムニバス作品。子供向け教育番組『カリキュラマシーン』や、原爆投下後の広島の惨劇を描いた短編アニメ『ピカドン』などでも知られ、国際アニメーションフェステバル広島大会のプロデュサーなども務めた木下蓮三がアニメーション制作を担当している。（吉田）

①86/03/21 ②ポニー ③25 ④スタジオロータス ⑤木下蓮三 ⑥7800 ⑦有 ⑧未

035 県立地球防衛軍

▼とにかく忌野清志郎の曲が最高だった

安永航一郎原作の漫画で当時、待望のアニメ化だった。

悪の秘密結社（実は材木問屋）の電柱組と県立高校野球部員によって構成された県立地球防衛軍が戦うギャグ漫画。だが、原作の持つ特撮とアニメパロディ色を監督がオタク向けにせず、一般人にも分かり易くするという方向に舵を取ってしまったのでなんとも中途半端な作品に。

音楽と動きは最高に楽しめるギャグアニメ

安永航一郎の画も金田伊功の影響下にあるので金田系アニメーターも参加しているが、当時はやはりそこばかりがピックアップされていた。

1話15分の3話構成になっており、1話は原作1話、2話を合わせ、2話ではなぜか「魔の店へ飛べ」と「プロジェクト・ピンク」をミックス、3話はサンチンと裕子のサイボーグ話をまとめている。オマケの4話はラブコメ回の「勇気あるお誘い」で〆ている。

声優陣も盛田・古谷徹、チルソニア・池田秀一、サンチン・鈴置洋孝、助久保・玄田哲章、大山みゆき・潘恵子とガンダム勢を使い豪華なんですがね…。（坂本）

①86/04/01 ②東芝 ③45 ④スタジオぎゃろっぷ ⑤早川啓二 ⑥9800 ⑦有 ⑧未

036

超獣機神ダンクーガ 失われた者たちへの鎮魂歌《レクイエム》

▼やってやるぜ！ 忍たちは最後の戦いに挑む！

『機動戦士ガンダム』から始まった〝リアルロボット路線〟もある程度の落ち着きを見せ、本来のターゲットである玩具購買層の子供に向けて企画されたロボットアニメ『ダンクーガ』。85年に放映されたテレビシリーズは、当初4クール52話放映予定であったが、38話で終了となった。

ヒロイン・沙羅と敵側に寝返ったシャピロの恋路を描き、ロボット形態になるまでに11話、そしてダンクーガ登場は16話という、人間ドラマを重視した構成が、既存のロボットアニメに食傷気味であった当時のアニメファンには大いに受け入れられた。

『〜失われた者たちへの鎮魂歌』は多くの熱いファンの期待に応える形で、テレビシリーズの最終章を描く作品として誕生した。

テレビシリーズを凌ぐ迫力の描写を堪能せよ

放送終了が決定した段階で、テレビシリーズではムゲ帝国との最終決戦を残り話数に詰め込むことを避け、ダンクーガが敵本拠地であるムゲ宇宙に突入するところで終了している。主人公ロボットとしてディテールを詰め込んだダンクーガは線が多く、テレビシリーズでは描写にも限界があったが、本作ではロボットアニメの雄であるアニメーター・大張正己が外連味たっぷりのダンクーガを存分に描いており、結末を待たされはしたが、作品にとってもファンにとっても良い結果となったのではないだろうか。

デスガイヤーとの再戦において、テレビシリーズでは銃火器とパンチやキックの攻撃が多かったダンクーガが、必殺技として〝悪しき空間を断つ剣！ 断空剣〟を繰り出した。その勇姿は多くのファンを喜ばせた。ドラマの完成度も高く、アクションも素晴らしい本作。断空剣を持ったダンクーガのアクションシーンを、もっと観たかったというのはファンの贅沢な思いだろうか。（キムラ）

①86／04／21 ②バンダイビジュアル／ソニー ③90 ④葦プロダクション ⑤奥田誠治 ⑥12800 ⑦有 ⑧有

037 GOGO虎エ門

高橋春男の4コマ漫画をOVA化。『がんばれ!! タブチくん!!』の阪神版（本編中では〝ハンシン〟）といった感じで、プロ野球の知識があると楽しめる作品。しかし、ベテランの芝山努が監督しているだけあって、〝ハンシン〟のマスコット忍者・虎エ門のとぼけた笑いがクスリと楽しめる内容なので、野球に詳しくない人も問題なし（？）。

パッケージに書かれている通り、〝今世紀最大の珍事〟阪神優勝を記念してリリースされた。**（松原）**

①86／04／25 ②ワーナーパイオニア ③30 ④スタジオぴえろ ⑤芝山努 ⑥8800 ⑦有 ⑧未

038 バリバリ伝説 PART I 筑波篇

しげの修一のバイク漫画の金字塔をOVA化。

バイクに関して天性の才能を発揮する高校生・郡。彼に興味を示すヒロイン・歩惟。ライバル・秀吉。イチノセレーシングクラブの娘・美由紀。郡のバイク仲間・比呂。彼らが繰り広げる青春群像劇のプロローグ編となっている。バイクの走行シーンも非常に凝っており、その表現は当時のアニメ誌でも盛んに取り上げられていた。**（松原）**

①86／05／10 ②講談社／ビクター音楽産業 ③50 ④スタジオぴえろ ⑤上村修 ⑥9800 ⑦未 ⑧未

039 装鬼兵M.D.ガイスト

人類が宇宙進出を果たした時代、惑星ジュラでは地球政府主導の正規軍と、それに反抗した新世代人類ネグスロームとの戦いが泥沼化していた。そんな中、人工衛星に幽閉されていたガイストが、人工衛星の落下と共に復活する。ガイストは先の大戦で活躍したMDS（バイオクロン原理によって改造された超人的兵士）であった。地上に降りたガイストは、自らを幽閉したクルツ大佐たちと共に、正規軍の戦略中枢センター・ブレインパレスで進められているプログラムDの起動を阻止する作戦に参加する。プログラムDが起動するとデスフォースが発動、数千万のドロイド機兵が敵味方かまわずすべての生命体を攻撃し、ジュラ星自体が死の星と化すという。ガイストたちは、システムを守る大量のロボット兵との激戦を制し、ブレインパレスの最深部に到達するが…。

徹底してバイオレンスでハードボイルドなアクション描写が作品を覆うが、とりわけ最深部での彫像型ロボットとガイストの一騎打ちは、圧巻の一言。テレビシリーズへの展開を見据えた本作は、日本での売り上げこそ振るわなかったものの、アメリカ市場では大ヒットを記録し、95年には続編が日米合作で制作されている。原案とメカデザイン（そして実質的に監督）を務めた大畑晃一は、『聖獣機サイガード』（89年）、さらにOVA史上最高レベルのスプラッターアクション『ジェノサイバー 虚界の魔獣』（93年）を生み出した鬼才である。**（吉田）**

①86／05／21 ②日本コロムビア ③45 ④ヒロメディア／プロダクションウェイブ ⑤池田はやと ⑥9800 ⑦有 ⑧未

040

メガゾーン23 PARTⅡ

▼大敗した省吾は復活の狼煙をあげる

前作から半年後、省吾は暴走族グループ「TRASH」と行動を共にしており、由唯と久々の再会を果たす。デザルグの侵攻が進むMZ23の街は戒厳令下にあり、時祭イヴも戦意高揚のシンボルとして利用されていた。しかし、バハムートは完全に篭絡されたわけではなく、しばしば現れるイヴの亡霊＝かつてのイヴは7Gのオペレーター・省吾からのアクセスを待っていた。軍によって修復されたガーランドを奪取した省吾、由唯、TRASHメンバーは一路、バハムートを目指す。

石黒昇監督は原作・総監修にまわり、前作でアクション監督を務めた板野一郎が監督を担当。さらにキャラクターデザインの平野俊弘が離脱し（タイミング的には『イクサー1』との作業のブッキングか）、新たに梅津泰臣がキャラクターデザインを手がけることに。

ハードな梅津キャラでリアルな世界を構築

当時のアニメシーンの流行を捉えた平野のキャラは、間違いなく作品の大きな売りであったはずだ。しかし、梅津はデフォルメを排した徹底的なリアル路線と大胆な色彩設計でキャラを再構築、作品イメージを文字通り一新してしまった。当時の雑誌に掲載さ

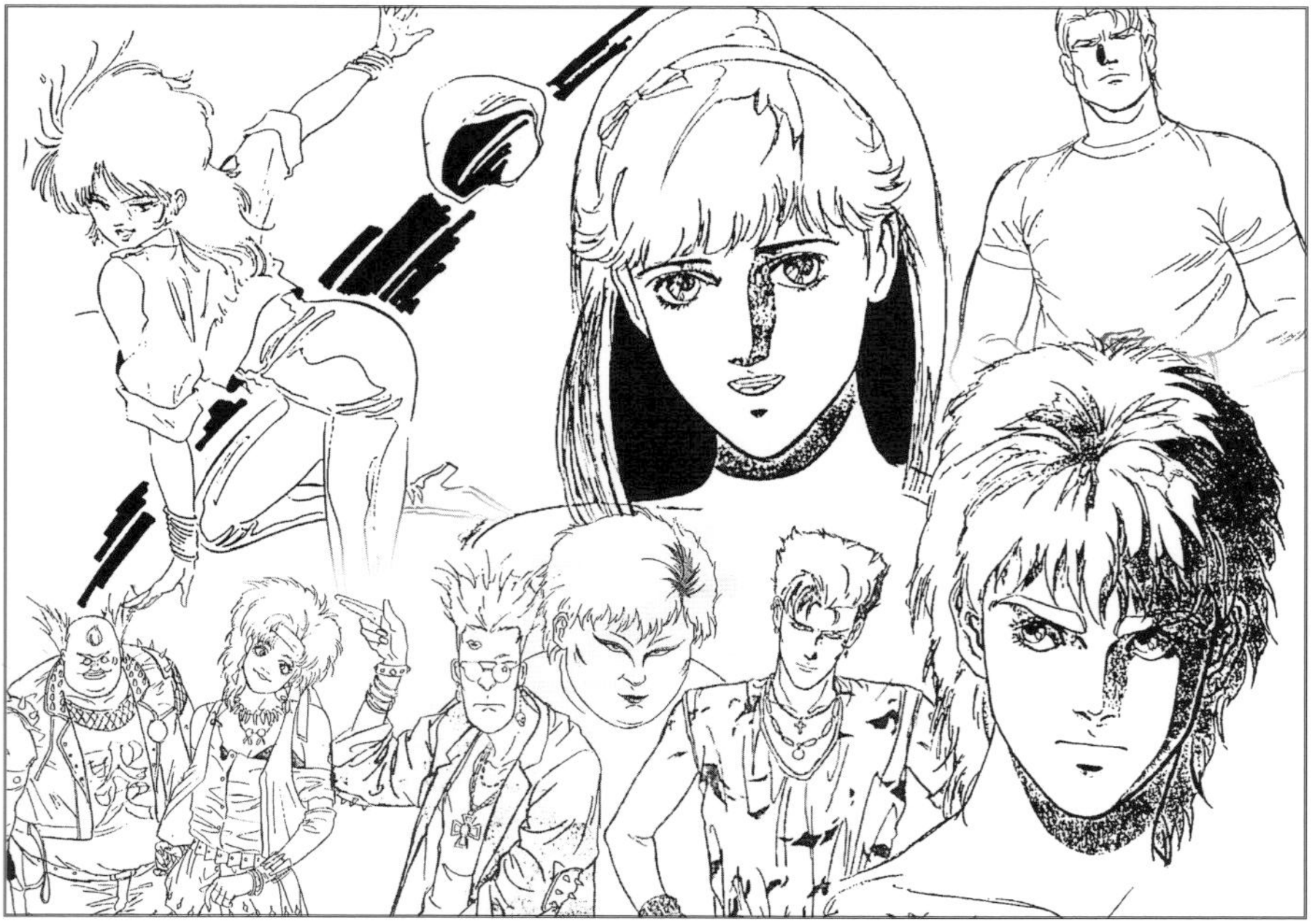

イヴ以外はキャラクターデザインが一新され一層ハードさが増した

れたキャラ設定を見て「……どなたですか？」と我が目を疑ったのは、おそらく筆者だけではあるまい。さながら『仁義なき戦い 広島死闘篇』で大暴れしていた千葉真一演じるブルタルやくざ・大友勝利が、『完結篇』で宍戸錠にチェンジしていたレベルの大改革である。ビジュアルに合わせて、アニメのテイストも一気に不良化。W.A.S.P.やSLAYERの文字も眩しい皮ジャンパンクスの集団（ダンプ松本キャラ含む）が省吾の仲間としてゾロゾロと出てきたかと思うと、隙あらば缶ビールと煙草を嗜む様が丁寧に描かれる。さらに、リーダーを務めるライトニングの声優は千葉繁ということで、皮ジャン繋がりで『北斗の拳』感も付け加えられているような。そして、セックスシーンも前作を超えるリアルさで描写。後背位でバックから由唯を攻める省吾の腰遣いを見よ！ 先行で行われた劇場公開後に発売されたビデオでは、ほぼカットされたというのも納得の濃厚さだ（DVDでは復活）。サブキャラ扱いのB・Dの部下・白鳥が認めた遺書が全文ナレーションで流されたり、肝心のメインメカ・ガーランドの活躍がまったく印象に残らなかったり、結局物語は何がどうなったのかは正直よく分からなかったりするが、その乱暴さ、歪さこそ本作の魅力。

君も存分に楽しめ、セックス、シガレット、アルコール&時祭イヴ!!（伴）

①86／04／26 ②ビクター音楽産業 ③82 ④AIC／アートランド／アートミック ⑤板野一郎 ⑥12800 ⑦有 ⑧有

041

バイオレンスジャック 番外編 VOL.1「ハーレム・ボンバー」

▼筋肉はゴリラ、牙は狼、燃える瞳は原始の炎！

巨大地震で壊滅し、本州と分断された日本の関東地方を舞台に、覇王・スラムキングと、謎の大男・バイオレンスジャックの暴力対決が描かれる永井豪のライフワークのひとつ『バイオレンスジャック』のOVA化作品。

アニメ版では、彗星の衝突で地震が引き起こされるという独自の解釈のもと、アニメオリジナルキャラであるスラムキングの側近・ハーレムボンバーの一味がバイオレンスジャックと激突するオリジナルストーリーが展開するが、巨大地震で引き裂かれたケンイチとマリのカップルの悲恋が物語の核心であり、バイオレンスジャックは原作イメージ通り寡黙で、彼らを見守るような存在であった。

『装甲騎兵ボトムズ』や『SPTレイズナー』で活躍した谷口守泰のキャラクターデザインのもと、きわめて80年代的な絵柄と動きによって、成人指定ギリギリのエロスと、徹底的なバイオレンスシーンが描かれていく。

なお、本作に続き88年にリリースされたOVA第2弾『バイオレンスジャック地獄街』は、陰惨なエログロ描写のため、成人指定となっている。**（吉田）**

①86/06/05 ②ポニー ③40 ④葦プロダクション ⑤上条修 ⑥10800 ⑦未 ⑧有

042

ペリカンロード クラブ・カルーチャ

▼青い少年たちのバイクライフ

原作は「少年キング」で人気を博したバイク漫画

原作は「少年キング」誌上で『湘南爆走族』と人気を二分していたバイク漫画。01年にはビデオドラマ化もされた。監督は『哀しみのベラドンナ』『宇宙戦艦ヤマト』などで知られる山本暎一。

疾走！ 喧嘩！ そして甘酸っぱさ！

高校受験中にバイクに乗ることを決心した優等生の主人公など、バイクに青春をかける人々が登場するので、バイクの描写も頻出する。当時、バイクそのものが若者の憧れであり、こうしたアニメ企画が成立したのだろう。

一方、女番の女子生徒を木刀で殴るシーンやカミソリで流血するシーンなど、意外と暴力描写も多いが、当時の感覚ではこれが普通だった。また、年頃のお姉さんと同居するだけでなく、片思いという設定もポイントが高い。お風呂で一緒になるシーンは年頃の読者にアピールしただろう。また、夢の中でお姉さんのことを思っているシーンは観ていて気恥ずかしくなる。そして失恋で終わる切なさ。他にも同級生との友情など、青春ものに必要なものは一通り揃っている作品だ。**（かに）**

①86/06/21 ②日本コロムビア ③55 ④スタジオワールド ⑤山本暎一 ⑥9800 ⑦有 ⑧未

043

傷追い人

▼白髪鬼の復讐を描くハードボイルドアクション

ニュースキャスターの日下夕湖は、ブラジルで黄金に青春のすべてをかけた白髪鬼・バラキと出会う。しかし、バラキの黄金を狙うマフィアとの争いに巻き込まれ…。原作のオープニングエピソードをまとめたACT1の主題歌は、銀蝿一家のワルサーが担当。ACT1から約1年のスパンを空けてリリースされたACT2からは監督が出崎哲に。バラキがアメリカで活躍していた元アメフトのスター選手・茨木圭介だと気づく夕湖。圭介はポルノフィルム制作組織G・P・Xの依頼を断り、恋人の夏子を殺され、罠に嵌められ殺人罪と麻薬所持の罪に問われ、さらに母親を殺されてしまった過去を持っていた。すべてを失った彼は、怒りと悲しみから白髪になってしまったのだ。圭介は復讐のための資金を手に入れるためブラジルにやってきたのであった。ACT2は黄金を手にするまでを描いている。

ニューヨークにたどり着いた圭介は、ジョー・ツルギと名前を変えて世界的宝石商にして、プロフットボールチームのオーナー兼クォーターバックとして活躍。さらに、圭介は社交界から注目を浴びるよう、恋人のペギーをトップモデルに仕立て上げ、G・P・Xのスカウトが接触するように仕掛ける。ペギーの献身的な愛情を描いたACT3に続く、ACT4ではマフィアのボスになった圭介を、退役軍人で構成されたクラシック・アーミーが襲撃。激しいアクションシーンで、手堅い出崎哲の演出が冴える！　最終巻はG・P・Xとの最終決戦を描く。圭介はクラシック・アーミーのホワイトとガチバトルを繰り広げ勝利。しかし、かつてのG・P・Xは解体されていた…！

小池一夫・原作、池上遼一・作画の黄金タッグによる劇画を、原作に忠実に全5巻でOVA化している。**（松原）**

（ACT1）①86／07／05 ③40 ④マッドハウス ⑤竹内啓雄 ⑦有 ⑧未 **ACT2黄金の復讐者** ①87／08／28 ③30 ④マジックバス ⑤出崎哲 ⑦有 ⑧未 **ACT3白髪鬼** ①87／12／16 ③35 ④マジックバス ⑤出崎哲 ⑦有 ⑧未 **ACT4ミスティコネクション** ①88／03／05 ③30 ④マジックバス ⑤出崎哲 ⑦有 ⑧未 **ACT5ファイナルタッチダウン** ①88／08／25 ③40 ④マジックバス ⑤出崎哲 ⑦未 ⑧未 **（全巻共通）**②バンダイビジュアル ⑥9800 ※1巻のみサブタイトル・巻数表記なし

044

るーみっくわーるど

ザ・超女《スーパーギャル》

テンポのいいSFギャグアニメ

スペースパトロール隊員の宇宙人マルスは地球人の6倍の力を持つために、自ら乗っている地球型ロケットを壊しまくり弁償代に追われバイト三昧。誘拐事件を担当するも、結局貧乏のまま…。高橋留美子原作のSFコメディのアニメ化。スタッフも『炎トリッパー』とほぼ同じなので、1話15分時代の『うる星やつら』を彷彿させる。他の2作品と違い原作が24ページの短編なので、オリジナル展開がかなりあり、メイキング映像も収録。マルスの声は小山茉美が担当した。**（坂本）**

①86／05／21 ②小学館／ビクター音楽産業 ③45 ④スタジオぴえろ ⑤高橋資祐 ⑥9800 ⑦有 ⑧有

045

装甲騎兵ボトムズ ビッグバトル

▼百年戦争の憎悪を喰らい生き延びた獣たち!

『装甲騎兵ボトムズ』のOVA第2弾。テレビ版の最終回「流星」の終盤部分とエピローグの間を繋ぐエピソードである。

爆発したクエント星から脱出したキリコたち一行（フィアナ、バニラ、ココナ、ゴウト、ル・シャッコ）は、旧軍事施設である階層都市ア・コバへ流れ着いた。そこでは、AT同士を戦わせる見世物「バトリング」が頻繁に開催されており、ゴウトは旧友のバトリングマッチメーカーであるチェロキーに請われて、キリコやシャッコをバトリングの舞台に立たせようとするが、首をたてにふらない。そんな中、ニーヴァ（PS開発でギルガメス軍に遅れをとっていたバララント軍が開発した初のPS）の襲撃でフィアナを人質にとられたキリコは、地上戦艦とのバトリングを承諾せざるを得なくなる。ニーヴァは、かつてキリコが所属していたレッドショルダー部隊によって戦地で重傷を負わされた恨みを晴らそうと、軍の命令を無視してキリコを倒そうとしていた。ル・シャッコの協力を得たキリコは、フィアナを奪取すべく、地上戦艦VS ATという無謀な戦いに挑むのであった。

前作『ザ・ラストレッドショルダー』とは異なり、本作はATを中心とする格闘、戦闘シーンに焦点をあてたエンターテイメント色の高い作品となっている。

バララントが初めて開発したパーフェクトソルジャーであるニーヴァは、操縦反応を瞬時にATに伝達するシステムとしての側面が強く、頭部の電極に直接コードを接続し地上戦艦と一体化することでコントロールするなど、人間ばなれした描写が目立ち、高橋良輔監督の『SPTレイズナー』におけるゴステロを想起させるキャラクターとして描かれている（声優はどちらも広瀬正志が担当）。

これまでのATのデザインとは一線を画したエイリアン的なシルエットを持つニーヴァ専用機デンジャーメロンや、それに対抗するためにキリコがカスタマイズした極限まで装甲をはぎとり軽量化したスコープドッグ・ライトカスタム、さらに対「地上戦艦」戦を想定して武装を追加したル・シャッコの乗るベルゼルガイミテイトなど、魅力的なATが登場する。これは脚本を担当したはままさのりの持ち味でもあり、その意味で本作は、バトリングを中心としたはままさのりの小説『青の騎士ベルゼルガ物語』との関連性が深い。

「神殺し」や「戦場での純愛」といった重苦しいテーマに縛られがちな世界観を持った一連の作品群の中にあって、アクション重視の姿勢を貫いた本作は、『装甲騎兵ボトムズ』という物語が持つ多様な魅力を引きだしているともいえるだろう。**（吉田）**

①86/07/05 ②東芝映像ソフト ③56 ④サンライズ ⑤高橋良輔 ⑥9800 ⑦有 ⑧有

046 超時空ロマネスクSAMY MISSING・99

▼豪華声優参加の期待作だったカルトアニメ

沙美はサミーに転身しチャクラの力を発揮する

　主人公・沙美は「魔」の企みで異世界に引きずり込まれ、女子高生から戦士に。世界を支配していた「魔」たちは、宇宙征服の野望に邪魔なチャクラの力を持つ沙美を始末しようとしていたのだ。チャクラの力を持った沙美は「サミー」となり、神の命を受けた戦士たちと共に「魔」と闘い、最後にはチャクラのパワーに目覚めて菩薩に転身するのであった。

　原作・脚本・総監督に奥田誠治、キャラクターデザイン・作画監督に『蒼き流星SPTレイズナー』の谷口守泰、メカニックデザインに吉田とおるということもあり、非常に前評判が高かった本作。仮題の『超時空ロマネスク〜白い放課後』時期に発表された未来都市や古今東西の建物が一堂に集まったイマジネーションをかきたてるイメージボードは、スタッフの豪華さと共にアニメファンの期待に拍車をかけ、当時テープの売り上げで勢いに乗っていたTDKの〝第1回超大作オリジナルアニメ〟、赤坂プリンスホテルで制作発表会など話題にも事欠かなかったため大々的に各アニメ誌でも取り上げられた。「マイアニメ」では設定資料などが掲載された別冊付録も付く過熱ぶり。しかし、リリースされるまでは大きく取り上げていた「アニメック」がリリース後の86年11月号で過激に酷評し、本作の評価はそのままで現在に至っている。

壮大なテーマを持ったカオティックロマン

　しかし、個人的にはそこまで酷評するのには疑問符が浮かぶ。最終的にはサミーの「神も悪魔も関係ない。必要なのは自由だけだ」というフリーダム・ファイターな発言で、ビッグバン以来続いてきた神と悪魔の戦いを一刀両断する本作は当初前後編で企画されていた。本来の壮大なテーマを、メーカーの倒産と共に回収できなくなった結果、『禁断の黙示録〜』同様、やりたいことを盛り込み過ぎた、ある意味サービス精神に溢れた作品に。しかし、監督の〝変わったものを作りたい〟〝新しいアニメの価値観を作る〟という熱い思いと、カオスなパワーをビンビンに感じることができる孤高の作品として、個人的にはずっと好きな作品なのだ。破壊と創造を独特な表現で描いた本作は、パンクスや若い人にこそ観てもらいたい。主題歌「風に抱かれて」は後に、『プロゴルファー祈子』のエンディングテーマ「THE WIND」としてアレンジを加え流用された名曲。（松原）

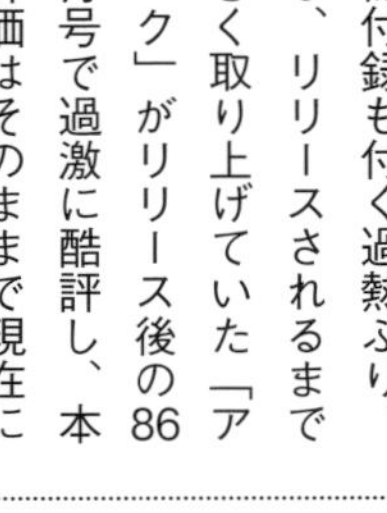

「マイアニメ」では別冊付録も

①86／07／05 ②TDKコア／ポニー ③60 ④プロジェクトチーム永久機関 ⑤奥田誠治 ⑥9800 ⑦有 ⑧未

047 アモン・サーガ

▼悪の皇帝に挑む勇者アモンの愛と冒険を描く

原作は「キマイラ・吼」の夢枕獏と天野喜孝コンビ

夢枕獏・原作、天野喜孝・画の小説「キマイラ・吼」コンビによる、アニメーターが漫画を描くというコンセプトの「ザ・モーションコミック」連載漫画のアニメ化。天野喜孝が描く剣と魔法の世界だが、連載開始は83年で、アニメ化された86年にはすでに連載終了して単行本も出版されており、「ファイナルファンタジー」よりもかなり早い作品。

大剣を背にしアモンは自身の道を進む

大剣を背にした青年・アモンは、大亀の上に立つ移動都市・ヴァルヒスの欠員戦士の審査にやって来る。無事審査をパスしたアモンには、母親を殺したヴァルヒス皇帝への復讐という目的があった。しかし皇帝に挑むが歯が立たず、囚われていた少女・リチアを助け出すために忍び込んでいたアルカンと共に、リチアを救い出しヴァルヒスから脱走する。そして共に脱走した仲間と皇帝を倒し、原作とは異なり、新たな旅に出るのだった。

なぜかR指定の『愛しのベティ』と劇場先行同時上映された。**（坂本）**

①86／07／21 ②東映ビデオ／三菱商事／東北新社 ③75 ④センテスタジオ ⑤大賀俊二 ⑥12000 ⑦有 ⑧未

048 愛しのベティ 魔物語

▼愛してボッキン！ エッチな娯楽コメディアニメ

マジョコンアニメここに誕生！

「実験人形ダミー・オスカー」の原作・小池一夫、作画・叶精作コンビによる劇画をアニメ化。小池一夫は総監督も担当。東映ビデオから成人向けとして発売されていたが、R指定で劇場公開もされ、「ロリコンアニメ超えたマジョコンアニメ」のコピーも付いていた。

親分の敵討ちに向かう途中の三下ヤクザの肝川胆平は、背中の入れ墨にそっくりな魔女ベティの怪我を手当したことにより、言い寄られ夫婦となる。しかし魔界の反対にあい、ベティは記憶を奪われてしまう。本来の人間界に来た目的である姉の仇で魔界の裏切り者トーマを倒し記憶も戻ったベティは、胆平との子を宿し人間界で暮らすように…。

稀代の絵師・叶精作の劇画タッチを再現

原作3巻までを端折りながらも、成人向けらしくベッドシーンを挟み込み上手くまとめている。胆平の声は当時テレビに出始めた三宅裕司、主題歌は伊藤かずえ、予告ナレーションは広川太一郎が担当した。**（坂本）**

①86／07／21 ②東映ビデオ／東北新社 ③53 ④ビッグバン ⑤小池一夫 ⑥9800 ⑦未 ⑧未

049 カリフォルニア・クライシス

追撃の銃火《ひばな》

アメリカンテイストの一風変わったSFアニメ

宇宙から来た謎の球体スペースマインドを巡り、うだつの上がらない青年とバイク少女がアメリカとソ連の軍から追われる物語。アメリカンテイスト全開な45分の短編なので、ストーリーは未消化気味だ。

しかし後の『銀河英雄伝説』のキャラクターデザインを担当した奥田万里（現奥田万つ里）が描くわたせせいぞう、鈴木英人、最近の例えでは、『恋物語』のオープニング「木枯しセンティメント」的なハイライトの色トレスを、実線で描かれた映像は目を引く。

ブルーレイで是非とも観たい作品ナンバーワン。（坂本）

①86／07／21 ②松竹 ③45 ④ヒロメディア／スタジオ・ユニコーン ⑤西久保瑞穂 ⑥9800 ⑦未 ⑧未

050 COSMOS ピンクショック

▼私は止まらない！ ピンクショックガールの伝説

画質クオリティを求めるアニメファンにとってLDとVHDのビデオに続く規格争いは再生ハードの購入を含め、頭を悩ませる問題であったが、本作品はVHDビデオマガジン「アニメビジョン」に毎回10分だけ〝連載〟されたオリジナルアニメ。

西暦2106年、阪神タイガースが210年ぶりに優勝するかどうかという瀬戸際にピンクショック号と呼ばれる高速宇宙艇でUFOに連れ去られた幼なじみのヒロちゃんを追い求める少女・ミッチーの活躍を描いたドタバタSFコメディである。アニパロ全盛期らしく『ヤマト』『ガンダム』『マクロス』『巨人の星』などのパロディを盛り込みつつ、金田伊功フォロワーによるメカアクション、監督である平野俊弘による美少女キャラなどを散りばめた「これぞ80年代OVA！」という作品である。

押井守作品には欠かせない作曲家・川井憲二が初めてアニメを担当した作品として覚えておきたい一作だ。原作・脚本は『魔法のプリンセスミンキーモモ』『戦国魔神ゴーショーグン』の首藤剛志が担当。恋に盲目なミッチーと女性嫌いのギャッビーのやりとりは、モモとブンドルがコントを演じているかのようで楽しめる。当初は9話でひとつの作品にまとまる予定であったが、「アニメビジョン」の廃刊と共に3話しか観ることができない。首藤剛志亡き今、ヒロちゃんとミッチーがどのような形で再会するのかは永遠の謎となってしまったのが惜しまれる。（キムラ）

①86／07／21 ②ビクター ③36 ④日本ビクター／MTV ⑤長谷川康雄／まつもとけいすけ ⑥7800 ⑦未 ⑧未

051

ガルフォース エターナル・ストーリー

▼美少女とハードなストーリーの人気シリーズ

原作は模型雑誌「モデルグラフィックス」に連載された「スターフロント・ガルフォース」。美少女フィギュア&フルスクラッチメカの写真と小説が組み合わさったアートミックのオリジナルコンテンツである。特にキャラクターデザインを担当した園田英樹による「美少女&メカ」という80年代アニメの王道を貫くイラストは人気も高く、86年にOVAとしてリリースされたのが本作だ。

機械に宿る液状生命体パラノイドとヒューマン型生命体であるソルノイドの争いの中、ソルノイド軍の巡恒艦スターリーフに乗り込んだ女性だけの部隊・ガルフォースは、戦闘で傷つき艦隊を離れ第9星系新天地カオスを目指す。激しいパラノイド軍の追撃の中、ひとりまたひとりとクルーが倒れ、生き残ったクルーは両軍が極秘裏に進行させていた種族融合計画を知ることとなる。ルックス的には80年代当時流行の美少女キャラが、極限状態でサバイバルしつつも凄惨に倒れていく姿はOVAならではの斬新さに溢れていた。まさかこんなに殉職するとは思わなかった、というのが当時のアニメファンの素直な感想だった。そして女性だけの部隊、と紹介したがそもそもソルノイドは女性しかおらず、そのことが作品のテーマにもなっており、今観てもSF作品としても充分楽しめる。ちなみに同じデザイナーとはいえパラノイド軍のメカが『モスピーダ』に登場するインビットクラブにそっくりなので、両作品の繋がりを真剣に考察していたのは筆者だけではないはずだ。

本作のエンディングテーマは小比類巻かほる、挿入歌は鈴木清美、LOOKと当時のソニー系アーティストが投入されており、続く「DESTRUCTION」では白井貴子&CRAZY BOYS、「STARDUST WAR」ではPEARLがテーマソングを担当している。（キムラ）

①86/07/26 ②SVI ③86 ④AIC/アートミック/アニメイトフィルム ⑤秋山勝仁 ⑥12800 ⑦有 ⑧有

052 アイシティ

謎の美少女・アイは伝説のトリガーなのか？

巨大組織フラウド総統・リーは超能力軍団ヘッドメーターズを使い、他人の超能力を増幅させ、自らも無限の力を持つ伝説の存在トリガーを手中にしようと暗躍する。ヘッドメーターズとして改造されたケイと、恋人のクローンであるアイはフラウドを脱出。アイを目覚めさせるパスワード〝アイシティ〟の持つ意味とは…。

アメコミに影響を受けた板橋しゅうほうの絵柄を『ウラシマン』テイストに変換し、うまくアニメに落とし込んだ佳作。原作共々、一見の価値あり！（**松原**）

①86／07／26 ②東宝 ③90 ④葦プロダクション ⑤真下耕一 ⑥12000 ⑦有 ⑧有

053 Call Me Tonight

▼初回版VHSは㊙留守番電話カセット付きだった

『くりいむレモン』大ヒットにあやかって、バンダイビジュアルが立ち上げた15歳以上推奨のレーベル「C・MOON」第1弾タイトルとしてリリースされた作品。

現役女子高生にしてテレクラ店のオーナーを務める夏見ルミに、ある夜、店から連絡が入る。「オナニーをすると身体が変化してしまう」と電話で訴える少年がいるというのだ。興味を持ったルミが、その少年・杉浦了を喫茶店に呼び出して色仕掛けで迫ると、了は興奮して見たこともない怪物にその姿を変えてしまう。

テレクラ、ビニ本、のぞき部屋といった当時の風俗最前線と、わたなべぢゅんいち得意の80年代モンスターをジョイントさせた、まさに時代が生み出した怪作。

劇中登場する映画のモンスターが『ガンマー第3号宇宙大作戦』のフローラ風なのも、個人的なツボだ。（**伴**）

①86／07／28 ②バンダイビジュアル ③30 ④AIC ⑤岡本達也 ⑥9500 ⑦有 ⑧未

054 那由他

那由他は広大な宇宙を目指す

高校生の柳原那由他は偶然、不思議な難民の親子と出会うが母親は死亡。ひとり残された超能力少年・キロは、那由他の家に住むことに。やがて那由他は超能力者・リョータローたちと出会い、宇宙人との戦いに巻き込まれていく。次々と事件が起こるジェットコースターっぷりは、脳内で物語を整理しながら観なければならないかもしれない。佐々木淳子が「週刊少女コミック」に連載したSFコミックが原作で、ニューエイジ・カルチャーを取り入れたような異色サイキックOVA作品だ。（**松原**）

①86／07／31 ②東芝EMI ③80 ④サーカスプロダクション ⑤波多正美 ⑥14000 ⑦有 ⑧未

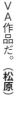

055

機甲界ガリアン 鉄の紋章

▼新メカ大挙登場！ 新解釈のガリアン伝説

『機甲界ガリアン』の世界観とキャラクターを活用した完全新作ＯＶＡ。

テレビアニメ版のガリアンは、惑星アーストに降臨した異星人のマーダルが、アーストの地下に眠る巨大ロボットを発掘してアースト統一を目指すものの、父を殺され母を奪われたボーダー王の嫡子ジョルディがガリアンというロボットを発見、これを使ってマーダルの腹心の部下・ハイ・シャルタットらと戦いながら、最後はマーダルを打倒する、という物語であった。一方、このＯＶＡ版では、ストーリーのアウトラインは同じものの、マーダルはアースト人であり、ハイ・シャルタットが第1王子、テレビ版の主人公であるジョルディが第2王子、という設定に変更されている。

大胆な設定変更で異世界バトルを描写

発掘した古代のロボット・機甲兵を使って、戦乱の続くアーストを統一すべく戦う覇者マーダルは、最後まで抵抗を続けた鳥一族を皆殺しにする第1王子ハイ・シャルタットの非道な振る舞いに不安を感じるようになる。アースト統一が叶い、機甲兵をすべて地底に戻そうと語るマーダルを、邪神兵の波動に操られたハイ・シャルタットが暗殺、そのまま邪神兵に乗り込んで暴走し始める。そんな中、「機甲兵を復活させた者を滅ぼす」と言われている伝説のロボット・鉄巨神が竜巻と共に出現、ジョルディを操者として選んでこれを取り込み、邪神兵と対決する。

褐色のボディに蛇のような下半身を持ち、巨大な鎌を駆使する悪魔のような邪神兵と、テレビ版で大河原邦男がデザインした主役メカ「ガリアン」をベースに、出渕裕がリファインした鉄巨神との10分を超える一騎打ちの死闘は、ロボットアニメ史に残る名シーンとなっている。テレビ版でもうっすらと漂っていた「父親殺し」「兄弟の確執と殺し合い」といった古代神話的なモチーフそのものを核に据えた本作は、『機甲界ガリアン』という作品が内包していた世界観をより明確に打ち出した意欲的なＯＶＡといえるだろう。また、「超越的な威力を持った古代文明による監視」というモチーフは、本作と同じく高橋良輔が原作と監督を務めたリアルロボットアニメ『装甲騎兵ボトムズ』との関連を思わせ、さらに人類創生を連想させるラストシーンには富野由悠季監督による劇場版『伝説巨神イデオン』をも想起させるなど、ややマイナーなＯＶＡながら、サンライズロボットアニメファンにとって必見の作品となっている。なお、主人公・ジョルディの声は、テレビ版の菊池英博から、『ちびまる子ちゃん』の花輪くん役で知られる菊池正美へと変更されている。**（吉田）**

①86／08／05 ②東芝映像ソフト ③56 ④サンライズ ⑤高橋良輔 ⑥9800 ⑦有 ⑧有

056 ウインダリア

▼イズーは愛するマーリンとの約束を守れるか？

物語に深みを与える美麗なキャラと美術

劇場公開もされ、藤川桂介が脚本を担当したオリジナルアニメ。死んだ者は赤い鳥となって、空飛ぶ幽霊船に召される世界。水の国イサの王女・アーナスと山の国パロの王子・ジルは敵対国ながらも密かに愛し合っていた。だが、両国は戦争を始めてしまい、その狭間にある村サキの男・イズーは妻・マーリンを残し戦場に向かう。国、恋人、そして夫婦それぞれに交わされた約束の行く末は…。

カナメプロ制作だが派手なアクションシーンはなく、全編落ち着いた乱れのない作画だ。レダに引き続きキャラクターデザインと作画監督はいのまたむつみ、イメージ設定は豊増隆寛で、緻密な仕事や引きの画が多用されたレイアウトも素晴らしい（特に序盤のイサの国の水門シーン）。だが、個人的には脚本が弱く、個々のキャラクターに感情移入できないように思う。新居昭乃のデビュー曲「約束」が挿入歌、カップリング「美しい星」がエンディングに起用されている。声優陣は古谷徹、松井菜桜子、井上和彦、矢尾一樹とガンダム度高め。

（坂本）

①86／08／12 ②ビクター音楽産業 ③101 ④カナメプロ ⑤湯山邦彦 ⑥13800 ⑦有 ⑧有

057 魔女でもステディ

▼理想の彼女が現れるファンタスティックな朝

三流会社に勤めるごく普通のサラリーマン・関ひさしは、変態上司の杉山良太郎につきまとわれ疲れる毎日を送っていたが、ある朝ベッドで目覚めると、隣りに会ったこともない自分の理想の美女が全裸で寝ていてビックリ。不思議な行動を繰り返す美女＝麻美の正体とは…!?

岬兄悟原作のラブコメSF小説を、亜細亜堂（監督は小林治が担当）がアニメ化。全裸とセックスが作品の肝なので、確かにOVA向きのタイトル。原作イラストを担当したとり・みきがキャラクターデザインを担当しているのも80年代風味満タンである。

以下余談だが、本作制作時「あなたのステディ大募集」というキャラデザインコンテストが開催され筆者も応募、知らないうちに本編ラストにドカンと本名が掲載されるという異常事態が発生した。

（伴）

①86／09／05 ②ポニー ③42 ④ヘラルド・ポニー／亜細亜堂 ⑤小林治 ⑥8800 ⑦有 ⑧未

早川文庫から「ラヴ・ペア・シリーズ」として人気を博した原作小説は、同タイトルの第1弾をはじめ、「女神にグッバイ」「大魔王にアタック」「天海からシグナル」「瞑想してハッピイ」のほか、番外編「地底ドドンパ男」も出版された

058

ドリームハンター麗夢Ⅱ 聖美神女学園の妖夢

▼キャピキャピ麗夢が再び恐怖渦巻く事件に挑む！

成人向けアニメを起源としながら、その人気ゆえに一般作へと移植されたOVA『ドリームハンター麗夢』の第2弾。他人の夢の中に入ることができる能力を持った綾小路麗夢は、ドリームハンターとなって、夢の中で起こる難事件を次々に解決していく。

聖美神女学園では、学園内でも噂の美少女3名が、ある者は自慢の顔を溶かされ、またある者は首と胴体が切り離されるなど、次々に変死していたが、学園側ではこれらをすべて自殺として届けていた。警視庁の榊警部は、一連の連続怪死事件が単なる事故ではないと考え、その解決を麗夢に依頼した。麗夢は転校生として、「美こそが人間の価値である」と説く園長の思想に染まった女学園に潜入し、事件の解決に乗り出す。

校内で迷っていた麗夢は、引っ込み思案で孤独な少女・高宮陽子と知り合い、友達になる。一方、明日香冴子の率いる不良グループ・黒薔薇会では、麗夢を警察のスパイだと思い込み、テニスの試合を利用して痛めつけようとするも、返り討ちにされてしまう。後日、陽子と共に図書館で調べものをしていた麗夢であったが、「開かずの扉」のことを口に出した途端、陽子が走り去ってしまった。

翌日、陽子は麗夢に真相を語りだす。陽子には双子の妹、鏡子がいた。何事にも積極的だった鏡子は、黒薔薇会の冴子とことあるごとに張り合った結果、薔薇打ちの刑を受け、時計塔の頂上に閉じ込められてしまった。一週間後、様子を見に行った陽子がみたのは、すでにミイラ化した鏡子の無残な姿であった。逃げ帰った陽子は、そのあまりの恐怖ゆえ、妹・鏡子が存在していたという記憶まで封印してしまったのだという。記憶の封印を解くため、「開かずの扉」へと向かう麗夢と陽子であったが、陽子と鏡子の精神が同調し、その肉体も支配された結果、夢魔の女王と化してしまった。こうして、本件の犯人である夢魔とドリームハンター麗夢との戦いの火ぶたが切られた。

高い人気に後押しされカラフルな傑作に！

主要スタッフは前作とほぼ同じであるが、もとがアダルトアニメであった前作と比べて、本作は当初より一般向け作品として制作されているため、ストーリーや演出も巧みであり、本作を麗夢シリーズの最高傑作とするファンも多い。麗夢を慕う僧侶・円光の獅子奮迅の活躍や、時計塔が崩れて登場する巨大ロボットとの戦闘シーンなど、アクションも充実しており、さらに、夢の中の戦いではおなじみのビキニアーマー姿、現実世界での戦いではレオタード姿、学園内では制服姿にトンボ眼鏡と麗夢の七変化も楽しめるなど、趣味性の高い娯楽作に仕上がっている。**（吉田）**

①86／09／05 ②サイ・エンタープライズ／キングレコード ③60 ④プロジェクトチーム永久機関 ⑤奥田誠治 ⑥12800 ⑦有 ⑧有

059 湘南爆走族

暴走族の友情を描いた痛快青春物語

82年に連載開始した吉田聡の代表作である本作は『ビー・バップ・ハイスクール』に代表される〝ヤンキー漫画〟のジャンルに相当する。だが、暴走族を題材にしながらも、ほのかな恋や仲間との友情といった高校生活を吉田ならではのテンポの良いギャグを交え卒業まで描ききった青春物語であり、スタイル的には両極にありながらも精神的には親和性の高い〝ヤンキーとアニメファン〟を同時に魅了した珍しい作品である。87年には実写映画化され、俳優・江口洋介のデビュー作となった。

手芸部部長兼任の湘爆二代目ヘッド・江口洋助、親衛隊長・石川晃、特攻隊長・丸川角児、リーダー補佐・原沢良美、その他・桜井信二の湘爆チーム5人組は、ライバルである地獄の軍団・権田二毛作の謀略により、解散間近の巨大暴走族ハッスルジェットと対決することになる。200人対5人の抗争の行方を描いた1作目『湘南爆走族 ―残された走り屋たち―』、ひとりの少女を巡り、江口と権田が土砂降りの中、タイマンを張る2作目『1/5 LONELY NIGHT』、ライバルキャラである権田のボクシングに賭ける情熱を描いた原作でも人気の高いエピソードが基になった3作目『10オンスの絆』、夏休みに海水浴へ出かけた江口たちが小学校時代の旧友・絵美子と再会する4作目『ハリケーン・ライダーズ』、横浜を中心に暴れている暴走族ブラディヒールとの大抗争を描き、原作者もお気に入りのエピソードである5作目『青ざめた暁』。ここまでが80年代にリリースされた作品となっているが、その後もOVAシリーズは展開し、99年に12作目『湘南爆走族12 完結篇 桜吹雪の卒業式』で大団円を迎える。

すべてのシリーズで背景動画やレイアウトなど、作画クオリティが高く、中でも4作目は東映アニメーションの重鎮・西沢信孝が波と空の青色に細心の注意をはらったという。あまりヤンキーものに触れていない現代のアニメファンにもお勧めできるシリーズなのでぜひ観て欲しい。（キムラ）

残された走り屋たち ①86／09／10 ③55 ⑥12800 **Ⅱ 1/5 LONELY NIGHT** ①87／04／10 ③55 ⑥12800 **Ⅲ 10オンスの絆** ①87／11／13 ③52 ⑥12800 **4 ハリケーン・ライダーズ** ①88／07／22 ③50 ⑥12800 **5 青ざめた暁** ①89／05／26 ③50 ⑥12020 **（1〜5巻共通）** ②東映ビデオ ④東映動画 ⑤西沢信孝 ⑦有 ⑧有 ※6巻以降は90年代に発売

mini column

ヤンキーマンガとOVA

地元からあまり外へ出ず、出るとしたら他校への殴りこみ。そんなアグレッシヴで地元ラブなライフスタイルを過ごすヤンキーの暇つぶしといえば、本屋かコンビニ、そしてレンタルビデオである。80年代当時、レンタルビデオの棚を占拠していたジャンルは、アクション、ホラー、往年の名作、アダルト、そしてヤクザ映画がメインであった。東映プログラムピクチャー華やかなりし頃と同じく、行き場をなくした男たちの娯楽の場…それがレンタルビデオ店だったのである。そこに目をつけたのか分からないが、東映はレンタル市場をメインターゲットに『湘南爆走族』をOVA化。見事にスマッシュヒットを決める。その後もヤンキーOVAが他社作品含め続々リリースされ、その多くがシリーズ化。完成度も高いものが多く、理屈抜きで楽しめるので、好き嫌い無しに一度は鑑賞をお勧めしたい。**（松原）**

060

ルーツ・サーチ 食心物体X

Z級ホラー映画テイストの不可解さを楽しむ！

キャラクターデザイン・作画監督にスタジオ・ライブの精鋭が作品に合わせて集まるクリエイター集団・いんどり小屋でも活躍した小林早苗、演出に根岸弘、脚本に島田満（主題歌のスキャットも担当）という豪華布陣による『エイリアン』インスパイアなホラーサスペンス。

宇宙観測衛星のそばに、難破した小型宇宙船グリーンプラネット号が流れ着いてくる。グリーンプラネット号の船内は、おびただしい血と死亡した乗組員たちの残骸、そして唯一の生存者バズがいた。そして、その時は誰にも気づかれていなかったが、人間の心を見透かし、罪の意識を呼び起こして死に追いやる物体Xも…。メンバーの中で一番地位のある所長は「金が欲しかったから」と機密文書を売った過去を持ち、ナンパなスコットは異常性愛者で恋人を殺した過去を持つなど、隊員たちには物体Xの大好物“背徳感”がたっぷりで、順番に餌食となっていく。恐怖は人を狂わせるのか、ヒロインのモイラも所長の死体が目の前にある危機的状況の中でも、バズに対して目が潤み、『ノストラダムスの大予言』の由美かおるのようにラブシーンを夢想したり、自分たちが乗っている観測衛星が爆破10秒前という切迫した状況下でキスをせがむなど、始終発情。観測衛星爆破に巻き込まれ、宇宙の藻屑となったと思われたバズとモイラだが、謎の空間に飛ばされ奇跡的に無事であった。二人は空間を照らす光に向かい歩み出す。モンスターとのバトルで目を負傷したバズは、目を閉じたまま呟く「この目で確かめてやるぜ」。…見えるのか…⁉

観測衛星内を占拠した物体Xがウニョウニョしているだけで襲ってくる気配がないというのは拍子抜けであったが、ゴア描写は秀逸。短い尺に色々と要素を盛り込みすぎた感も無きにしも非ずだが、もちろんそれは、80年代OVAの愛おしさでもあり魅力でもある。物体Xのグロテスクなデザインは秀逸で、初登場シーンはエアブラシで描かれたようで非常に重厚。ただし、物語が進むにつれて重厚さはトーンダウンしていくので、その点にも注目してもらいたい。ビデオジャケットとエンディングイラストが、スタジオぬえの加藤直之なのは非常に重厚感あり！**（松原）**

①86／09／10 ②日本コロムビア ③45 ④プロダクションウェイブ ⑤須貝尚 ⑥9800 ⑦有 ⑧未

mini column

OVA黎明期に炸裂したスプラッター描写

当時、増え続けるレンタルビデオ店の棚を占拠した、B～Z級スプラッター映画。一般誌でも盛んに取り上げられ、その余波は『北斗の拳』や映画版『マクロス』のゴア描写をはじめ、アニメ界にも波及。自由な表現が可能なOVAで、多数のスプラッター描写が描かれた。フィルムの質感や手描きによる作画からか、当時の作品は非常に生々しく感じるので、心臓の弱い人は注意が必要かもしれない。**（松原）**

061

魔法のスターマジカルエミ 蝉時雨《せみしぐれ》

▼日常を丁寧に紡ぎ、舞たちの成長を描く

スタジオぴえろが『魔法の天使クリィミーマミ』『魔法の妖精ペルシャ』に続いて制作した魔女っ子アニメ『魔法のスターマジカルエミ』のOVA。

マジシャンを夢見る主人公・香月舞は、引っ越し先の家で出会った鏡の妖精・トポから魔法のブレスレットをもらい、天才マジシャン「マジカルエミ」に変身、歌って踊れるマジシャンとしてアイドルデビューを果たす。マジカルエミは、舞の祖父母が主催するマジック劇団「マジカラット」の一員として人気を博していくが、舞は、うまく手品ができない不器用な自分と、変身後のエミとのギャップに悩み始めて…。

『魔法の天使クリィミーマミ』のOVAが本編の後日譚であったのに対して、こちらは舞がトポに魔法を返す前の、夏の4日間の日常を丁寧に描いた作品となっている。成長した舞がアルバムの写真を眺め、昔を懐かしむという印象的なオープニングで始まり、後半に舞とトポとの別れを示唆するようなシーンを挟んで、再び舞がアルバムを閉じ、終了する。本作の特徴として、テレビアニメにおける約束事を破ることで、現実世界とアニメの世界をシンクロさせている点があげられる。商業アニメにおいては、シーン毎の状況を分かりやすく視聴者に伝える小道具としてBGMがふんだんに使用されるが、本作ではほとんど使われていない。そのかわり、昼間には蝉の声、川のせせらぎ、夜には虫の声、遠くで聞こえる救急車のサイレンなど、生活音が多用されている。また、アニメにおけるキャラクターの服装は、各キャラクターの特徴付けの意味もあって、ほぼ固定されているが、本作においては、主人公の舞はもちろん、主要キャラクターのほぼ全員が毎日違った服装で登場する。そんな日常描写の中、舞は母親から教えてもらったあやとりが上手くできず、将は舞へのお土産をどこにしまったか忘れてしまう。国分寺は企画書の修正を求められて悩み、マジカラットのユキ子は伸びすぎた髪を切ろうか迷っている。それぞれの小さな悩みは、自然な時間の経過の中で解消していく。テレビアニメ版に引き続き本作でも監督を務めた安濃高志は、風景やカットを重ねていくことで、間接的に状況を説明し、キャラクターの心理を暗示する。それは、誰もが視聴できるテレビアニメとは違い、鑑賞者に高度な読み解きを要求することでもあるが、その点こそがテレビアニメに飽き足らずOVAを求めた層に受け入れられ、本作の高評価へと繋がった。繰り返し鑑賞することで、色々な発見がある作品であり、80年代OVAのひとつの到達点として記憶されるべき名作である。（吉田）

①86／09／21 ②ぴえろプロジェクト／バンダイビジュアル ③60 ④スタジオぴえろ ⑤安濃高志 ⑥9800 ⑦有 ⑧有

062
蒼き流星SPTレイズナー ACT-Ⅲ 刻印2000

地球とグラドスの運命を賭けて刻印が発動する

僕の名はエイジ 地球は狙われている！

『蒼き流星SPTレイズナー』本編は、テレビだけでは完結しなかった作品だ。ロボットアニメの名手・高橋良輔監督によるテレビシリーズは視聴率こそ良かったものの、第38話で最終回を迎えた。これはもともと4クールでの放送を想定していたが、放送短縮の影響を受けたものであった。その描かれなかった10数話分のエッセンスを、本作はわずか56分の中に凝縮。

　大破したレイズナーを頑なに守ろうとするフォロン（プログラム）は主人公・エイジに説得されて強化型のボディに移る…このくだりに、ファンは胸をなでおろしただろう。テレビ版の最終回では、主役メカは過程を描かれることなく、いきなり交代したのだから。

地球とグラドス…隠された秘密とは？

　元々テレビ本編はグラドスと地球人の混血である主人公の「僕の名はエイジ、地球は狙われている！」という警告から始まり、なんと地球が制圧されてしまう話だ。

　テレビシリーズの完結編となる本作の焦点は、主人公の宿敵であるル・カインの「母星グラドスと地球との真実」を知った苦悩に向けられている。グラドス至上主義だったル・カインは「地球人とグラドス人は同等」という秘密を知らされて困惑し、「父殺し」という大罪を背負う。一方で地球人も自前のSPT（ロボット）を量産して反攻を図るが、圧倒的なグラドス軍の優勢は変わらず。結局は「ル・カインが罪の意識で自滅していく物語」といっていい。

　塩沢兼人氏が演じる「強くて脆いライバル」のカッコよさ…！　敵味方を超えた境地に達するル・カイン、レイズナーと共に愛する人の元へ帰るエイジ。大団円を迎えられたことはめでたいが、いつか本来の52話版…グラドス本星を舞台とした革命劇を描くバージョンの映像化を祈りたい。**（多根）**

①86／10／21　②東芝映像ソフト　③56　④サンライズ　⑤高橋良輔　⑥9800　⑦有　⑧有

063

バビ・ストックII ザ・リベンジ・オブ アイズマン 愛の鼓動の彼方に

▼第2弾は超美形キャラが見るも無残な姿に…

ヒロインの腕に彫られた刺青の指す場所とは?

アンドロイドのアイズマンは、異次元世界に迷い込んだベティンカ帝国司令官・ルース・ミラー救出に向かう。一方、宇宙船で香気に生活していたバビたちはムーマの刺青が示す森林惑星に降り立ち、『イウォークアドベンチャー』に出てくるイウォークそっくりな木霊の防人一族と出会う。刺青の示す場所に向かうバビたちの前に、ルースとアイズマンが現れ、当時大流行した『童夢』インスパイアな超能力合戦が繰り広げられる。

当初はカナメプロ制作として発表され絵コンテまで進んでいたが、制作会社が変更になった本作は見るも無残な作画崩壊が起こっている。パッケージイラストはカナメプロが担当していた頃のものを使用しているため、風俗でいうところの〝パネマジ〟的に騙されたと感じたユーザーもいたかもしれない。ムーマの両親がアンドロイドで、年に一度ボディを取り替えて正体がバレないようにしていたというエピソードは、『鉄腕アトム』の「溶鉱炉の怪人」を彷彿とさせる。と、ツッコミどころはあるが、一応物語は大団円を迎えてはいる。**(松原)**

①86/11/25 ②にっかつ ③45 ④スタジオユニコーン ⑤矢部秋則 ⑥9800 ⑦未 ⑧未

064

活劇少女探偵団

超お嬢様学校・聖カテリーナ女学園のはみ出し娘、碧、友里子、静香。ある朝、碧の退寮を聞かされた友里子と静香は、訪れた碧のお屋敷で何者かに襲われる。失踪と襲撃の裏には学園理事長の陰謀があった。

あだち某漫画風の美少女キャラと仕草、『うる星やつら』的なメカ・アクションにエフェクト作画など、80年代の流行りを凝縮させた意欲は買える。が、脚本のゆるさと前半の作画の粗さがそれらを上回ってしまった。**(リワークス)**

①86/11/25 ②ジャパンホームビデオ ③30 ④東京ムービー新社 ⑤奥脇雅晴 ⑥8800 ⑦未 ⑧未

065

アーバンスクウェア ～琥珀の追撃～

監督・西森明良、脚本・伊藤和典、キャラデザ・高田明美、作画監督・本橋秀之によるオリジナルハードボイルドアクション。というよりも80年代海外アクション映画と日本の刑事ドラマを切り貼りしたような作品。神戸を舞台に売れないシナリオライターが殺人現場に居合わせてしまったことから物語は始まる。

スタジオZの佐藤千春が銃設定を担当。フュージョンバンド・チキンシャックの劇伴は、アニメとは関係なしに聴ける。**(坂本)**

①86/11/28 ②バンダイビジュアル ③55 ④ネットワーク高円寺スタジオ ⑤西森明良 ⑥9800 ⑦有 ⑧未

066

トゥインクルハート 銀河系までとどかない

▼続編まで届かなくても…でも、やるんだよ！

総監督・奥田誠治、作画監督・谷口守泰という豪華タッグの本作は、脚本に『未来警察ウラシマン』などで注目された寺田憲史、キャラクターデザインにはメカも描ける女性アニメーター・山本佐和子という安心のスタッフ陣を迎えて制作された。

トレジャーコネクションに奪われた天竺界究極のお宝〝ラブ〟の追跡を、オー・ゴットから命じられた美少女3人組チェリー、レモン、ベリー。3人はトレジャーコネクション率いる巨大ぬいぐるみたちと戦い、ラブを奪い返すことができるのか？

パッケージに第1弾と書かれているもののメーカーの倒産により続編は作られず、当初はベリーが菩薩になるという設定もあったが…って、『SAMY』に続き、またも菩薩！『SAMY』以外でも、『麗夢』では超人的修行僧・円光が登場し、この時期の奥田監督OVA作品は仏教色強め。残念ながら結果的に〝続編まで届かなかった〟が、個人的には軽快で非常に勢いのある作品で大好き。人気シリーズになるポテンシャルを秘めた娯楽作である。ひらいけいによるコミカライズ版もあり。（**松原**）

①86／12／21 ②サイ・エンタープライズ／クラウンレコード ③45 ④プロジェクトチーム永久機関 ⑤奥田誠治 ⑥9800 ⑦有 ⑧未

067

強殖装甲ガイバー

▼オリジナル設定でスピーディにまとめた快作！

謎の異星人「降臨者」が地球に残したという、3つの「ユニット」という物体。それを偶然手にしてしまった高校生・深町晶は殖装体〝ガイバー〟に変身、「ユニット」を求める謎の秘密結社・クロノスに追われる身となる。

高屋良樹原作の異色ヒーローコミックは、これまでOVAシリーズ、アメリカの実写映画、テレビアニメと何度か映像化されているが、本作はスタジオライブが制作した、最初のOVA作品である。

原作1巻のストーリーを中心に手堅く構成しているが、重要なサブキャラ・哲郎を削除したり、ライバルのガイバーⅡをオリジナルの女性キャラ・バルキュリア監察官が殖装することになるなど、変更点がかなり多いのも見どころ。ソフトを買った当時、バルキュリアの全裸サービスカットばかりを観ていたことをここに告白します。（**伴**）

①86／12／13 ②バンダイビジュアル ③55 ④スタジオライブ／アニメイトフィルム ⑤渡辺ひろし ⑥9800 ⑦有 ⑧未

CHECK!

いんどり小屋

スタジオライブに所属する複数のアニメーターの集団名。同様にまんどりるくらぶがある。『超獣機神ダンクーガ』でキャラクターデザインを務めたことで注目を浴び、以降、数々の作品で活躍。主なメンバーは只野和子、松下浩美、芦田豊雄など。

068

アウトランダーズ

迷作の誉れ高い軽いタッチのSFラブコメ

真鍋譲治の漫画をアニメ化。報道カメラマン・若槻哲也は突如、宇宙人の攻撃を受けた街でカメラを構えていた。そのファインダーに写ったのは敵宇宙人のカーム。宇宙船で連れ去られた哲也は、聖なる星地球を救うには王女であるカームとの結婚しか道はないと迫られる。そして、仲間と共に銀河帝国に反旗を翻すのであった。

1本にまとめるため原作にあった地球と銀河帝国との関係性、黒幕ネオと妖魔文明やミリタリー要素は排除して、お気楽ラブコメに仕上げている。そのため最終決戦も盛り上がることなくあっさりと終わってしまう。原作がオタク的要素満載なので、シリーズ化されなかったのが悔やまれる作品。

ちなみに押しかけ女房宇宙人でビキニスタイル、緑色の髪に角を生やしたカームの声を平野文が担当したので、『うる星やつら』のラムにしか見えなかった。声優陣に神谷明、原画に西島克彦がいたのも（笑）。**（坂本）**

①86／12／16 ②ビクター音楽産業 ③48 ④竜の子プロダクション ⑤山田勝久 ⑥9800 ⑦有 ⑧未

069

ウォナビーズ

女子プロハイパーアクション！

極東プロレスに所属する女子プロレスラー・ミキとエリはウォナビーズを結成し、チャンピオンを夢見て日夜練習に励んでいた。彼女たちは悪役女子レスラー・フォクシーレディィースに惨敗した先輩レスラーの敵を討つため、最新の機械を使った特殊な練習を重ね、新薬の投与まで受ける。鬼堂財閥からの練習機械と多額の融資の代わりに、極東プロレスは人間の限界を超えた怪力を出す新薬開発の人体実験のモルモットとしてウォナビーズを差し出した。そんな人権完全無視な裏事情も知らず、トレーニング（とドーピング）の成果を発揮し、フォクシーレディィースに完全勝利したウォナビーズは、身体の異変とその原因に気づき、鬼堂の企みを潰そうとする。命からがら実験室に逃げ込んだ鬼堂は、新薬の影響で怪物になってしまった自分の父親をウォナビーズに襲わせるという鬼畜ぶりを発揮。ウォナビーズとグロテスクな怪物との、『ターミネーター』を彷彿とさせるかなりネチっこいデスマッチが展開する。鈴木敏充が原作と脚本を、当時新進気鋭として注目されていた園田健一がキャラクターデザインを担当したSF女子プロ作品。未DVD化の本作は、デーモン小暮と古館伊知郎が本人役の声優を担当した程度の記憶しかない人が多いかも。**（松原）**

①86／12／25 ②SVI ③45 ④アートミック／AIC／アニメイトフィルム ⑤長谷川康雄 ⑥9800 ⑦有 ⑧未

070 バリバリ伝説 PARTⅡ 鈴鹿篇

友情の果てに起こる悲しき結末

ノービスの祭典と言われる鈴鹿4時間耐久レースを舞台に、郡たちの絆を丁寧に描いていく。激闘の末、レースで優勝する郡たち。しかし、幸せな時間も束の間、郡の目の前で固い友情に結ばれた秀吉が不慮の事故死を遂げてしまう…。

後にPARTⅠとの総集編が劇場公開された（こちらはLD化もされている）が、尺の都合でカットされたシーンも多く、各巻とも丁寧に作られているだけに、できるだけオリジナル版で観てもらいたい作品だ。**（松原）**

①86／12／16 ②講談社／ビクター音楽産業 ③50 ④スタジオぴえろ ⑤池上誉優 ⑥9800 ⑦未 ⑧未

071 デルパワーX 爆発みらくる元気!!

ラブコメ、メカ＋美少女、そして女子プロレス

科学者である祖父・矢波辰ェ門と元弟子・フォン・ゲッツェルの争いに巻き込まれた孫の女子高生・羽根木愛美。ゲッツェルが操縦するパワードスーツ・ゾリンゲンにお弁当をグシャグシャにされた恨みを晴らすため、彼女はデルパワーXに乗り、ゲッツェルの雇ったニック・ジャガーが操るギャラクレスとプロレス的展開の代理戦争を繰り広げる。

メディアミックス？一流クリエイターが集結

メディアミックスで話題となった『機動警察パトレイバー』。その2年前に〝一流クリエイターが集結〟し、〝メディアミックス〟を行ったのが本作だ。キャラクターデザインは、ヒロイン・愛美を作画監督も務めた知吹愛弓、男子生徒・宮本をしげの秀一、デルパワーXを作った科学者・辰ェ門とゲッツェルを芦田豊雄、ニューウェイヴな髪型の教師・茶理世句人を永野護、ゲッツェルの一番弟子・ローラとパイロットのニック・ジャガーをいのまたむつみ、愛美の親友・弘子を美樹本晴彦と、豪華布陣が担当。原作を「ジ・アニメ」で連載、「月刊アウト」の人気キャラクター・アウトシャイダーと実物大着ぐるみデルパワーXのコラボ記事など、ミニマムにメディアミックスを展開。『デルパワーX』の前の企画『熱血ロボ ガンバル5』（原作は同じく戸的あき）では実現しなかったアニメ化が達成できたので、「ジ・アニメ」的にはかなり力が入っていたはず。しかし、「ジ・アニメ」はビデオ発売前に休刊。試写会ではフィルムが絡まり、代わりの映写機が届くまで戸的あきと佐藤真人が急遽トークショーを行ったりと、いいように捉えれば、これも話題作りである。

タイムボカンシリーズで嵐のようなアドリブを披露し、ちびっ子のハートを鷲掴みにした八奈見乗児が辰ェ門を演じている点も注目。本作でもご機嫌にアドリブをカマしまくっている。**（松原）**

①86／12／21 ②日本コロムビア ③42 ④ビッグ・バン ⑤佐藤真人 ⑥8800 ⑦有 ⑧未

OVA黎明期、『戦え!!イクサー1』『吸血姫美夕』など数々のヒット作を放った平野氏。多くの才能が花開いたOVA黎明期と、成熟期を迎えた現在のアニメ界のこれからについて伺った。

interview

Talk about OVA

2

interview Takeshi Kikuchi

平野俊弘（現・俊貴）

Toshihiro（Toshiki）Hirano

尖った若者の考えるような本能の赴くままの初期衝動

—平野さんは監督デビュー作がOVA『戦え!!イクサー1』（以下『イクサー』）でした。

平野　幸運なデビューだったと思います。監督になろうと思って決起したわけでも何でもなく、たまたま全部やっていたら監督という肩書きに就いちゃったんですよね。だからその後、改めて脚本や演出の勉強をしました。アニメーターって「ここのカットの流れがおかしい」とか「芝居をつけた方がいいんじゃないか」とか、かなり演出の方に足を突っ込んじゃうんですよね。「この演出で切ってきたコンテはつまらないから変えちゃおう」っていうね（笑）。今は絶対許されないけど、そういうことをやっちゃうんです。だから本当になりゆきなんです。その後にもいろいろやりましたが、『魔法騎士レイアース』という作品がものすごい転機になりましたね。OVAとはまったく違う価値観というのがテレビシリーズにはあるんですよ。長い船出をして、無事に港に辿り着かないといけない緊張感というか。いろいろ言えない事件もありましたし（笑）。これが原作ありきのテレビアニメの作り方なんだなと勉強したというのもあります。

—それでもOVAというフロンティアで「俺たちが革命を起こそうと」そういうことにはならなかったですか？

平野　そこまでではなかったですね。仲間内で「テレビでできないことをやろうよ」というのは確かに常々言っていましたけど。単純に暴力的なアクションだとか、もちろんエロスも。いかにも尖った若者の考えるような初期衝動というか、本能の赴くままな部分に入っていきたいなというのはあったんじゃないですかね。

—テレビマンガで物足りなくなった世代を満足させるものが無いじゃないかと？

平野　そうですね。あの流れでいくと『機動戦士ガンダム』が出てきて、一連の富野（由悠季）さんの作品があって、『超時空要塞マクロス』（以下、『マクロス』）が出て、その流れで『メガゾーン23』（以下、『メガゾーン』）があって。僕はやりたいものをやってるという意識は無かったですね。『マクロス』もそうだし『メガゾーン』もそうだけど、ロボットが出てくるけど武器として使われている。そうではなく、要するに「ヒーローであるロボット

ヒーローであるロボットが描きたい

Talk about Iczer-1, Daimaju gekito hagane no oni and more

が描きたい」と。

―『冥王計画ゼオライマー』の場合は、以前アニメーターの菊池通隆さんと対談された時に、いわゆる特撮などの映像をアニメで表現しようと語ってらっしゃいました。

平野　そうですね。あれは特に特撮テイストのいちばん強い作品で、リアルさを求めてスタッフでロケハンにも行きました。

―その後も『くりいむレモンシリーズ　いけないマコちゃん』があり、『イクサー』シリーズがあり、『大魔獣激闘 鋼の鬼』、『破邪大星ダンガイオー』があり。

平野　あとは『吸血姫美夕』もありますね。

―それらの作品はいずれも作画アニメとして当時も話題を呼んでいました。関わられる中で「こいつらすごいなぁ」と思われたアニメーターの方も多かったのでしょうか？

平野　だから僕はアニメーターを辞めたんですよ。アニメーターとしては大したことないなぁと自分でね（笑）。周りのいろんな人を見て感じたんですよ。そうすると演出の方に早々と軌道修正した方がいいんじゃないかと、監督だけにしたんですよ。

―ちなみにどういった方でしょう？

平野　大張（正己）くんもそうだし、先ほどの菊池くんもそうだし、恩田（尚之）くんや垣野内（成美）もそうですね。本当に周りに山のようにすごいアニメーターがいて、「うわ～、こんなのとても勝てないな」みたいな。早々に諦めました。

―ご自身の中で、関わられた80年代作品や、それ以外も含めて、一番印象に残っているOVA作品は何ですか？

平野　いのまた（むつみ）さんがやられた『幻夢戦記レダ』ですかね。あの作品はけっこう意識していたような気はしました。後は貞光（紳也）さんが監督をなされた『バース』ですかね。あれもお金を払って買ったので。

―OVAは買う側にとっての冒険みたいなところがありましたよね。大枚をはたいて買った分、どうしても期待値は高まってしまうので。

平野　その冒険が面白かったんですよ。冒険がしたかったんです。

―そういう視点で言うと、平野さんご自身が手掛けられたOVAは、お金を払ってもらった分、ちゃんとお返しできた作品ばかりとの自負が？

平野　いえ。皆がんばったのに上手くできなかった『鋼の鬼』…あれだけはちょっと申し訳なかったなと。やっぱり時間がなくて半端な形で収めたから。他はそれなりに、お金に見合った完成度にはなったかなと思います。

―80年代OVAはクリエイターにとって自由度の高い環境だったと思います。今、アニメーションの自由度という意味では、以前より制限されることが多くなっていると思うのですが、現場にずっと関わられている平野さんから見ていかがですか？

平野　お笑いの世界でもそうですけど、あまりにも規制が多すぎるから、テレビアニメで何かを表現するというのはほとんど無理ですね。じゃあ配信という手があるじゃないかということで、我々は注目しているわけです。配信がメインになっていくということで作っていけば、もうちょっといろんなものができるんじゃないかなと思いますね。

――ＯＶＡ最盛期の80年代は平野さんにとってどんな時代でしたか？

平野　今思い返せば確かに良かったんでしょうね。作る側と観る側が見事にシンクロしていたから。今はあまりにも簡単に意見が言えちゃうから怖いですよね。それがどういうつもりで言っているのか、単なる誹謗中傷で言っているのか、面白がって言っているのか分からない。今、ものを作る方が難しいですよね。あの頃は皆、真剣だったじゃないですか、観る方も作る方も。そういう良い時代だったなという気がします。今は出せばすぐに意見や感想が返ってきますが、それがどれだけ信憑性があるのか。どれだけ気にすればいいのか、真に受ければいいのかと。そういう意味でちょっと怖いですね。特に原作ものを触る時にはめちゃくちゃ心配ですよ。それぞれの言葉をより分けて聞かないといけないです。

――今後、アニメという媒体には何が求められていくのでしょうか。

作る側と観る側が見事にシンクロしていた

Talk about Iczer-1, Daimaju gekito hagane no oni and more

平野　どうなんでしょうね。まずデジタルに変わった時点で、独特のカーボンのかすれたタッチというものがなくなりました。あれをデジタルで再現しようという動きも聞きましたけど、何か違うなと（笑）。手作り感がどんどん薄まっていくのは当然ですよね、デジタルなんだから。セルが無いからしょうがないですもんね。再現したいという気持ちも分かります。完全な再現はできないと分かっていても求めてしまうし、求められてしまう。後は作り手の意欲と思いがどれだけ出せるかということじゃないですか。結局ＯＶＡを今の時代に作ろうと思ったら、同時にＣＧという選択肢が出てしまう。もう手で描くよりそっちの割合が強くなってきているんですよね。伝統芸能じゃないけど、純粋なアニメーターがどんどんいなくなっちゃいます。手描きのロボットものを作らないとアニメーターがいなくなっちゃう。時代劇を作らないと殺陣師がいなくなっちゃうのと一緒ですね。正しい時代劇が作れなくなっちゃうんじゃないですか。これからますますロボットものはＣＧになってしまうでしょう。すると手描きアニメという伝統芸能の継承が途切れちゃう。そういったことを見直さないといけない時期にさしかかっていると思うんです。

PROFILE
平野俊貴
（ひらのとしき）

本名・旧名義：平野俊弘。
1956年10月3日生まれ。
東京都出身。
監督やキャラクターデザインを務め、最近では主に絵コンテを担当。『デビルマンレディー』や『マジック快斗』で監督を、『はじめの一歩 Rising』や『アクティヴレイド -機動強襲室第八係-』では絵コンテを務めた。

タイ国アニメ事情
東南アジア最大のオタク市場は今が旬！

タイ・アニメシーン・リアル・ナウ！ 80年代OVAがタイでもリリースされる日は近い!?

text 植地毅

　灼熱の熱帯雨林と細かいことは気にしない国民性、そして物価の安さで昨今より注目を集めるタイランド。東南アジアにおいては親日国としても知られ、首都バンコクには約十万人の日本人が暮らしている。そんなバンコクで大流行中なのが、日本のアニメ並びにマンガ作品だ。タイでも国民的人気の『ドラえもん』を筆頭に、『ワンピース』に代表されるジャンプ系、フィギュアやファッションも人気の『クローズ』、そして現地ネットカフェからジワジワと人気が盛り上がった『艦隊これくしょん-艦これ-』まで、日本で人気のあるタイトルは、ほぼ時差なくタイに輸入され、タイ人オタクたちがこぞって現地語に翻訳された単行本を購入したり、コスプレしたり、日本語を学んで輸入されたローカライズ前のDVDや書籍を購入したりと大層盛り上がっていることは、我が国では余り知られていないムーブメントである。15年には、バンコクの中心部サイアムにある巨大ショッピングモール"MBK"の中にアニメイトのバンコク支店がオープン。その規模は日本国内の既存店を軽く凌駕する規模で、週末になると日本から有名声優やプロデューサーを招待して、トークショーや撮影会イベントなども開催する熱狂ぶり。タイといえば海賊版DVDが有名だが、近年では景気の上昇に伴い富裕層が増加。小金持ちのタイ人オタクたちが大量に生まれ、高額な正規版でも迷わず購入する市場が確立されている。タイが日本並みのオタク市場に成長する日は近い。

　オタクたちよ、タイを目指せ！

タイで大量に売られているコスプレ専門誌

OVAを広めた伝説の番組「アニメ大好き！」

朝から晩までゴア描写とヌードがお茶の間に…あの時代、関西は燃えていた！

text 松原弘一良

　ある一定の年代の関西人は、なぜか他の地域の人たちに比べてOVAに詳しい。それは、よみうりテレビで『アニメ大好き！』の放送があったから！　87年から95年の学校の長期休み期間中に放送されていた本番組のプロデューサーは、今や『名探偵コナン』などのプロデューサーで知られる諏訪"すわっち"道彦。元々は映画をテーマに沿って特集放送していた『CINEMAだいすき！』があり、この番組の派生としてOVAをメインに放送したのが本番組。テレビでは観ることができないはずのOVAが、ガンガン放送されていたのだ。『CINEMA〜』と同様のフォーマットが組まれ、ゴキゲンな洋楽に乗せて放送する作品のツボを押さえた少々マニアックな解説が流れるオープニング、さらに本編放送後にも簡単なコメントが放送された（ちなみに『アニメ〜』同様、『CINEMA〜』でマニアックな映画体験をした関西人は多い）。解説・コメントは辛口ながら愛情があるものであった。編集も非常に丁寧で、オープニング映像だけ録画している人もいたほど。もちろんラインナップも素晴らしく、午前中に『妖刀伝』『吸血鬼ハンターD』、夕方に『魔龍戦紀』『イクサー1』などゴア描写のある作品を放送する勇気。15歳以上をターゲットにした「C・MOON」の作品も放送され、大らかな時代だったという他ない。ヌードシーンだけでなく絡みのある作品もあり、放送中に親がそばにいて肩身の狭い思いをした若き視聴者も多かったであろう。『夜のアニメだいすき！』では『みんなあげちゃう♡』『傷追い人』など少しアダルトテイストな作品も放送された。関西ではサンテレビ土曜深夜枠という定番お色気番組の歴史が脈々と続いていたので、テレビで濡場やヌードシーンがあっても当時はまったく違和感を感じなかったが、16年にローカル局で放送された『イクサー1』の規制を鑑みると、「なんていい時代だったんだ！」と叫ぶほかない。

ザ・グレイト・ロックンロール・OVA

(DISCHARGE風に) Q：アニメキャラもか？ A：アニメキャラもだ！ アニメキャラクターも歌いまくった！

text 松原弘一良

80年代はアニメキャラも歌いまくっていた。『マクロス』のミンメイや『クリミィーマミ』のマミが歌手という設定であっただけでなく、『ダンクーガ』のキャラクターデザインでパンクを意識したり、永野護や板野一郎がロックに傾倒していたりと、アニメと音楽のクロスオーバー現象が起こりつつあった。アニメ誌の描き下ろしイラストでは、キャラクターがバンドメンバー（または歌手）としてライブをしているシーンが描かれていたりした。歌手という設定のキャラクターは、その部分を拡大しフィーチャーした『モスピーダ LOVE LIVE ALIVE』のような作品がリリースされ、遂には音楽ものOVAでバンド演奏を始めてしまうキャラクターも登場。『ダンクーガ』の主演声優たちが獣戦機隊としてライブを重ねるなど、アニメの世界と現実もクロスオーバーしていった。さらに、わらべの「もしも明日が」などホンワカムードのPVがビデオでリリースされたりはしていたが、BOØWYの「Marionette」（CDVによるリリース）をガイナックスが制作するに至って、当時のMTVブームの勢いも加わり、アニメとロックバンドが融合を始めたのであった。また、人気番組「みんなのうた」や子供番組で流れる歌の延長線上で、〝童謡〟など子供向けの歌をメインにした廉価なビデオも多数リリースされた。書店の店頭によく並んでいたこの手の作品は、フォーマットがDVDとなり、現在も同じように販売が続いている。

もしも明日が／めだかのきょうだい（わらべ） ①84／03／10 ②ポニーキャニオン ③13 ④テレビ朝日ミュージック ⑤南家こうじ ⑥3480 ⑦未 ⑧未

ウーパーダンシング（パピ：尾崎亜美） ①85／02／21 ②宇宙企画 ③ー ④ジャックポット ⑤統ひろし ⑥ー ⑦未 ⑧未

童謡アニメうたのおもちゃ箱 1「なかよしのうたパート1」 ①85／03／25 **2「どうぶつのうたパート1」** ①85／03／25 **3「わらべうた」** ①85／03／25 **4「なかよしのうたパート2」** ①85／04／25 **5「ゆかいなうた」** ①85／04／25 **6「どうぶつのうたパート2」** ①85／04／25 **7「季節のうた」** ①85／05／25 **8「なかよしのうたパート3」** ①85／05／25 **9「なかよしのうたパート4」** ①85／05／25 **10「世界のうた」** ①85／05／25 **（全巻共通）** ②にっかつ ③30 ④ビッグバン ⑤竹下直澄／石山昭信／平川弘喜

⑥8800 ⑦未 ⑧未

魔法の天使クリィミーマミ ラブリー・セレナーデ ①85／03／28 ②バンダイビジュアル ③30 ④スタジオぴえろ ⑤ー ⑥6000 ⑦有 ⑧有

亜美・イマージュ 白い影 ①85／07／10 ②フェアリーダスト ③30 ④フェアリーダスト ⑤ー ⑥8400 ⑦有 ⑧未

機甲戦記モスピーダ LOVE LIVE ALIVE ①85／09／21 ②ビクター ③60 ④タツノコプロダクション ⑤山田勝久 ⑥3360 ⑦有 ⑧有

どうよう空からお歌のおくりもの ①85／10／02 ②サンリオ ③ー ④タック ⑤田中俊信／堀口忠彦 ⑥ー ⑦未 ⑧未

レインボー・シグナル（ハイ・ファイ・セット） ①85／11／01 ②CBSソニー ③28 ④カナメプロ ⑤影山楙倫 ⑥6800 ⑦有 ⑧有

想い出してください／時計をとめて（わらべ） ①86／01／21 ②ポニーキャニオン ③15 ④スタジオぴえろ ⑤南家こうじ ⑥4000 ⑦未 ⑧未

魔法の天使クリィミーマミ CURTAIN CALL ①86／02／01 ②バンダイビジュアル ③45 ④スタジオぴえろ ⑤伊藤和典／望月智充 ⑥8800 ⑦有 ⑧有

魔法の天使クリィミーマミ パーフェクトメモリー ①86／03／28 ②バンダイビジュアル ③90 ④スタジオぴえろ ⑤ー ⑥10000 ⑦未 ⑧有

超獣機神ダンクーガ SONG SPECIAL 獣戦機隊SONGS ①86／11／21 ②バンダイビジュアル／ソニー ③30 ④葦プロダクション ⑤大庭寿太郎 ⑥7000 ⑦有 ⑧有

魔法のプリンセス ミンキーモモ 瞳の星座 ①87／01／21 ②バンダイ ③30 ④葦プロダクション ⑤湯山邦彦 ⑥7800 ⑦有 ⑧有

魔法のスターマジカルエミ ラブリードリーム音楽編 ①87／01／25 ②徳間ジャパン ③30 ④スタジオぴえろ ⑤ー ⑥8500 ⑦未 ⑧未

マシンロボ クロノスの大逆襲 戦場の記憶 ①87／04／22 ②東芝EMI ③30 ④葦プロダクション ⑤吉田浩 ⑥4900 ⑦有 ⑧有

超時空要塞マクロス Flash Back 2012 ①87／06／21 ②バンダイビジュアル ③30 ④ビックウェスト ⑤河森正治 ⑥6800 ⑦有 ⑧有

Marionette（BOØWY） ①87／10／26 ②東芝EMI ③5 ④ガイナックス ⑤永石勝／北久保弘之 ⑥2400 ⑦有 ⑧有

ミルクハウス・ドリーミング 愛の四季 ①87／11／25 ②バンダイビジュアル ③43 ④小学館 ⑤鳥居宥之 ⑥8800 ⑦未 ⑧未

僕のオールディーズはオールカラー ①87／12／10 ②日本コロムビア ③27 ④日本コロムビア ⑤高塚洋治／伊藤明広 ⑥7800 ⑦有 ⑧未

バブルガムクライシス ハリケーンライブ2032 ①88／04／24 ②東芝EMI ③25 ④アートミック／AIC ⑤荒巻伸志／藤枝静樹 ⑥4900 ⑦有 ⑧未

赤い光弾ジリオン EMI♡PENGUIN'S DIARY ①88／07／21 ②キングレコード ③30 ④タツノコプロ ⑤西久保瑞穂 ⑥5800 ⑦有 ⑧未

闇のパープルアイ ①88／10／26 ②東芝EMI ③30 ④J.C.STAFF ⑤西久保瑞穂 ⑥6800 ⑦有 ⑧未

キラキラしあわせクリスマス ①88／12／01 ②日本コロムビア ③24 ④フエダプロ ⑤掛須秀一／近藤正典 ⑥3800 ⑦未 ⑧未

超音戦士ボーグマン Madnight☆gigs! ①89／02／08 ②東芝EMI ③30 ④葦プロダクション ⑤根岸弘 ⑥30 ⑦有 ⑧未

CHIPHER ①89／03／03 ②ビクター ③41 ④マジックバス ⑤冨田恒雄 ⑥9800 ⑦有 ⑧未

DATA No.6（FENCE OF DEFENSE） ①89／03／15 ②CBSソニー ③8 ④ガイナックス ⑤山賀博之 ⑥1500 ⑦有 ⑧有

GUITARISM（布袋寅泰） ①89／11／01 ②東芝EMI ③51 ④ガイナックス ⑤永石勝／前田真宏 ⑥4725 ⑦有 ⑧有

光GENJI 太陽がいっぱい ①89／11／03 ②ウオカーズ・カンパニー ③6 ④ジャニーズ出版 ⑤柳瀬三郎 ⑥2913 ⑦未 ⑧未

レイナ・ミュージック・ビデオ Thank you for you ①89／11／08 ②東芝EMI ③30 ④葦プロダクション ⑤藤枝静樹 ⑥4855 ⑦有 ⑧有

アイドル伝説えり子 ミュージックスペシャル ザ・プレリュード ①89／11／25 ②バンダイビジュアル ③30 ④葦プロダクション ⑤玉田俊英 ⑥4500 ⑦未 ⑧有

よいこのクリスマス ①89／12／05 ②コアラブックス ③20 ④みゆきプロ ⑤ー ⑥1893 ⑦未 ⑧未

よいこのたのしいクリスマス ①87／（月日不明） ②キングレコード ③25 ④オープロダクション ⑤杉山卓 ⑥5600 ⑦有 ⑧未

底なし沼!チャイルドOVA

text 松原弘一良

21世紀の今も書店の店頭に並んでいる童話アニメもいわゆるOVA。80年代当時、音楽制作、ダビング、生テープから製品化まで自社で賄い、低価格を実現して大ヒットしたウオカーズ・カンパニーの『アニメ絵本』シリーズは通算180万本を売り上げたという。一般的なアニメシーンの中では地味な存在ながら息の長い子供向けOVAは、書籍と同じ流通でメディア商品として取り扱われているものも多い。そのため、図書館に搬入され、店頭販売以外での収益も見込まれるという絵本や児童書と同じビジネスモデルを流用できることからか、出版社からリリースされているものも多い。中には監督に奥田誠治を迎えた『日本のむかしばなし』(渡辺徹と榊原郁恵の夫婦出演)や、OVA版『デビルマン』のオープロダクションが『日本のおばけ話』を制作、『堕靡泥の星』をリリースしたコアラブックスの『イソップ物語』は『堕靡泥の星』と同じみゆきプロが制作、島谷陽一郎が監督と、アニメファンもチェックしてみるといいかもしれない作品が埋もれている。

へんてこかいじゅうずかん 1 健康第一 2 友だちできたよ ①84/09/01 ②西武百貨店 ③(不明) ④I-NC ⑤三輪道彦

世界名作ビデオ絵本 1 そんごくう 2 しらゆきひめ 3 シンデレラ ①88/05/01 4 ジャックとまめの木 5 あかずきん 6 みにくいアヒルの子 ①88/06/01 7 三びきの子ぶた 8 おやゆびひめ 9 ヘンゼルとグレーテル ①88/07/01 10 アラジンとまほうのランプ 11 にんぎょひめ 12 おおかみと七ひきの子やぎ ①88/08/01 13 ガリバー旅行記 14 アルプスの少女ハイジ 15 家なき子 ①88/09/01 16 たから島 17 ふしぎの国のアリス 18 イソップものがたり1 ①88/10/01 19 アリババと四十人のとうぞく 20 ゆきの女王 21 ピーターパン ①88/11/01 22 ながぐつをはいたねこ 23 マッチ売りの少女 24 ねむりひめ ①88/12/01 25 ピノキオ 26 小公女 27 王子とこじき ①89/01/01 28 オズのまほうつかい 29 若草物語 30 フランダースの犬 ①89/02/01 31 はだかの王様 32 小人とくつや 33 はくちょうの王子 ①89/03/01 34 イソップものがたり2 35 ブレーメンのおんがくたい 36 トムソーヤの冒険 ①89/04/01 37 赤いくつ 38 シンドバットの冒険 ①89/05/01 39 母をたずねて 40 王さまの耳はロバの耳 ①89/06/01 41 ひみつの花園 42 ロビンフッドの冒険 ①89/07/01 43 小公子 44 かえると王女 ①89/08/01 45 足ながおじさん 46 三銃士 ①89/09/01 47 イソップものがたり3 48 すずのへいたいさん ①89/10/01 49 ペリーヌ物語 50 十五少年漂流記 ①89/11/01 (全巻共通) ②ウオカーズ・カンパニー ③12 ④虫プロダクション ⑤むらまさてる ほか ⑥980

日本のおばけ話 1 ブルッとこわいおばけの話 1「百目のあずきとぎ ほか」①88/08/28 2「のっぺらぼう ほか」①88/11/26 (全巻共通) ②東芝EMI ③30 ④オープロダクション ⑤飯田つとむ ⑥4800

ビデオえほん館 (18巻以降、ビデオアニメ館) 日本おとぎ話1 ももたろう 2 はなさかじいさん 3 いっすんぼうし ①88/09/04 4 かぐやひめ 5 うらしまたろう 6 さるかにがっせん ①88/10/04 7 つるのおんがえし 8 きんたろう 9 こぶとりじいさん ①88/11/05 10 かさじぞう 11 うしわかまる ①88/12/04 12 ゆきおんな 13 おむすびころりん ①89/01/07 14 一休さん 15 かちかちやま ①89/02/03 16 ちから太郎 17 はちかつぎ姫 ①89/03/06 18 したきりすずめ 19 海ひこ山ひこ ①89/04/05 20 わらしべ長者 21 ぶんぶく茶釜 ①89/05/08 22 うりこひめ ①89/06/05 23 あずきおばけ ①89/07/05 24 すもうおばけ ①89/08/07 25 かもとりごんべえ ①89/09/04 26 三年ね太郎 ①89/10/04 27 てんぐの羽うちわ ①89/11/06 28 貧乏神と福の神 ①89/12/04 (全巻共通) ②大陸書房 ③12 ④アウベック ⑤田多部雄次 ⑥950

ビデオ絵本 日本昔ばなし 1 きんたろう 2 かぐやひめ ①88/09/10 3 うらしまたろう 4 さるかにがっせん ①88/10/10 5 ももたろう 6 花さかじいさん ①88/11/10 7 いっすんぼうし 8 ぶんぶくちゃがま ①88/12/10 9 一休さん 10 いなばの白うさぎ ①89/01/10 (全巻共通) ②ウオカーズ・カンパニー ③12 ④虫プロダクション ⑤杉山卓ほか ⑥980

アニメどうよう全集 1 ぞうさん どうぶつの詩1 2 いぬのおまわりさん どうぶつの詩2 ①88/09/29 3 サッちゃん なかよしの詩1 4 おなかのへるうた たべものの詩 5 おもちゃのチャチャチャ おもちゃ箱の詩 ①88/09/29 6 めだかの学校 どうぶつの詩3 7 アイアイ どうぶつの詩4 8 ちいさい秋みつけた こどもとしぜんの詩1 ①88/12/22 9 1ねんせいになったら なかよしの詩2 10 夕焼け小焼け こどもとしぜんの詩2 ①88/12/22 (全巻共通) ②東芝EMI ③20 ④ユーメックス ⑤高橋良輔/南家こうじ ほか ⑥3500

世界名作童話全集 1 ジャックと豆の木 2 青い鳥 3 うらしまたろう ①88/10/05 4 人魚姫 5 たからじま 6 つるのおんがえし ①88/11/05 7 ふしぎの国のアリス 8 アリババの冒険 9 かぐや姫 ①89/01/05 10 ピーターパン 11 ねむりの森の姫 12 一休さん ①88/12/15 13 ガリバー旅行記 14 マッチうりの少女 15 かさじぞう ①89/02/05 16 アラジンとまほうのランプ 17 ゆきの女王 18 もも太郎 ①89/03/05 19 そんごくう 20 おやゆび姫 21 雪おんな ①89/04/05 22 王さまの耳はロバの耳 23 花さかじいさん 24 白鳥のみずうみ ①89/05/05 (全巻共通) ②あいうえお館 ③12 ④みゆきプロ ⑤ー ⑥1280

TAMA&FRIENDS タマの3丁目物語 ①88/11/21 ②CBSソニー ③30 ④タック ⑤前田庸生/難波日登志 ⑥3667

ビデオえほん館 世界名作童話 1 マッチ売りの少女 2 ピノキオ ①88/12/04 3 フランダースの犬 4 白鳥の王子 ①89/01/07 5 ブレーメンの音楽隊 6 赤い靴 ①89/02/03 7 シンデレラ 8 トム・ソーヤの冒険 ①89/03/06 9 白雪姫 10 ジャックとまめの木 ①89/04/05 11 赤ずきんちゃん ①89/05/08 12 3匹の子ブタ ①89/05/08 13 アラジンとまほうのランプ ①89/06/05 14 みにくいアヒルの子 ①89/07/05 15 にんぎょ姫 ①89/08/07 16 たから島 ①89/09/04 17 長ぐつをはいた猫 ①89/10/04 18 ねむり姫 ①89/11/06 19 幸福の王子 ①89/12/04 (全巻共通) ②大陸書房 ③12 ④アウベック ⑤石川康夫 ⑥950

ビデオアニメブック 偉人物語 1 ヘレン・ケラー 愛の奇跡 ①89/03/10 2 エジソン 努力の発明王 ①89/04/10 3 コロンブス 不屈の探検家 ①89/05/10 4 野口英世 忍耐と努力そして献身 ①89/06/10 5 キュリー夫人 科学と愛に生きて ①89/07/10 6 リンカーン アメリカの夢そして良心 ①89/08/10 (全巻共通) ②ウオカーズ・カンパニー ③22 ④日本テレビ音楽 ⑤杉山卓 ⑥1921

光村・アポロンビデオライブラリー 1 花いっぱいになあれ 2 手ぶくろを買いに 3 やまなし (全巻共通) ①89/03/21 ②光村教育図書 ③20 ④スタジオぴえろ ⑤案納正美ほか ⑥17640

サンリオキャラクターシリーズ 1 キティとミミィのあたらしいかさ ①89/04/08 ②サンリオ ③25 ④サンリオ ⑤波田正美ほか ⑥(不明)

バーニング・ビレッジ 1 あほう鳥のじっちゃんの話 ①89/05/01 2 くず屋おはらいの話 ①89/06/01 3 ミイラ男の話 ①89/07/01 4 村のくつ屋さんの話 ①89/08/01 5 風小僧チャンスの話 ①89/09/01 6 人魚の話 ①89/10/01 7 やまびことこだまの話 ①89/11/01 8 三人のミュージシャンの話 ①89/12/01 (全巻共通) ②ウオカーズ・カンパニー ③15 ④グローバルアート ⑤永樹凡人 ⑥951

イソップ物語 1 きこりと金のおの 2 こなやとロバ 3 北風とお日さま ①89/06/05 4 いなかのネズミと町のネズミ 5 まねしたカラス 6 うさぎとカメ ①89/07/05 7 お百しょうさんといたずらギツネ 8 森の番人 9 ライオンとネズミ ①89/08/05 10 空から落ちたカメ 11 アリとせみ 12 王様になれなかったかささぎ ①89/09/05 13 かえるの王様 14 ひつじと少年 15 キツネとぶどう ①89/10/05 16 さるの王さま 17 やせたオオカミ 18 けんかした牛 ①89/11/05 19 畑にうめた宝物 20 まがった顔 21 知ったかぶりの猿 ①89/12/05 (全巻共通) ②コアラブックス ③15 ④みゆきプロ ⑤島谷陽一郎 ⑥1194

とおるといくえのアニメ日本のむかしばなし 1 いっすん法師/つるの恩返し 2 金太郎/おむすびころりん 3 花さかじいさん/かぐや姫 4 さるかに合戦/天狗の羽うちわ 5 かちかち山/やまんばと牛かた 6 ぶんぶく茶がま/はちかつぎ姫 7 こぶとりじいさん/ものぐさ太郎 8 うらしま太郎/ねずみの嫁いり 9 したきりすずめ/ちから太郎 10 ももたろう/かさじぞう (全巻共通) ①89/06/25 ②童話舎 ③25 ④TDKコア ⑤奥田誠治ほか ⑥1930

名曲と大作曲家物語 1 ベートーベン ①89/07/25 2 シューベルト ①89/08/25 3 モーツァルト ①89/09/25 4 ショパン ①89/10/25 5 ビバルディ ①89/11/25 6 バッハとヘンデル ①89/12/25 (全巻共通) ②ウオカーズ・カンパニー ③22 ④虫プロダクション ⑤佐藤真人 ⑥3800

ビデオ大図鑑シリーズ 1 恐竜アニメ大図鑑 2 昆虫アニメ大図鑑 ①89/08/31 3 世界の犬アニメ大図鑑 4 世界の猫アニメ大図鑑 ①89/10/31 5 動物園アニメ大図鑑 6 お魚アニメ大図鑑 ①89/12/31 (全巻共通) ②みき書房 ③25 ④スタジオぴえろ ⑤則座誠ほか ⑥1922

おかあさんとおやくそく 1 くみちゃんなかないよ/くみちゃんおかたづけ 2 くみちゃんごあいさつ/くみちゃんおてつだい 3 くみちゃんほらきれい/くみちゃんおばけだぞ (全巻共通) ①89/09/03 ②大田印刷加工 ③15 ④龍プロダクション ⑤尾崎正善 ⑥951

母と子のビデオシリーズ アニメ童話大全集 1 赤ずきん 2 ヘンゼルとグレーテル 3 おおかみと七ひきの子やぎ 4 みにくいアヒルの子 5 白雪姫 6 人魚姫 ①89/10/02 7 おやゆび姫 8 マッチ売りの少女 9 シンデレラ 10 長ぐつをはいた猫 (全巻共通) ①89/12/04 ②みき書房 ③(不明) ④スタジオぴえろ ⑤遠藤克己 ⑥(不明)

ほしのゆうえんち ①89/10/14 ②学研 ③18 ④学研 ⑤相原信洋 ⑥1942

檀ふみのおはなしチャンネル 1 おおかみと七ひきのこやぎ 2 三びきのぶた 3 にんぎょひめ 4 シンデレラ 5 ジャックとまめのき (全巻共通) ①89/11/05 ②学研 ③12 ④プロジェクト中原 ⑤中原収一 ⑥922

アニメ落語館 1 馬の田楽/分生十八番 ①89/11/22 ②バップ ③23 ④亜細亜堂 ⑤小林治 ⑥(不明)

日本名作ばかし話 1 キツネとクマの化かし合戦ほか 2 ゆきおんな ほか ①89/11/24 ②ナガセ ③(不明) ④Goods ⑤野崎高伸 ⑥1495

かいけつゾロリ 1 ドラゴンたいじ ④スポットライト企画 2 きょうふのやかた ④龍プロダクション 3 まほうつかいのでし ④龍プロダクション (全巻共通) ①89/11/28 ②大田印刷加工 ③ー ⑤尾崎正善 ⑥1404

ビデオ日本昔ばなし 1 ももたろう 2 かぐやひめ 3 さるかにがっせん ①88/10/ー 4 うらしまたろう 5 したきりすずめ 6 ぶんぶくちゃがま ①88/11(日不明) 7 きんたろう 8 かちかちやま 9 こぶとりじいさん ①88/12(日不明) 10 おむすびころりん 11 いっすんぼうし 12 はなさかじいさん ①89/01(日不明) 13 いっきゅうさん 14 かさじぞう 15 つるのおんがえし ①89/02(日不明) (全巻共通) ②ウオカーズ・カンパニー ③(不明) ④スタジオコメット ⑤ー ⑥980

ビデオたまてばこ1〜10 (全巻共通) ①1989(月日不明) ②主婦の友リトルランド ③(不明) ④サンシャインコーポレーション ⑤ささきこういち ⑥(不明)

わ・く・わ・く新作童話館 1 正義の味方! いっすんぼうし 2 へんてこ魔法の……ねむりひめ 3 おさわがせアラジンとまほうのランプ 4 それからのサルカニがっせん 5 魔法使いにご用心! (全巻共通) ①89(月日不明) ②東和サン電機 ③15 ④竜プロ ⑤佐々木皓一ほか ⑥(不明)

空はゆめいろ ニイニイひめとモンスターキッズ ①88/10/20 ②ウオカーズ・カンパニー ③20 ④杉山卓 ⑤ー ⑥2340

OVA

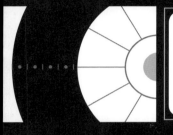

1987

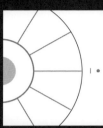

DIG THE OVA GRAVE

BEFORE THE TAPE ENTANGLED WITH THE HEAD

072

ダーティペア ラブリーエンジェルより愛をこめて

▼人気のダーティペア、幻のテレビ版完結編

脚本まで完成していたが、急遽番組終了が決定したため幻の話数となった『ダーティペア』テレビシリーズ第25、26話をOVAとして制作・発売した作品。テレビシリーズ放映終了から約1年後の87年1月1日にリリースされた。作中の設定やオープニングとエンディングなどの作品フォーマットはテレビシリーズと完全に同じ。作画レベルは全編通じて非常に高く、ハイクオリティ志向の80年代OVAの域に充分達していたといえる。収録エピソードは、グーリー主任の補佐担当で普段はデスクワーク中心のキャリコとケイがコンビを組む「ひええっ！ 洋館の坊やはターミネーター」（第25話）と、人質となったグーリー主任がWWWA本部に見捨てられたことに納得出来ないユリとケイが独断で彼の救出作戦を決行する「ホ、本気!? 美女にキャノン砲は脱出のキーワード」（第26話）の2本だ。（ホシノコ）

①87／01／01 ②バップ ③50 ④サンライズ ⑤鹿島典夫 ⑥9800 ⑦有 ⑧有

CHECK!

作画のお遊び

権利関係が大らかだった当時のアニメでは、爆発シーンやモブシーンで、他作品のキャラやメッセージが一瞬映ることが多かった。当時のファンはビデオのコマ送り機能をフル活動させて楽しんでいたものだ。

073

エルフ・17《セブンティーン》

▼ルウは宇宙最強！ ポップギャグアクション

山本貴嗣が「月刊コミコミ」に連載していた同名漫画のOVA化作品。

銀河帝国皇子のマスカット・タイラーが、諸国行脚のお伴選抜のために銀河大武術トーナメントを開催、決勝戦に飛び入りし優勝した光翅族のルウと、準優勝したK・K（本名・絡凶介、虚弱体質のため常にパワードスーツをまとっている）の二人を連れて、宇宙船で冒険の旅に出る。

水戸黄門のスペオペ的パロディであり、マスカット皇子を本星へ連れ戻そうとするカリマとナカヒラという助さん格さん的な脇役キャラクターも登場する。集団で押し寄せる巨大な信楽焼のたぬきと戦う最終戦闘シーンなど、『うる星やつら』などと同じテイストの80年代的スラップスティックコメディである。

音楽に田中公平、主題歌・挿入歌を笠原弘子が歌っており、音周りに関しては、奇しくも『機動警察パトレイバー』初期OVAシリーズと同様のスタッフとなっている。（吉田）

①87／01／14 ②東映ビデオ ③30 ④東映／エイジェント21 ⑤坂田純一 ⑥8800 ⑦有 ⑧未

CHECK!

笠原弘子

『銀河漂流バイファム』のカチュア役でデビュー。OVAでは『バブルガムクライシス』『アッセンブル・インサート』などに出演。可憐なルックスで多くのファンを得た。

074 ヘル・ターゲット

▼スタッフ9人が祟られた？ 本格派SFホラー

メタルバンドっぽいロゴが印象的な本作は、中村プロが渾身の力を込めて制作した、大人をターゲットにしたSFサイコホラーで、収録時間にわざわざ「13秒」と記載しているのも最高！

惑星インフェルノの調査に来た第一次探査隊が音信不通になって数年後、第二次探査隊が訪れる。彼らがそこで見たのは荒涼とした死の世界。砂に埋れた原住生物の巨大なアリのような怪物のミイラがあるだけで、微生物さえ見当たらない。しかし、人間の恐怖心を食い物にする変幻自在の怪物が存在していたのだった。第一次探査隊員と原住生物を滅ぼした怪物が、9人の探査隊員に襲いかかる。

国際色豊かな隊員それぞれが感じる恐怖に国民性が出ており、日本人隊員キタザトが見た〝恐怖〟が鬼っぽいデザインなだけに、発売当時の予約特典が〝ヘル・ターゲット魔除け札〟というのも納得。顔が崩れるゾンビや胴体に光線が突き刺さり血みどろになるなど描写にも力が入っている。『ルーツ・サーチ』同様に緊迫した状況下で突如ベッドシーンが挿入されるのも、過剰なサービス心に溢れていてグッド！（松原）

①87／01／21（VHD 86／12／16） ②ビクター ③50・13 ④中村プロダクション ⑤中村圭図 ⑥10800 ⑦有 ⑧未

075 GREY デジタル・ターゲット

▼地獄の沙汰もグレイ次第！ 設定変更は監督次第！

『風の谷のナウシカ』『アリオン』『天空の城ラピュタ』に続く〝徳間SF大型アニメ〟として鳴り物入りで制作された、たがみよしひさ原作のSF長編作品。『強殖装甲ガイバー』と共に劇場公開もされた。

絶対的支配者のビッグ・ママと対決も…

戦いが続き荒廃した近未来を舞台に、安全な生活を送る権利を得るために「戦士」として戦うグレイの物語。1年半以上に渡り「少年キャプテン」に連載され、単行本にして3巻のヴォリュームある原作を75分（ジャケットには予告編を含み80分で表記されている）に収めるため、設定やテーマを変更し、「青春もの」としてまとめられている。ヒロインのノーヴァもグレイに辛く当たっていると思ったら、急に親密になるツンデレキャラに変更。しかし一番の変更点は、当時、ファンも騒然とした世界の絶対的支配者「ビッグ・ママ」との戦いに向かう途中で物語が終了してしまうところ。海外で高い人気のたがみ作品ということともあってか、日本の作品を多くリリースしていたアメリカのVIZ VIDEOからDVDがリリースされた。（松原）

①87／01／25 ②徳間ジャパン ③80 ④葦プロダクション ⑤出崎哲 ⑥13800 ⑦有 ⑧未

076

学園特捜ヒカルオン

▼俺・THE・OVA！ 異常なテンションの痛快作

裂空！宙を切るジャスティス・ブレイド！

科学捜査組織・学園特別捜査委員会の四方堂光は生徒として、パートナーの葉月あづみは教師として私立凌徳学園高等学校へ潜入。悪の犯罪組織ウラーに狙われた平和な学園を救うため、光はファイティングスピリッツ・スーツを装着し、ヒカルオンに変身するのだ。

宇宙刑事インスパイアな音楽も燃える！

原作・脚本・絵コンテ・主題歌作詞・キャラクターデザイン・作画監督・監督を人気アニメーター・越智一裕が担当するという〝俺・THE・OVA〟な作品。個人的趣味を商業ベースで展開したOVAバブルを反映するような作品だからこそ、制作者のテンションがダイレクトに伝わる良作に仕上がっている。越智監督が「ザ・モーションコミックス」に連載していた「ひらきなおってマイヒーロー」同様、当時流行していた宇宙刑事（特にシャリバン）をベースにしており、音楽に渡辺宙明を起用。高揚感の高い渡辺サウンドは血湧き肉躍る。本作が未DVD化なだけでなく、サントラも未CD化なのは本当に惜しい。串田アキラの歌う主題歌もパワフルで最高なのだ。

宇宙刑事もののお約束に乗っ取って制作されているため、特別詳しく説明する必要もなく、シリーズものの1エピソードのようにすんなりと観ることができる。特撮番組同様、30分という尺も作品にピッタリだった。当時はC・MOONレーベルからリリースされたため15禁だったが、そこまでエッチではないのは余談か。**（松原）**

①87／01／28 ②バンダイビジュアル ③30 ④AIC ⑤越智一裕 ⑥9500 ⑦有 ⑧未

mini column

アニメーターが漫画家に！ 時代の徒花「ザ・モーションコミック」

アニメーターを目指していた人が漫画家に、漫画家を目指していた人がアニメーターに…人生はなかなか思い通りにいかないことも多い。が、幸運なことに有名になると、色々なチャンスが巡ってくることもある。

83年、アニメーターが描いた漫画を掲載した雑誌「ザ・モーションコミック」が徳間書店から発行された。後にOVA化される『バース』『アモン・サーガ』や、湖川友謙、越智一裕、いのまたむつみ、芦田豊雄など錚々たるアニメーターの作品を掲載。後にOVA化された作品の原点やエッセンスを感じることができる作品もあり、OVAファンには見逃すことのできない雑誌である。『バース』（金田伊功）『GBボンバー』（いのまたむつみ）『無敵少女ラミー』（石川賢・作／平野俊弘・画）『UNBALANCE ANGELミナミ』（湖川友謙）など、いくつかの作品が「MOTION BOOKS」として単行本化されている。**（松原）**

077

ボディジャック 楽しい幽体離脱

▼後に15禁から18禁へアップデートした人気作

現在も一般誌で連載（「RED」など）を持っている漫画家・山本直樹が、〝森山塔〟のペンネームを用いて原作を担当したOVA。

スケベな主人公が、洋館に住む怪しい博士の発明した幽体離脱マシーンを使って幽体となり、以前より好意を持っていたクラスメイトに憑依した上で、ボーイッシュな幼馴染の少女とレズ行為をする、といったストーリー。

局部などに黒味がかった画面処理がされているとはいえ、性交シーンはそのまま描かれており、極めてアダルトアニメに近い一般向けOVAといえるだろう。後にエロシーンを追加し、成人向け作品として本作の「完全版」も発売されている。

また、本作が発売された87年には、同じく「森山塔スペシャル」と銘打たれた『くりいむレモン』シリーズの1本『5時間目のヴィーナス』が発売されており、当時の森山塔の美少女漫画界における位置づけを示している。（吉田）

①87／01／28 ②バンダイビジュアル ③30 ④ROSS ⑤童子郎 ⑥9500 ⑦有 ⑧未

CHECK!

HALF-MOON

本作の18禁バージョンに付けられたレーベル名。業界最大手のバンダイが18禁アニメをリリースするのは大事件だったが、当時、それほど森山塔の人気は高かったのだ。

078

夢幻紳士 ～冒険活劇編～

▼高橋葉介ワールドに挑戦した痛快怪奇浪漫アニメ

原作は怪奇幻想漫画家・高橋葉介による『夢幻紳士』シリーズ。昭和初期を舞台に黒ずくめの少年探偵・夢幻魔実也が、時にコミカルに時に耽美に活躍する今なおファンが多い作品だ。

OVAは「ミイラの花嫁」「老博士の要塞」のストーリーを元に「妖虫博士と蝶の谷」「脳交換クラブ」など様々な短編からエピソードを取り入れた意欲作だが、時間の関係上まとまりきれていない感じは否めない。さらに高橋葉介の画風をアニメで再現するのはハードルが高く、原作ファンからは不評であった。ただし魔実也を演じた戸田恵子、滝口順平による江戸川警部、八奈見乗児の老博士といったキャスティングは「これがOVAでなくテレビシリーズであればもっと面白いのに！」と期待させる魅力に溢れている。

なお、戸田恵子は主題歌「夢幻恋唄～夢幻紳士のテーマ～」の歌唱も担当。（キムラ）

①87／02／21 ②ビクター音楽産業 ③49 ④スタジオぎゃろっぷ ⑤辻初樹 ⑥10800 ⑦有 ⑧未

戸田恵子が歌う主題歌などが収録された、高橋葉介のジャケットイラストもキッチュなアルバム

079
夢から、さめない。

80年代初頭の美少女漫画誌に独特の作品を発表していた女流漫画家・白倉由美が原作を担当。「恋心を抱いたクラスメイトがアダルトビデオに出演している！」との噂を聞きつけた男子高校生の悩みを描く青春ラブストーリー。

脚本に青春小説を得意とする川西蘭、制服デザインには『東京女子制服図鑑』の森伸之、ヒロイン役にデビュー間もない佐野量子、主人公は佐々木望と、参加スタッフや声優にも見どころが多く、不思議な魅力を備えた作品に仕上がっている。なお、90年代に白倉由美によって同名の小説が執筆されているが、内容に相関性はない。**（吉田）**

①87／02／21 ②RVC ③45 ④シャフト ⑤井上修 ⑥9800 ⑦有 ⑧有

080
みんなあげちゃう♡

処女いりませんか？ブッ飛んだ令嬢とXXX！

童貞浪人生・地下中六郎の部屋に女子高生・間宮悠乃が「処女いりませんか!?」とやって来る、弓月光初の青年誌連載のエロコメ漫画のアニメ化。

いとこの茂一、六郎の浮気や妊娠ネタを省いた原作10巻あたりまでの間宮家お家騒動がベースとなっている。

エロシーンよりも突然の背景動画や私設軍隊の戦闘シーンなどが作画ファン的には見どころか？ ただ、〝上越新幹線快痛式〟はそこまでの苦労話共にカットされ、ただの朝チュン展開に。『女神転生』との併映で劇場公開もされた。**（坂本）**

①87／03／28 ②SVI ③45 ④アニメイトフィルム ⑤上村修 ⑥9800 ⑦有 ⑧未

081
トワイライトQ 時の結び目 〝REFLECTION〟

▼カメラが結ぶ不思議なロマンスの行方は？

夏休みに南の島へ遊びに来た女子高生の真弓は、ダイビングを楽しんでいる途中で、海底でカメラを拾う。そのカメラに入っていたフィルムを現像してみると、驚くべきことに真弓と知らない男性の2ショットが。しかも、調べてみるとそのカメラは現行機ではなく、来年発売予定のモデルで、それが判明した瞬間カメラは突如として消えた…。数々の謎を解明するため、再び真弓は南の島へと向かう。

タイトル通り、『トワイライト・ゾーン』『ウルトラQ』のようなオムニバス・ファンタジーを目指したシリーズ第1弾。脚本の伊藤和典、音楽の川井憲次、主演・主題歌の兵藤まこが、本作の幹となっている。二・二六事件から21世紀まで、真弓が時空をさ迷う壮大なスケールの物語なのだが、爽やかな青春ドラマとして仕上がっているのは、監督を務めた望月智充の手腕だろう。**（伴）**

①87／02／28 ②バンダイビジュアル ③30 ④亜細亜堂 ⑤望月智充 ⑥9000 ⑦有 ⑧有

082

バブルガムクライシス

▼テクノロジーと生命の境界で戦う美少女たち

西暦2032年。第2次関東大震災に襲われた東京は復興後、超集合企業体・ゲノムによって支配された超過密都市メガロシティTOKYO、通称メガ東京に姿を変えていた。人々の貧富の差は広がり、さらに人型アンドロイド・ブーマによる犯罪の急増で治安が悪化する街の裏側を、4つの影が駆け抜ける。

それは、沈着冷静な頭脳と体力・美貌を誇るシリアを中心とした闇の仕置人「ナイトセイバーズ」。ロック・ヴォーカリストのプリス、エアロビのインストラクター・リンナ、婦人警官のネネをメンバーとし、戦闘用強化服〝ハードスーツ〟に身を包み、ブーマ犯罪の闇に敢然と立ち向かう…。

メカと美少女を柱に スタッフの才能が炸裂

企画会社アートミックとAICの共同制作で生まれた本作は、「メカと美少女」を柱にクリエイターの才能を存分に発揮するための舞台となった80年代OVAの最大公約数ともいえる存在として、今なお熱い注目を浴び続けている。

『ストリート・オブ・ファイヤー』を髣髴させる「今夜はハリケーン」を熱唱するプリスのライブとシンクロする形でブーマの脅威とナイトセイバーズの活躍を見せる軽快なテンポの開幕から、海上都市と融合したブーマとのど派手な対決が展開するクライマックスまで一気に見せる好編である。

『ブレードランナー』『ターミネーター』のセンスを引き継いだ柿沼秀樹、荒牧伸志によるハードでフェティッシュなメカニックデザイン、健康的なエロスをまとった園田健一のキャラクターデザインは、まさに当時のトレンドの最先端。アニメファンの高い支持を受け、以後シリーズを続々とリリース、さらにコミック、小説、テレビアニメなど様々なメディア展開が広がっていくことになる。(伴)

①87/02/25 ②東芝EMI ③53 ④アートミック/AIC ⑤秋山勝仁 ⑥9800 ⑦有 ⑧有

083

ドリームハンター麗夢III

夢隠 首なし武者伝説

▼山奥の村に残る血塗られた伝説に麗夢は…!?

他人の夢の中に入ることができる能力を持った少女・綾小路麗夢が、夢の中で起こる難事件を解決する『ドリームハンター麗夢』シリーズの第3弾。前作の学園ドラマのテイストから一転、本作は平家落人伝説を元にした伝奇物語となっている。

平安朝末期、平清盛が権勢を奮っていた京の都で、平智盛と白拍子の麗夢が出会う…という冒頭のシーンから一転、首のない武者が日本刀を振るい、夢隠村の村人たちを次々と惨殺する様子が描かれる。麗夢は夢隠村の名家・美衆一族の長である老女・桜花の依頼を受け、村に赴いた。村の守り神である夢見人形が盗まれたため、封印が解け、伝説の首なし武者が現れたので、夢見人形を取り返してほしいという。夢隠村には次のような言い伝えがあった。平家再興のために少数の部下と共に再起の準備を進めていた平智盛は、時代の趨勢を読んだ部下に斬首され、部下たちはこの地に夢隠村を築いた。ところが首なしの霊が現れ、村人を惨殺しはじめたので、智盛の首と草薙の刀を鍾乳洞の奥に祀り、鍾乳洞の入り口を大岩で塞いだ上で、麗夢をかたどった夢見人形を作り神社の御神体としたという。実は夢見人形は盗まれたのではなく、美衆一族の長男・達彦が自らの研究のために持ち去っていたのだった。達彦は同僚の鬼童海丸と共に、夢見人形の持つ残留思念などの力を分析しようと実験を試みていた。そんな時、突如夢見人形からエネルギーが溢れ出すと、首なし武者が現れ、研究室は炎に包まれてしまった。達彦は夢見人形を助け出そうと炎の中に飛び込み、行方不明となってしまう。そのころ、土蔵で念仏を唱えていた桜花は、背後から斬りつけられて絶命する。翌日、桜花殺しの捜査にあたるため、麗夢の旧知の仲である敏腕刑事・榊が事件の担当者として現れた。夢見人形がなくなっても首なし武者による惨殺事件が続くのか、と怯える一同の前に夢見人形を抱えた達彦が包帯姿で現れて…。

新レギュラー登場! バトルシーンも派手に!

本件の真犯人の首を斬り落とし、これと一体化した首なし武者が実体化、さらに怨念の力で巨大化して自衛隊の戦車部隊と激突、これを次々に蹂躙、最後には刀を地面につきたて、富士山を噴火させようとする一連のシーンは、圧巻の迫力である。また、これまで麗夢を中心とした美少女の魅力を前面に押し出してきた本シリーズにあって、本作では、後にレギュラー化する鬼童海丸の登場や、美衆家の次男・泰章と麗夢を慕う僧侶・円光が夜の夢見神社内で裸で抱き合うシーンなど、女性ファン獲得を目指したアピールがなされていることにも注目したい。(吉田)

①87/02/05 ②サイ・エンタープライズ/キングレコード ③60 ④プロジェクトチーム永久機関 ⑤奥田誠治 ⑥12800 ⑦有 ⑧有

084

魔龍戦紀

▼闇に蠢く超バイオレンス伝奇アニメ！

87年から89年に全3巻がリリースされた。玄武、白虎、朱雀、青竜の四聖獣を現代に蘇らせようとする鬼道衆、それを阻止せんとする白虎の気を持つ青年・比勇恭一との戦いを描く、アダルトな要素も取り入れた、視聴者層を高めに設定した作品である。

80年代後半はオカルトからホラーへ、そして日本的な伝奇要素を持った作品が数多く生み出され、ヒットしていった。この作品もその流れに乗って生み出された一本である。一見、どこかの伝奇バイオレンス小説の映像化かと思われそうだが、原作は監督である大上浩明のオリジナル。ちょうど実際に陰陽道や風水が流行ったのもこの頃。バブル全盛の中にあっても、身近にありそうな神がかったものにすがりたい時代だったのかもしれない。

物語の舞台になるのは主に相模原と新宿。実際にロケハンされたであろう、80年代の新宿の描写はリアルで、それだからこそ、これから起こるであろう不可思議な出来事にも説得力があるというものである。鬼道衆との対決も、呪文や光線技といった超人的な攻撃ではなく、身体能力が高めではあるが、あくまでも素手で行われる。格闘シーンも丁寧に作画されており、嘘くささがあまり感じられない。主人公に味方する僧侶が骨法の構えをとったりと、キャラによってきちんと描き分けられている。そういったリアルさがあると、物語の荒唐無稽さにも深みが増してくるのだ。エロスとバイオレンス、それに美形悪役、グロテスクなクリーチャーそれにゾンビ。80年代OVAの美味しいところを凝縮したような、お手本のような作品でもある。筋骨隆々とした主人公ならこの人、玄田哲章の声もピッタリ。ハッピーなのかバッドなのか分からないエンディングも必見。（馬場）

(1)①87／03／05 ③30 ⑤大上浩明／岡本達也 ⑥9500 2「魔龍變生」①89／01／25 ③30 ⑤大上浩明／向後知一 ⑥9500 3「魔龍神伝」①89／07／25 ③40 ⑤向後知一 ⑥8920（全巻共通）②バンダイビジュアル ④AIC ⑦有 ⑧未 ※1巻のみサブタイトル・巻数表記なし

085 るーみっくわーるど 笑う標的

ＯＶＡ版「るーみっくわーるど」は3作品ともジャンルを変えており、本作はホラー作品。志賀譲は同じ弓道部員の里美と付き合っているが、いとこで許嫁の梓がいた。親が亡くなり譲と梓は同居することに。親同士が決めたことだと思っていた譲に対し、梓は5年もの間、譲を想い続けていた。そしてその想いが別の形となって里美を襲う。

梓の設定とラストシークエンスが原作と違っている。里美の声は松本伊代が担当した。（坂本）

①87／03／21 ②小学館／ビクター音楽産業 ③50 ④スタジオぴえろ ⑤高橋資祐 ⑥9800 ⑦有 ⑧有

086 重戦機エルガイムⅢ フルメタル・ソルジャー

ポセイダル軍13人衆のうち、テレビ版では登場の機会がなかったサイ・クォ・アダーと、バイオリレーションの試験体でもあるプレータ・クォイズの2名が、主人公・ダバ・マイロードの敵役として登場。さらにプレータ専用機のパゴータ、ネイ・モー・ハン専用機のサロンズという新たなＨＭ（ヘビーメタル）の活躍シーンもふんだんに用意されている。また、テレビ版で人気のあったレッシイの家柄を巡る描写、バイオリレーションシステムの明示など、テレビ版を補完するファン向けの完全新作ＯＶＡ。（吉田）

①87／03／28 ②バンダイビジュアル ③55 ④サンライズ ⑤関田修 ⑥11000 ⑦有 ⑧有

087 デジタル・デビル物語《ストーリー》 女神転生

▼ネット社会黎明期の伝奇サイバーアニメ

天才的な頭脳を持つが不良たちにいじめられ、スクールカーストの底辺にいた中島朱実は、コンピューターを使って〝デジタル・デビル〟ロキを召喚。自分をいじめていた不良生徒らに対して復讐を行っていた。朱実が転校生・弓子を生贄に差し出すと、ロキはモニターから現実世界へ出現し、次々と生徒たちを取り込み実体化していく。絶体絶命の窮地に立たされる朱実。突如、弓子はイザナミとして覚醒し、朱実を窮地から救う。弓子はイザナミ、朱実はイザナギの生まれ変わりであった。ケルベロスを引き連れ、朱実はロキと戦う決意をする。

RPGゲームが大ヒット!

西谷史の書き下ろし伝奇ＳＦ小説の1作目をＯＶＡ化。ＲＰＧゲームとしても発売され、共に大ヒットシリーズになった。しかし、ＯＶＡは物語の最後で次の対戦相手・セトからメッセージが届くが、残念ながら1作のみで終了。

ロキ召喚で女教師・小原を生贄にするシーンの寸止め的エロさは必見だ。『みんなあげちゃう♡』と同時上映で、微妙かつ絶妙に股間を刺激する素晴らしいカップリングで劇場公開もされた。（松原）

①87／03／25 ②徳間書店 ③45 ④アニメイトフィルム ⑤西久保瑞穂 ⑥9800 ⑦有 ⑧有

088

超獣機神ダンクーガ ゴッド・ブレス・ダンクーガ

再びやってやるぜ！ 獣戦機隊が再び立ち上がる

ムゲ帝国の決戦から1年が経ち、獣戦機隊のメンバーもそれぞれの日常に戻っていた。宇宙からの脅威は消えたが地球では戦争も始まっており、真に平和とは言い切れない。そんな最中、黒騎士アランの恋人が率いる謎の組織・バンディッツが破壊活動を開始。さらに伊豆沖の海底から突如出現した爬虫類のような姿の妖獣メカ・グザードも街を襲い、迎撃に向かった獣戦機隊はムゲの怨念と新たな戦いに突入していく。

驚異の描き込みとハードな物語の完全新作

もともと劇場公開の予定で制作されただけにすべて新作カットで、「ダンクーガが帰ってきた！」という期待は大きかった。そのファンの期待に応えるように、キャラクターやメカアクションなどにおいて作画クオリティ的にもサービス満点のOVAに仕上がっている。特にブースターを内蔵型にして断空砲フォーメーションを追加した改良型ダンクーガの迫力ある戦闘シーンは、断空剣の上を行く必殺技・断空光牙剣において頂点に達する。「愛の心にて悪しき空間を断つ！」の決め台詞も燃えるこの大技は、ガンドール砲の威力を断空剣に乗せる必殺技であり、目標となる敵とダンクーガとガンドールが一直線になった時にのみ使用可能となる。後に「スーパーロボット大戦」シリーズに登場した時の多くは本OVAの武装がベースとなり、他のスーパー系ロボットにひけを取らない活躍をみせた。また、テレビシリーズでは忍と沙羅との恋は実らなかったが、本作では、忍はライブでラブソングを歌い、モデルとして活躍している沙羅と非常に仲睦まじい姿が描かれる。二人の過去の確執を考えると「こんな感じだったっけ？」と疑問が浮かびますが、これはこれでアリでしょう（笑）！ ラストは亮とダニエラの結婚式で締めくくり、ブーケトスが行われるが、受け取る人物は…？ 未見の方はお楽しみに！**（キムラ）**

©PRODUCTION REED 1987

①87/04/15 ②東宝ビデオ ③80 ④葦プロダクション ⑤大庭寿太郎 ⑥12800 ⑦有 ⑧有

089

妖獣都市

魔界と化した都市に生きる闇ガードの死闘

80年代のデビュー以来、濃密なエロス&バイオレンスに満ちた伝奇小説で読者を魅了し続ける作家・菊地秀行。彼の代表作のひとつを川尻善昭が監督・キャラクターデザイン・作画監督の三役を兼任して描いたエロチック・アクション。OVAのリリースと同時期に劇場公開もされた。人間界と魔界の均衡を保つための不可侵条約が存在する世界で、〝闇ガード〟として妖獣と戦う滝蓮三郎。彼は魔界から派遣された美女・麻紀絵とともに、世界の平和の鍵を握る霊能者ジュゼッペ・マイヤートの警護に当たるが…。ヒロイン・麻紀絵をはじめとする妖艶なキャラクターとハードなエロチック描写、そして〝川尻節〟とも呼べるハイスピード&スローモーションの絶妙なバランスが心地よいアクション・シーンなど、見どころが盛りだくさん。男鹿和雄が手がけた端正な背景にも注目を。**（中村）**

①87／04／25 ②ジャパンホームビデオ ③85 ④マッドハウス ⑤川尻善昭 ⑥14800 ⑦有 ⑧有

CHECK!

大人のための川尻作品

ハードボイルドな大人の匂いがする作品を多く手がけており、そのシャープかつダイナミズム溢れる演出は海外でもボックスセットが発売されるほど評価が高い。『獣兵衛忍風帖』『電脳都市OEDO808』など、他の映画・OVA作品も必見だ。

090

サーキットエンジェル ～決意のスターティング・グリッド～

男まさりの女子高生ライダー、マリコの日常を描く青春バイクアニメ。本編のためにデザインされた架空のオートバイ「ブーメラン」を駆使してのレースシーンが物語のクライマックスであるが、パンチラ、着替え、露天風呂など、お色気シーンも満載である。

オーソドックスで手堅い人物造形は、『宇宙魔神ダイケンゴー』などでキャラクターデザインを手がけ、現在も数々のアニメで作画監督をつとめる井口忠一によるもの。なお、主題歌「Still Love You」を歌う森口博子が、マリコの友人「ひろこ」を熱演している。**（吉田）**

①87／05／21 ②TDKコア／ポニー ③45 ④ヒロメディア／スタジオ・ユニコーン ⑤栃平吉和 ⑥9800 ⑦有 ⑧未

091

プロジェクトA子2 大徳寺財閥の陰謀

B子の父・大徳寺輝の陰謀に挑む！

86年に公開されたアニメ映画『プロジェクトA子』の続編となる本作は、87年にOVAとしてリリース。以後、90年に発売された『A-Ko The VS』までシリーズ化された。

200X年、東京に飛来し

た巨大宇宙船は摩神英子たちの活躍によって大破し、シティタワーに突き刺さったままになっていた。宇宙船のキャプテンたちは船を巨大アミューズメント施設として利用するが、一方で英子たちには船の修復を懇願する。しかし美子の父親で大徳寺財閥の当主・輝が、宇宙船とそのテクノロジーを手に入れようと画策していた。

英子（A子）と親友の詩子（C子）、そしてC子を奪うためA子と対立する美子（B子）、3人のハチャメチャコメディは健在。本作ではB子と父・輝が騒動の種になり、メカアクションが増量。メカ作監を務めた故・増尾昭一氏の手腕が存分に揮われた。**（加藤）**

①87／05／21 ②創映新社／ポニー ③75 ④A.P.P.P ⑤森山ゆうじ ⑥11800 ⑦有 ⑧有

092

スペース・ファンタジア 2001夜物語

▼星野之宣が描いた圧倒的で壮大な宇宙叙事詩

星野之宣原作の連作短編漫画の中から、人類播種計画の第5夜「宇宙の孤児」、第10夜PART2「地球からの贈り物」、最終夜「遙かなる地球の歌」を一本にまとめアニメ化。

監督・竹内啓雄、作画監督・杉野昭夫、絵コンテと原画に金田伊功と鍋島修。キャラは原作に寄せた絵作りだが美術が伴わず、残念な結果に。

有人恒星間飛行がまだ不可能な時代に、人類は冷凍精子と卵子を乗せた船を宇宙に放った。生存可能な星が見つかり次第受精し、その星に移住させる計画だ。だが人類は反物質エネルギーを手に入れ、予測より早く超空間飛行を成功させた。つまり秒速1万キロで進む宇宙船を超えることも可能となってしまったのだ。

原作と違い、他のストーリーとの絡みを省いているので、ラストはアニメ独自のものに変更されている。ちなみに第13夜「共生惑星」と第15夜「楕円軌道」は『TO』のタイトルで09年に3Dアニメ化された。**（坂本）**

①87／06／21（VHD 87／05／21） ②ビクター音楽産業 ③60 ④東京ムービー新社 ⑤竹内啓雄 ⑥12800 ⑦有 ⑧未

093

花のあすか組！ 新歌舞伎町ストーリー

元・全中裏（東京都内中学校裏番組織）の幹部であった九楽あすかを主人公に、不良女子中学生同士の抗争を描いた高口里純の同名漫画をOVA化。

女子暴走族・鬼族（原作では鬼畜）レディースとの戦いを軸に、同級生からのいじめにあっていたよっこが、あすかと知り合い、その影響を受けて立ち直っていく様子などが描かれる。冒頭、ノーパンのあすかがスカートをまくって「風がこわくてノーパンやってられっか！」と意味不明な啖呵をきるシーンがあまりにも印象的である。**（吉田）**

①87／06／12 ②東映ビデオ ③48 ④東映動画 ⑤梅澤淳稔 ⑥12800 ⑦有 ⑧未 ※2巻は90年代に発売

094

戦国奇譚 妖刀伝

▼戦国を舞台にした妖魔軍団と影忍の壮絶な戦い！

男装の女忍者・香澄の綾之介（声・戸田恵子）、長髪の美形青年剣士・疾風の左近（声・井上和彦）、槍使いの巨漢・不動の龍馬（声・渡部猛）、彼ら3人の忍者は織田信長の配下である朧衆と死闘を繰り広げる。

シンプルで力強い物語で新たなファンを獲得！

戦国伝記物アニメとして非常に完成度が高く、わたなべぢゅんいちの描くモンスターやアニメーター・山下将仁のアクション作画などは、現在のアニメ作品と比較しても遜色がない。日本ビクターのVHDマガジン「アニメビジョン」での連載アニメとして87年5月に第1巻「破獄の章」がVHDにて先行発売。第2巻「鬼哭の章」は87年12月、最終章となる第3巻「炎情の章」は88年11月、そして3作を編集し、追加カットを加えた劇場版は89年に公開された。

規制の少なかった当時のOVAらしく、残酷描写はかなり多い。当時流行したサイキック映画『スキャナーズ』のように頭部が突然爆発したり、ゲストキャラの凄惨な死に様が悲壮感を際立たせる。百地三太夫などは史実でも爆死しているらしく、描写自体はアニメらしく大げさとはいえ、歴史考証をしっかり踏まえているのが当時としては新鮮であった。カットが宇宙に移り、『さらば宇宙戦艦ヤマト 愛の戦士たち』の白色彗星そっくりなハレー彗星が登場するシーンも史実通り（笑）。なかなかに歴史の勉強になるアニメである。

だからというわけではないと思うが学研から刊行されていたOVA専門雑誌「アニメV」ではたびたび特集が組まれ、同誌の人気投票では87年と88年に作品部門において本作品が1位、女性キャラクター部門では綾之介が1位、男性キャラクター部門では左近が1位を2年連続で獲得している。これはひとえに近年では『ガンダムSEED』において作画監督として美形キャラを扱った大貫健一の描くキャラクターの美しさが最大の要因であろう。とにかくすべてのカットにおいてキャラクターを美しく描くというOVAならではの描写こそが、現代に通じる「萌え」や「腐女子」といった、キャラクターに恋する行為を成立させているのではないだろうか。本OVAはそんな〝現代のアニメの楽しみ方＝キャラ萌え〟の先駆けともいえる。

オリエンタルな雰囲気溢れる本作は、海外でも人気が高く、劇場版のDVDがリリースされている

80年代中盤よりアニメファンが高年齢化していき、それに伴いOVAなどは特に「凝った物語」を用意しがちであったが、本作のように第1巻で3人の忍びが邂逅し、第2巻で団結、最終巻では信長を倒すべく敵陣に突入という分かりやすい構成もファンを多く獲得した要因のひとつであろう。

最終話での左近の最後の台詞はネタバレになってしまうのであえて書かないが、当時ファンの間では流行した井上和彦ならではの名台詞なのでぜひ楽しみにして、劇場版ではなく、OVAから観ることをオススメしたい。**（キムラ）**

Ⅰ 破獄の章 ①87／06／26（VHD 87／05／21）③41 ④南町奉行所 ⑥9800 **Ⅱ 鬼哭の章** ①87／12／18（VHD 87／12／16）③40 ④南町奉行所 ⑥9200 **Ⅲ 炎情の章** ①88／11／25（VHD 88／11／05）③45 ④J.C.STAFF ⑥9800 **（全巻共通）** ②ビクター ⑤山崎理 ⑦有 ⑧未

095

ブラックマジックM-66《マリオ》

▼スリリングな殺人ゲームが始まる！

描き下ろし単行本「アップルシード」でまさに彗星のごとくコミック界に登場、緻密な世界＆メカニック設定、ページ余白にまで注釈を詰め込んだ情報量、ハードなミリタリーアクションで瞬く間にその名を轟かせた漫画家・士郎正宗。本作は、彼が唯一、原作・脚本・絵コンテ・監督を担当したアニメーション。描き下ろし同人誌として発表（後に青心社で単行本化）したSF連作「ブラックマジック」の1エピソードをベースにしたオリジナルストーリーが展開する。

ある夜、秘密任務に就いた軍用ヘリが謎の墜落を遂げる。軍の暗号通信を傍受し、いち早くその情報を掴んだフリーの女性ニュースカメラマン・シーベルは、相棒のリーキーと共に現場に急行する。そこで彼らが目にしたのは重々しく調査を進める軍の特殊部隊。

現場を指揮するアーサー少佐は、ヘリが積んでいたのは2体の完全自立型機動歩兵・M-66であり、それらはターゲットを倒すまで活動を停止しないことを知る。M-66の開発者・Dr・マシューは、試験的にプログラムされたターゲットが自身の孫娘・フェリスであると告白、少佐に助けを求める。その事実を知ってしまったシーベルは、独自にフェリスを助けようと動き出すが……。

約50分というランニングタイムにアクション・サスペンスを盛り込み、状況を拡大しながら一直線にクライマックスへと突き進む物語は、まさにハリウッド映画のスタイルそのもの。『ターミネーター』的ストーリー展開を基本としながら、近未来ミリタリーアクションへの換骨奪胎を見事に果たしている。

当時、士郎正宗は「これまで観た映画で、特殊部隊が優秀だった作品は『スペース・バンパイア』くらいしかない」と書いていたが、その不満を爆発させるかのように、本作では少佐率いる特殊部隊の機敏で的確な活動が描かれているのが特徴的だ。

その一方で、無表情のまま

人を襲う軍用アンドロイドM－66の描写も凄まじい。金属の塊ならではの超重量を感じさせながら、人体ではありえない関節の使い方を駆使して俊敏に攻撃してくる戦闘シーンはまさに必見。

　士郎正宗のビジュアルイメージ並びに作品世界を見事に映像化するため共同監督・構成・キャラデザインを担当した北久保弘之、また沖浦啓之、吉田徹らアニメアールの超絶作画陣がこだわり抜いた仕事ゆえか、ソフト発売は予定より10カ月遅れとなったが、その甲斐あって、今なお士郎正宗原作アニメの最高峰に位置する傑作と断言できる。**（伴）**

①87／06／28 ②バンダイビジュアル／ムービック ③48 ④アニメイトフィルム／AIC ⑤士郎正宗／北久保弘之 ⑥10000 ⑦有 ⑧有

096 TWD EXPRESS ローリングテイクオフ

　聖悠紀の同名漫画を原作とする、宇宙の零細運送会社TWD EXPRESSの奮闘を描いたコメディタッチのSFアニメ。人造生命体「ハイドラ」であるリナがTWDの一員となる過程を描いている。なお、TWDとは、主人公・ケンたちそれぞれのニックネームであるタイガー、ウルフ、ドラゴンの頭文字を合わせたもの。スタッフは現在もアニメ界で活躍する面々が顔を揃え、手堅い内容となっている。主題歌「イエスなら抱きしめて」を歌うのは、『クリィミーマミ』の優・マミ役の太田貴子。**（吉田）**

①87／07／21 ②松竹 ③55 ④スタジオぎゃろっぷ ⑤湯山邦彦 ⑥9800 ⑦有 ⑧未

097 マップス 伝説のさまよえる星人たち

　長谷川裕一原作のSF冒険コミックスをアニメ化。普通の高校生・十鬼島ゲン（実は秘宝〝風まく光〟の在処を示す存在）が、女神型の宇宙船リプミラ号の頭脳部分であるビメイダー・リプミラと出会ってから旅立つまでを描いたプロローグ的作品。全体的にコミカルなトーンに仕上がっている。新宿の高層ビル群に巨大な女神型宇宙船が現れる奇抜さや、地球が割れる場面と地球の中心で展開される戦いのビジュアル・イメージは迫力がある。**（かに）**

①87／07／21 ②日本コロムビア ③52 ④学研 ⑤早川啓二 ⑥10800 ⑦有 ⑧未

098 ロボットカーニバル

　80年代OVAは、当時のアニメーターたちが、その才能を発露する場でもあった。テレビの枠に収まらないマニアックな作品群の中で広げられた翼は新たな可能性を提示し、遂には作画に留まらず、その個性を発揮した監督作品をも生み出す機会をもたらしたのだ。本作は、その方向性がもっとも極端に、かつ大胆に突き詰められた一作といえるのではないか。〝ロボット〟というキーワードの下に集められたアニメーターは、森本晃司、大森英敏、梅津泰臣、北爪宏幸、マオラムド（大橋学）、北久保弘之、なかむらたかしの7名。それぞれが短編作品を制作、そしてオープニング&エンディングアニメを大友克洋（キャラデザイン・原画は福島敦子）が担当したという、実に贅沢なオムニバス作品である。濃い口のクリエイターが集められただけに、いわゆるベタな「ロボットアニメ」を期待するのは野暮というもの。ファンタジー、ヒーロー、SF、メルヘン、和製スチームパンクなどなど、斜め斬りのエッジの効いた内容が次々と繰り出された。梅津、北久保作品以外はサイレント作品というところにも「映像で勝負する」各自の気概が溢れていた。ハッキリ言えば散漫な印象だが、それが許されたのが80年代だったのだ。巨大な花火のようなこの作品に、その残り香は今も感じられる。**（伴）**

①87／07／21 ②ビクター音楽産業 ③90 ④A.P.P.P ⑤大友克洋ほか ⑥17800 ⑦有 ⑧有

099

禁断の黙示録 クリスタル・トライアングル

▼ハイパー・イマジネーション・アニメ!!

世界でただひとり神代文字が読める異端の考古学者・神代耕一郎はチベット密教の長老から受け継いだウパニシャッドで、人類の宿敵ヒー族の巫女であり神代の恩師の娘・古都雅、妖刀ムラマサを振り回すヤクザらと共に、CIA、KGB（&ラスプーチンの孫）、日本内閣情報局、ヒー族（&空海）と、手にしたものは宇宙も支配できる裏十戒を巡る争奪戦を繰り広げる。物語はエスカレートの度合いを増し、CIAは太平洋艦隊を繰り出し、KGBはミル26で攻めて来る。政財界の黒幕・箱根の老人が内閣情報局を動かせば、空海は惑星ネメシス招来による人類滅亡を企てる。最後は前方後円墳型宇宙船・天の浮船の上で暗黒密教とウパニシャッドの壮絶な戦いが繰り広げられ、裏十戒を手に入れた神代が飲んだくれてヤサグレたイラストで締めくくられる。

86分に詰め込まれた欲張りな要素の数々が、次々とジェットコースターの如く（当時は）ブラウン管から映し出され、脳内処理速度を超える本作。一瞬でそのハイパー・イマジネーションの数々を脳内で処理するのは、LPに100曲以上詰め込んだグラインドコアのアルバムの全曲名を覚える以上に至難の業かもしれない。しかし、他の奥田誠治作品同様に本作も言いようのない魅力を放っている。個人的に何度も繰り返し観続けており、今では目を閉じるだけで各場面を思い浮かべられるようになった衝撃的な作品。メディアミックスを狙って計画された、『北斗の拳』インスパイアな主人公・マコトとPC通信で選ばれた映画版『幻魔大戦』的な戦士たちが、〝クリスタルトライアングル〟を巡って黒色物体ネメシスと闘うファミコンソフト『聖書1999』の80年代感満載のプロモ映像も巻末に収録。ただし、02年にひっそりリリースされたDVD（現在は残念ながら廃盤）には未収録。乞う、ブルーレイ化！**（松原）**

①87／07／22 ②SVI ③86 ④アニメイトフィルム ⑤奥田誠治 ⑥12800 ⑦有 ⑧有

100
魔女っ子クラブ四人組 A空間からのエイリアンX
▼魔法少女4人組がバラエティ色豊かに夢の共演

80年代にスタジオぴえろが制作した魔女っ子アニメ(『魔法の天使クリィミーマミ』『魔法の妖精ペルシャ』『魔法のスターマジカルエミ』『魔法のアイドルパステルユーミ』)の主人公4名が活躍する、メタ・パロディ要素の強い作品。

4人に襲いかかるエイリアンの魔の手!

テレビスターとなったマミ(森沢優)、ペルシャ、エミ(香月舞)、ユーミの4名が出演するのは、世界初の生中継SFXドラマ「ALIEN X FROM A空間」。突如、地球に現れた「女性の生血を吸う」触手モンスターが4名を襲ってくる。逃げ続ける4名が絶体絶命のピンチに立った瞬間、空から降り注ぐ光に包まれ、モンスターの本体がある月面に瞬間移動させられてしまう。月面に降り立った4名は、喪失していたはずの魔法が使えるようになっており、ユーミが描いたパワードスーツをまとって、モンスターと戦うのだが…。

劇中劇的な物語進行や、途中で挿入されるCMなど、ぴえろが制作した魔女っ子アニメファンに向けて作られた作品であり、肩の力を抜いて、気軽に楽しむ一本。(吉田)

①87/07/28 ②ぴえろプロジェクト/バンダイビジュアル ③45 ④スタジオぴえろ ⑤冨永恒雄 ⑥8800 ⑦有 ⑧有

101
火の鳥 ヤマト編

86年公開の劇場版アニメーション『火の鳥 鳳凰編』に続く、角川春樹事務所版「火の鳥」シリーズの第2弾。

ヤマトの王子オグナと九州の豪族・クマソ王の妹・カジカの許されない恋と、その果てにある彼らの使命をドラマチックに綴る。キャラクターデザインは前作に引き続き、さかいあきおが担当。大人っぽいキャラクターの造型や彼らの視線でその心情を表現するなどの洗練された演出、そして水彩画のように美しい繊細な背景が魅力。(中村)

①87/08/01 ②角川書店/東北新社/東宝 ③48 ④マッドハウス ⑤平田敏夫 ⑥12800 ⑦有 ⑧有

102
DEAD HEAT

バイクとロボットの中間のようなマシン「FX」によるレースを描いた青春アニメ。サンライズが、VHD規格を開発したビクターと組んで制作した日本初の3D形式のOVAである。液晶シャッター式スコープをVHD本体に接続し、眼鏡を掛ける要領で視聴すると3D映像が楽しめる仕様となっている。VHDのみ識別できる「FX」の文字が3ヶ所に挿入されており、該当するチャプターナンバーを送るとFXのガレージキットがもらえるキャンペーンが組まれていた。なお、VHS・ベータ版には、巻末に原画家別の原画集が収録されているため、VHD版(29分)よりも収録時間が長くなっている。(吉田)

①87/08/07(VHD87/07/21) ②ビクター ③36 ④サンライズ ⑤川瀬敏文 ⑥7800 ⑦未 ⑧未

103 ぷッつんメイクLOVE

▼雨宮淳原作の少しエッチな学園ラブコメ

16歳の若さで悪名高いプレイボーイとお見合いを強要されるさおり。クラスメイトの麻奈美、由希、勇司たちがさおりを救うため、お見合い妨害作戦を展開する「O・MI・A・Iすくらんぶる」。

外壁で分断されている男子部と女子部。さおりたちのヌードを撮影しようと勇司が、女装して潜入を決行する「〜グッチョンフォーカス」。

セクシーな美人教師・秋元先生に没収された自身の映画フィルムを取り返そうとする勇司のやり取りを見て嫉妬するさおり。度重なるすれ違いで、さおりは昔のボーイフレンドに誘われ…「〜ぷッつん三角関係」。

スキー合宿にやってきたさおりたちは、〝新任教師を驚かせる会〟のターゲットに秋元先生を選ぶ。しかし、本物の怨霊が現れて…エッチと恐怖の2大ショックで迫る「〜呪いのゲレンデ」。

普段は分断されている男子部と女子部が、年に一度だけ共同で活動できる大運動会。由希は謎の転校生・聡に恋をし、勇司は不良軍団に追い回される。大運動会を舞台に、ドタバタが繰り広げられる「〜初恋大運動会」。

二人っきりで海水浴に出かけた勇司とさおり。楽しい思い出作りになるはずが、自殺志願のネクラ少女や秋元先生が現れて、二人の思うようにはいかず…。〝夏はやっぱり裸！〟な最終巻「〜夏物語」。

レンタル料金も下がりだした時期で、中高生が気軽に利用できる環境が整ったからか、未成年でもレンタルできた少しエッチな本作は人気シリーズとなった。**（松原）**

Vol.Ⅰ「O・MI・A・Iすくらんぶる」①87／08／14 Vol.Ⅱ「女子部潜入！ グッチョン・フォーカス!!」①87／09／11 Vol.Ⅲ「あっちも！ こっちも！ ぷっつん三角関係」①87／12／11 Vol.Ⅳ「恐怖の城華山荘 呪いのゲレンデ」①88／01／14 Vol.Ⅴ「由希の初恋大運動会」①88／04／08 Vol.Ⅵ「さおりと勇司の夏物語」①88／06／24（全巻共通）②東映ビデオ ③25 ④エイジェント21 ⑤岡崎稔 ⑥9800 ⑦未 ⑧未

mini column 密かにヒットしたソフトアダルトOVA

レンタルビデオ店黎明期、レンタル料は定価の1割など店によってバラバラではあったが、押し並べて今に比べれば高価であった。しかし、ハードの普及と共にレンタル料金も安価となり、学生でも気軽に利用できるようになった。すると店の奥にある“18禁”の暖簾の中が気になるのが、正しい青少年のあり方ではないだろうか。ある者は変装し、ある者は堂々とその暖簾を潜っていった。店のスタッフも理解があり、高校生なら見て見ぬ振りをして貸してくれたものだ。しかし、中学生ともなるとそうはいかない。いや、店は貸してくれただろうが、当時のピュアなチェリーたちの多くにとって、暖簾のハードルは高すぎるものであった。さらに、当時はアダルトアニメの金字塔『くりいむレモン』が大ヒットし、社会現象になっていた。建前上、鑑賞不可能だった未成年アニメファンは悶々としていたところに、満を持して少しエッチなシーン（そして過激なバイオレンス描写）のある作品が“C・MOON”レーベルとしてリリース。作品の完成度も相まって人気レーベルとなった。他社からも同様の作品がリリースされ、遂にはアダルトアニメの本家『くりいむレモン』はHシーンを大幅カットした寸止め的な編集版『くりいむレモンjr』を大陸書房からリリースするなど、80年代後半のレンタルビデオ店や書店は中2男子の頭の中のようなカオス状態に突入したのだった。**（松原）**

104

トワイライトQ VOL.2 迷宮物件 FILE538

▼押井守が2年の沈黙の末に放った不条理ミステリー

東京湾の埋め立て地付近で原因不明の航空機失踪事件が相次ぐ中、ひとりの私立探偵があるボロアパートに住む父娘の監視を依頼される。アパートの部屋に浸入した探偵は、そこで布団に眠る娘と錦鯉、机の上のワープロを発見する。ワープロを起動すると、そこからは彼より以前に父娘の監視を頼まれた別の探偵からの報告書が吐き出されてきた。果たして、謎の父娘の正体は？　そして、彼らと航空機失踪との思わぬ関係性とは？　シリーズ第2弾は、押井守監督ワールド全開の実験感覚溢れる不条理ミステリー。樋上晴彦撮影によるスチールをセルに転写し着彩した背景素材と男の独白が物語を牽引するスタイルは、クリス・マルケル監督の傑作SF短編「ラ・ジュテ」からの引用であろう。静かに物語が進む中、旅客機が鯉にメタモルフォーゼする場面は強烈な印象を残す。（伴）

①87／08／28　②バンダイビジュアル　③30　④スタジオ・ディーン　⑤押井守　⑥9000　⑦有　⑧有

CHECK!

押井守

OVAの歴史をスタートさせた『ダロス』、低価格シリーズものOVAの基礎を作った『パトレイバー』と、シーンを切り開いた作品に携わってきた。難解な中にも人懐っこさのある独特の作風が魅力。小説、ゲームなどの世界でも活躍中。

105

LILY-C.A.T.

▼過去に傷を持った13人に迫る恐怖の闇

惑星探査に向かったシンカム社の社員7人と、宇宙船サルデスのクルー6人の合計13人。20年のコールドスリープから目覚めた彼らに、謎のバクテリアの脅威が襲いかかる。社員の中の二人が身分を詐称して乗り込んでいることも発覚し、逃げ場のない船内は殺伐とした雰囲気に。

猫好きは発狂確実のスプラッター描写や伏線もしっかりしており今観ても楽しめるが、梅津泰臣キャラが活かしきれていなかったのは惜しかった。『機動戦士Zガンダム』のオープニングのように梅津自身が作画をしていたら、もっとシャープな顔面破壊シーンが展開されていたかもしれない。主演声優はあの沖田浩之。少しタドタドしいが、そこが逆に渋みを醸し出していた。唐突に最後のシーンで響く猫の鳴き声が、それまでのモダンな雰囲気を崩して、新東宝の怪猫映画や東映の『怪猫トルコ風呂』を思わせるのも一興だ。

当時、「アメリカでの発売も視野に入れている」という触込みも話題となった本作は、国内ではDVDのリリースはされていないが、アメリカのEastern StarからDVD化されている。（松原）

①87／09／01　②ビクター音楽産業　③60　④スタジオぴえろ　⑤鳥海永行　⑥12800　⑦有　⑧未

106

パンツの穴 まんぼでGANBO!

原作は「BOMB」（学研）に連載されていた読者投稿コーナーに寄せられた体験談。10代の未成熟なリビドーが炸裂した少しエッチな体験談は人気を博し、菊池桃子主演で実写映画化もされた（監督は『トラック野郎』で映画館に爆笑の渦を起こし、『堕靡泥の星』など漫画原作の映画化で知られる鈴木則文）。実写化は映画とテレビドラマで7作作られたが、アニメはこの1本のみ。原案から声優など、あらゆるパートを一般から公募し、審査員を永井豪、後藤久美子、平野俊弘らが務めるという一大プロジェクトが行われた。しかし、内容は童貞魂炸裂のイタイもので…（白目）。Tu-Tu（パンツの穴シスターズ）の歌う主題歌「まんぼでGANBO!」は、今では珍盤レコードとして一部の好事家の間では有名だ。**（松原）**

①87/09/05 ②学研/ポニー ③35 ④AIC ⑤北島信幸 ⑥8800 ⑦有 ⑧未

107

バブルガムクライシス2 BORN TO KILL

▼ハードスーツを身に纏い、悪を討つ!

シリーズ第2話は、前作ラストの翌日からスタート。謎の爆発事故が発生したゲノム本社ビルの前で、ゲノム社会長の右腕メイスンに食ってかかる女性を目撃したプリスとリンナ。彼女は、リンナのエアロビジムに通っているアイリンで、婚約者をゲノム社に殺されたのだという。一方で、シリアは宇宙防空軍より行方不明の衛星同調装置〝ブラックボックス〟回収の依頼を受ける。実はこの2つの事件には、思わぬ関連性があったのだ…。

口封じに殺されたアイリンの仇を討つべく、敵のアジトに殴り込むナイトセイバーズ。ベタな展開ながら、素肌を晒してハードスーツに身を固めるシーンは、観ているだけで『必殺仕事人』のテーマが脳内に流れてくるはず。そして、本作から冷徹な悪役ならお任せの池田秀一演じるメイスンが、徐々に存在感を増していくのも注目だ。**（伴）**

①87/09/05 ②東芝EMI ③30 ④アートミック/AIC ⑤秋山勝仁 ⑥6800 ⑦有 ⑧有

80sギャルがかわいい!!

かいたひと⇨うてなゆき
80s OVAの思い出といえば、うちは田舎でTVトーキョーがうつらず、コナンやワンピースに満足できなくなった私は母にツタヤさんに連れてってもらってはアニメのビデオをレンタルしておりました。TVシリーズは話数が多いので、だんだんOVAを手にとるようになり(スレイヤーズとか)、何を思ったか「バルキサス」を手にとってしまった幼き日の私…!!80年代の絵柄は自分にとって「大人っぽい」ものでした。内容も大人っぽかったワケですが……!そして無事オタクとなり初めてトップを観た時は面白すぎて衝撃でした。(先にエヴァは観てた)大人になってから雑誌「アニメV」買ったりなど!付録にノリコのカセットテープをデコれるステッカーがついててワクワクしました。とにかく80年代アニメギャルはめっちゃくちゃカワイイ～!!大きな頭にちっちゃなアゴ、まつげバサバサでくりくりの目にはもちろんハイライトの星!星!星!!鼻とくちはとにかくちっちゃく顔の中心にちょこんとついてる。なんてカワイイんや……そんな女の子たちがセル画の中でゴリゴリ動く。そして歌う!!ラミドゥーラミドゥラーミドゥ～。メカも出るしおっぱいもゆれるしビキニアーマーで拷問されたりもする!!曲も良い!最高!!ビデオデッキを導入しなくてわー!

ビキニアーマーは日本の宝!

ノリコ～♡美樹本先生の女の子のほっぺのふっくら感がカワイスギるうう!!

80sギャルを描くのはムズかしいけど あの線とあのカゲがあれば ノリコになる!!

ボーズさんもあげたゆきをさんも好きや。

このツツプロポーションが!!

お尻より太ももが太いのが真理。

←このユニフォーム考えた人天才以外の何者でもないよな…ウッ
胸のすぐ下が腰!!全員るーみっく作画ばりのプロポーション!「手首は股の位置」とか考えんくていいぞ!肩はばも広いし首も太くてわりかしガッシリしてて悩んでる女子が居たらば80sアニメギャルを見て希望をとりもどしてほしい!!

ほんとみんな前髪が多い。つむじがうしろの方にある感じ。フワフワしたヘアスタイル見かけなくなったよな…

夢次元ハンターファンドラのレム♡

カナメプロ!

この指だけでも80sって感じる～!!関節省略せんと小指までキッチリ動かすトコ!

ムチムチかつメリハリBODY 足首太い女の子ってかわいいよな…。下半身太くてもくびれはしっかり!!夢かよ……

極黒の翼バルキサス レムネア♡

高校生の時お兄ちゃんに「うる願は良いぞ」って言われ続けてたけど、ウン、妹はとっくに知っておりましたの。

話かわっちゃうんだが最近のアニメっておっぱいの影にこういう、下からのまあるい影をつけてるけど、コレ実際には有り得ないとしても「おっぱいの丸み」をより感じれる作画なんだなァ。

尊い。

コレ
塗って影を作り出しちゃうフィギュアみたい…アニメって日々進化してるんだなー。

ビデオテープのカラダにわるそうなニオイ好き。

幻夢戦記レダ 陽子♡

わぴこペアー今見てもダントツかわいい!!

首長くて細くてカラダもスレンダーと思ったらのね!いのまたセンセーなの
アウトランダーズ カーム♡

FCの「ヴァリス」もビキニアーマー。セーラー服ではいりまわるヤツ
この指!!ムズかしくて全然再現できとらんけど こういう手するよね!?

そういえば最近はアニメでヒロインが急に変身などで過度なろしゅつさせられて「なっなんで私がこんなハズカシいかっこさせられなきゃなんないのよ～!!」って言うドリなくなりましたよね!?(ウィングマン的なヤツです) あれをぜひよろしくお願い致します!!

女の子のカラダを描くのはけんこうにとても良い。

おなかピーピーにならんのか心配。

この年代の女の子たちがヌルヌルうごくリシャゲとかあれば良いのに!みんなでピュアストーンころがそうぜ!!

ありがとうございました!! うてな

108 うる星やつら

夢の仕掛人、因幡くん登場！ ラムの未来はどうなるっちゃ!?
怒れシャーベット／渚のフィアンセ／電気仕掛けの御庭番
月に吠える／ハートをつかめ／ヤギさんとチーズ

▼超人気作のOVAシリーズ

運命の扉を管理する白ウサギが友引町に現れ、ラムやあたるたちを様々な未来へ連れて行く「夢の仕掛け人〜」は、ファンクラブイベント用に劇場版の『うる星やつら完結編』と同じスタッフで制作された。「了子の9月のお茶会」「アイム THE 終ちゃん」と、それまでファンクラブ向けの作品は総集編だったため、待望の新作であった。

海王星の特産品で、奇妙な鳥・シャーベットのクチバシは、ホンモノのシャーベットが無限に生えてくる。ランは元手がタダのシャーベットで大儲けを目論む。弁天のド派手なアクションが楽しめる「怒れシャーベット」。

極貧な竜之介親子が300円で無人島を買い取ったという話を聞き、さっそく現地へ赴くあたるたち。何か訳があると感じた彼らの前に幽霊が現れる。竜之介の許婚とは…「渚のフィアンセ」。

面堂終太郎の元に、御庭番として忍者の真吾が就くことになる。面堂の言いつけで了子の様子を探りに行った真吾は、彼女に一目惚れしてしまう。了子ファンには嬉しい「電気仕掛けの御庭番」。

ラムが作った桜餅を食べて狼に変身したあたる。24時間以内に解毒剤を飲まないと、一生狼のまま過ごさなければならないが…「月に吠える」。

口にした人の心を虜にできる奪魂糖を食べたラム。彼女のハートを巡って、友引高校が大騒ぎとなる傑作「ハートをつかめ」。

面堂家のヤギの霊の恐ろしい祟りがラムたちに降り注ぐ「ヤギさんとチーズ」。

『うる星やつら』は世界的ヒット作の名にふさわしく、不動の人気をキープし、21世紀になっても新作OVAがリリースされている。**（松原）**

夢の仕掛人、因幡くん登場！ ラムの未来はどうなるっちゃ!? ①87／09／21 ③60 ⑤出崎哲 ⑥10800 **怒れシャーベット** ①88／02 ③30 ⑤四分一節子 ⑥5800 **渚のフィアンセ** ①88／12／28 ③30 ⑤四分一節子 ⑥5800 **電気仕掛けの御庭番** ①89／08／25 ③30 ⑤四分一節子 ⑥5500 **月に吠える** ①89／09／01 ③30 ⑤四分一節子 ⑥5500 **ハートをつかめ** ①89／12／25 ③30 ⑤森川滋 ⑥5500 **ヤギさんとチーズ** ①89／12／25 ③30 ⑤岡村豊 ⑥5500 **（全巻共通）** ②ファイブ・エース／ポニーキャニオン ④キティフィルム ⑦有 ⑧有

109 TO-Y

原作とは真逆の演出でインパクトを残した

上条淳士・原作漫画のアニメ化。パンクバンドGASPのボーカル・トーイが、アイドルデビューして芸能界をかき乱す物語なのだが、OVAではデビュー前のGASP脱退ライブまで。

原作の演奏シーンはイメージを固定させないため、歌詞が付いていなかったが、アニメではあえて真逆なバンドの音（GASPにはPSY・S）を乗せた演出が取り入れられ、他にも原作者お気に入りのストリートスライダースなど、SONY系アーティストの既存曲が使用されている。

（坂本）

①87／09／21 ②小学館／CBSソニー ③55 ④スタジオぎゃろっぷ ⑤浜津守 ⑥12000 ⑦有 ⑧未

110

破邪大星ダンガイオー

▼巨大ロボットアニメの真骨頂!

クロス・ファイト! ダンガイオー!!

量産機が物量で攻め寄せる戦場、前線の兵士を縛り付ける政治のしがらみ、己の正義を疑う戦士たち…『機動戦士ガンダム』の大ヒットを受けて、後にいう「リアルロボットアニメ」が続々と登場した80年代。そんな中に颯爽と参上したのが、本作だ。

元々は『マジンガーZ』のリメイク作品として企画された『大魔神我』が諸般の事情から制作中止となり、その代替として生まれた。元祖スーパーロボットの流れから志と、平野俊弘監督や脚本の會川昇をはじめとしたスタッフを引き継いだのである。

天才科学者のターサン博士は、自ら開発したスーパーロボット・ダンガイオーを4人のパイロットごと、宇宙海賊バンカーに売り渡そうとしていた。しかし4人の少年少女は脱走し、バンカーから差し向けられる追手と戦うことになる。軍や国家ではなくマッドサイエンティストが開発したスーパーロボットを、主人公たちが奪い去って反逆する…この短いあらすじの中に、すでに「70年代らしさ」がギッシリと詰まっている。主人公たちが乗る4機の戦闘機は「クロス・ファイト! ダンガイオー」のかけ声とともに巨大ロボに合体。4人が心をひとつにすれば飛躍的にパワーアップし、逆にバラバラだと動きもままならないのが古典的なスーパーロボットである。額からビームを放ち、ロケットのようにパンチを飛ばし、巨大な剣を振るったり、お約束を押さえた必殺技の数々。それらの技名を叫ぶのが、『ゲッターロボ』など数々のロボットに乗ってきた神谷明という徹底ぶりだ。しかも音楽は『人造人間キカイ

ダー』など特撮作品で知られる渡辺宙明で（平野監督とは『戦え!!イクサー1』でも組んでいる）むせ返るほどのヒーローテイストである。かといって、本作は決して古くさくなかった。まず主人公4人のうち3人がタイプの異なる美少女で、いずれもハイレグ姿の超能力者だ。つまり当時の最先端だった「露出の高い服を着た美少女がイヤボーン（追い詰められると能力が暴走）」のトレンドを取り入れていた。

ロボットアニメの理想的到達点

そして主役メカ・ダンガイオーのデザインは、シンプルだった70年代メカとは似ても似つかない複雑さ。『超時空要塞マクロス』シリーズの河森正治による情報量の豊富なデザインが、アニメ向けに簡略化もせずに線が多いまま動き回る！　70年代スーパーロボットの分かりやすいカッコよさと、80年代OVAらしい「美少女と緻密なメカ作画」との“合体”だったのだ。さて、たびたび指摘されるのが脚本と演出のユルさ。宇宙空間で逃げていたはずが、なぜか高層ビルの林立する大都会に…という急展開もしょっちゅう。しかし、それは「摩天楼でスーパーロボットの激突を描きたいから」だ。不協和音を奏でていた4人の一致団結や、かつての同志や知己たちとの対決、過去のトラウマの克服など「映える見せ場のためにストーリーがある」という歌舞伎のような割り切りは、むしろ素晴らしい。第1巻のクライマックスは、作画監督も担当した大張正己が絵コンテと原画も手がけたもの。ハッタリの効いたポーズや高いところに登る敵、一進一退の攻防からキメ技にいたるまで非の打ち所なし。天才アニメーター・大張の代表作であり、後世のスーパーロボット系アニメにも大きな影響を与えている。

ラストへたたみかける破壊的衝動！

さらに主題歌「CROSS FIGHT!」はアニソン界のツートップ・水木一郎&堀江美都子のデュエットで、とてつもない名曲。その熱唱と共に始まった1巻は忘れがたい…ということで、続く2巻（冒頭10分が1巻の総集編）と3巻（主題歌が変更されている）がその感動を超えるのは難しかったようだ。

駆け足でストーリーが進み、ダンガイオーが敵と相討ちで破壊される衝撃的なエンディングから約30年。この続きが描かれる日を待ち望んでいる（『破邪巨星Gダンガイオー』は世界観は共通しているが直接の続編ではない）ファンも多いはずだ。（多根）

（1）①87／09／28　③45　⑥11000　**2「涙のスパイラルナックル」**①88／10／25　③40　⑥9800　**3 第一部完結編「復讐鬼ギルバーグ」**①89／07／25　③40　⑥9200　**（全巻共通）**②バンダイビジュアル　④アートミック／AIC　⑤平野俊弘　⑦有　⑧有　※1巻のみサブタイトル・巻数表記なし

PLAY IT LOUD!　渡辺宙明の格好良すぎるサウンドが炸裂するサウンドトラックアルバムとシングル。サウンドトラックアルバムは廉価盤CDが発売中だ

111 迷宮物語

豪華スタッフが集結した個性的なオムニバス

りんたろう、川尻善昭、大友克洋が眉村卓の小説を短編アニメ化したオムニバス作品。少女・さちが不思議なサーカス小屋に紛れ込む「ラビリンス・ラビリントス」（りん監督）は、幻想的なオリジナル世界を展開。未来のカーレーサーが最速の世界に挑む「走る男」（川尻監督）、ジャングルの奥地で作業用ロボットとのドタバタに巻き込まれる会社員の災難を描いた「工事中止命令」（大友監督）には、後の二人の方向性を垣間見ることができる。**（伴）**

①87／10／10 ②角川書店／東宝 ③50 ④プロジェクトチーム・アルゴス／マッドハウス ⑤大友克洋ほか ⑥10000 ⑦有 ⑧有

112 ザ・サムライ

スラップスティックな学園アクションコメディ

嵐山高校に通う重度の女性アレルギーのアナクロ日本男児・血祭武士と同じクラスに、双子の美少女転校生、男性恐怖症の土岐あかりと、露出狂のかげりが転校してくる。しかし、この二人の正体はくノ一で、武士が持つ土岐一族の宝刀奪回が目的で転校してきたのであった。

春日光広が「週刊ヤングジャンプ」に連載した学園コメディが原作。声優に関俊彦、井上和彦、水谷優子、キャラデザが後藤隆幸と『ジリオン』括りながら、『うる星やつら』テイストが漂う佳作。**（松原）**

①87／11／01 ②CBSソニー ③45 ④砂工房 ⑤やまざきかずお ⑥8800 ⑦有 ⑧未

113 デビルマン 誕生編

漫画史上不朽の名作を、原作に忠実に映像化。原作者の永井豪自らが製作総指揮、脚本を務めている。

気弱で正義感の強い少年、不動明が親友である飛鳥了からデーモンの存在を知らされ、了の父が残した「悪魔の遺産」を受け継ぎ、デーモンと戦うためにデビルマンとなるまでを描いている。舞台設定を80年代に設定し、冒頭にデーモンが跋扈する太古の地球の様子や、原作では未登場である不動明の両親がデーモン（ジンメン）に襲われる描写など、若干のアレンジが施されている。残酷描写は原作そのままで、そこに当時のSFX、スプラッター映画の影響が加味されている。戦闘シーンでは、群がるデーモンたちを血飛沫上げながら殺していくデビルマンの姿が強烈。また、高い天井を利用した、立体的なバトルなどアニメならではの演出効果も効いている。90年には続編「妖鳥死麗濡編」が作られるも、未完。**（馬場）**

①87／11／01 ②講談社／キングレコード ③51 ④オープロダクション ⑤飯田つとむ ⑥12000 ⑦有 ⑧有

114 X電車で行こう

枡野浩一の短編SF小説を大胆に脚色したOVA。広告代理店で働く青年を主人公に、ありきたりな日常生活が、謎の電車「X」に遭遇することによって変容していく様子を描く、シュールで実験的なアニメ。

監督は『銀河鉄道999』のりんたろう、キャラクターデザインは『夢戦士ウイングマン』などの兼森義則、脚本には東映不思議コメディーシリーズや『忍たま乱太郎』などの浦沢義雄、音楽は日本フリーJAZZ界の大御所・山下洋輔が、それぞれ担当している。

うっすらとしたストーリーは認識できるが、むしろ80年代に活躍した名クリエイターたちが一堂に会した意欲作として楽しむ作品であろう。発売当時より賛否両論あるが、「動きのいい美麗なアニメーション」としては、現在の目で観ても魅力的である。（吉田）

①87／11／06 ②コナミ ③50 ④プロジェクトチーム・アルゴス／マッドハウス ⑤りんたろう ⑥12800 ⑦有 ⑧未

115 風と木の詩 SANCTUS ―聖なるかな―

▼竹宮×安彦の融合による美しいエロティシズム

少年愛を真正面から取り上げた竹宮恵子の名作少女漫画『風と木の詩』を、『機動戦士ガンダム』のキャラクターデザインや『アリオン』の原作・監督を手掛けた名匠・安彦良和がOVA化。

19世紀末、フランスの少年寄宿舎を舞台に繰り広げられる2世代、2部構成、単行本18巻に及ぶ原作漫画を、巧みに60分のアニメとしてまとめあげている。美しく妖艶であるがその生い立ち故に乱れた学園生活を送るジルベール役に佐々木優子、不幸な出生を背負いながらジルベールを改心させようと献身的に努力するセルジュ役に小原乃梨子という、「主人公の二人の少年を女性声優が演じる」配役は、制作当時、とりわけ原作漫画のファンから酷評されたものの、現在の目で見直すと、両声優の確かな力量によって、舞台劇のような独特の味わいが感じられる。少年同士の不器用な愛憎劇を、抒情的な背景美術や心理描写、さらに直接的な性愛表現など、多様なテクニックを駆使して、レベルの高い耽美なアニメに仕上げている。（吉田）

①87／11／06 ②ポニー／小学館／ヘラルド ③60 ④コナミ工業 ⑤安彦良和 ⑥11800 ⑦有 ⑧未

116 ガルフォース2 DESTRUCTION

▼第9星系を舞台に新たな戦いを描く！

惑星破壊砲でお互いの母星を失ってしまうも、それでも争うことをやめないソルノイドとパラノイドの2大勢力。前作で仮死状態のまま宇宙をさまよっていたルフィーはソルノイドの船に救助され、そこでシルディたち新たな仲間と出会う。自分に課せられた使命のため、再び戦場に赴くルフィーに、勝利のない戦いのむなしさを解くシルディ。しかし、戦火が第9星系に及ぶに至り、ルフィーたちは第

5惑星を丸ごと改造した恒星破壊砲で、敵もろとも星系を滅ぼすというソルノイド上層部の恐るべき計画を知ってしまう。シルディたちは戦列を離れ、恒星破壊砲の発動を阻止すべく出動。そしてルフィーは己の信念のために戦場に向かうのだが…。

前作から数年後という設定で、脇役だったルフィーが実質上の主役。新たな仲間のシルディたちもどこか前作のキャラを思わせる設定。中でもキャティは前作のキャティ(アンドロイド)のオリジナルとして登場。80年代のOVAは「メカと美少女」が主流であったといっても過言ではない。中でも『ガルフォース』シリーズはその代表格といってもいいかもしれない。多彩な美少女(ソルノイドは女だけの種族!)が宇宙を股にかけて大活躍する、そんな印象を持っていたが、内容は極めてハード。いつ果てるとも知れない、それこそ「勝利のない戦い」を続けるべきなのか否か? 生々しく負傷するアンドロイドや、母星がすでに存在しないといった現実を目の当たりにし、ひとり葛藤しつつも、それでも戦うことを選択する主人公・ルフィー。最後の希望、第9星系を守るため、恒星破壊砲を起動させまいと決死の突入を図るシルディたち。誰もが死と隣り合わせで、自分のなすべきこと

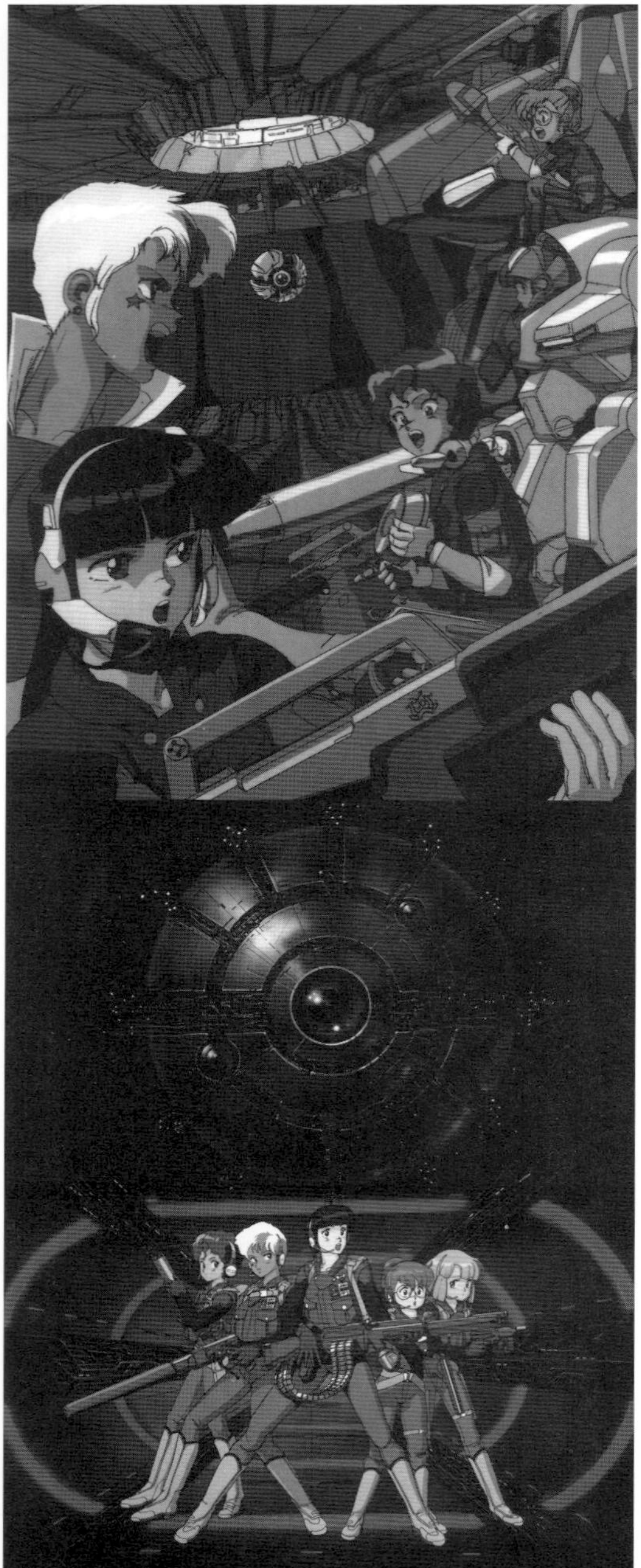

をやり遂げようと文字通り必死となっている。そんな重くなりがちな展開に、緻密なメカニック、練りこまれたSF考証が加わったからこそ、本作は今でも色あせることのない魅力を持ち続けているのではないだろうか。惑星そのものが巨大な武器である恒星破壊砲の動力炉に向かって突入、しかし隔壁を撃破できず、万策尽きたシルディたちの前にさっそうとルフィーが現れるクライマックスは、どこか某有名SF映画を思わせてにやりとさせられる。前作とは違い、希望を持たせるエンディングにかぶさる白井貴子の主題歌がとても優しい。そして、物語は続く。（馬場）

①87／11／21 ②SVI ③50 ④AIC／アートミック／アニメイトフィルム ⑤秋山勝仁 ⑥9800 ⑦有 ⑧有

117 たいまんぶるうす 清水直人編

▼爆音響くネオン街…「お前ら、たいまんだ！」

「ヤングオート」連載の古沢優による『たいまんぶるうす 清水直人編』をアニメ化。1巻のアニメ制作はシャフト。2～3巻はマジックバスである。シリーズものは巻を増すごとに息切れするものだが、この作品についていえば逆にアニメとしてのレベルが上がっていく。また、アニメ独自のオリジナル要素も多い。特に最終回の構成は独自色が強くなっている。

主人公の清水直人はバリバリのツッパリ野郎。直人役の島田敏の演技が最高！ 1巻では、直人は高校入学と同時に学校の総番・横田とたいまんを張って無期停学に。しかし、直人は先輩から暴走族の支部長に推薦される。強敵、横田とたいまんを張って勝つことが、その条件だった。2巻では、昭和53年の道交法一部改正により、集団による暴走行為の規制が厳しくなった。法律の実施後、初めて走る直人たちだったが、別の暴走族と偶然遭遇し乱闘になる。その事件のため鑑別所に送られる直人。鑑別所の一日の生活の様子も詳しく紹介される。その後、直人は他の候補者とたいまんで勝利し、ミッドナイトデビル四代目総長に就任する。最終巻となる3巻では、直人により特攻隊長に指名された博が集会中の事故で死亡。責任を感じて荒れる直人を描く。宿敵・羅悪の横田とのたいまんを経て、総長を引退する直人。シリーズを通し暴走族描写もリアルで、例えば暴走族中心の生活となった直人はまともなバイトをすることもできず、自前のステッカーやパー券をメンバーに割り当て販売する様子などが描かれる。また、直人の恋愛の行方も気になるところで、総長になった直人は多忙を極め、彼女である由美と会う時間も捻出できない状態。3巻では由美との別れが仄めかされる。巻末で「ヤングオート」に送られてきた暴走族の写真が紹介されるのも、時代を感じさせる。**（かに）**

1 ①87／11／25 ②芸文社／徳間コミュニケーションズ ③30 ④プルミエ・インターナショナル ⑤四辻たかお ⑥9800 ⑦有 ⑧未 **2** ①88／11／10 ③30 ⑥9800 **3** ①89／04／25 ③35 ⑥9200 **（2～3巻共通）** ②徳間ジャパン ④マジックバス ⑤出崎哲 ⑦有 ⑧未

118 レリック・アーマー レガシアム

人類が甦らせた惑星リバティアの田舎に住むアルシアとその祖父エルゼフ。エルゼフはレガシアムと呼ばれるロボットアーマー（通称・着ぐるみ）を開発するが、そのために市民管理組織ギルドに狙われることに…。

湖川友謙の流れを汲み、『機動戦士ガンダムZZ』などサンライズ作品で注目を集めていた北爪宏幸が、監督・原案・キャラクターデザイン・作画監督を担当した〝俺・THE・OVA作品〟。アトリエ戯雅（北爪が仲間と設立した会社）の第1回かつ最終作品でもある。本来なら前後編のはずが、後編が発表されず仕舞だったため、中途半端な印象は拭えないものの、作画のクオリティも高く、よく動いているので観賞後の充実感はある。

小説『耐熱装甲レガシアム 塔の戦士』やゲームブック『耐熱装甲レガシアム G計画撃滅作戦』も発売され、メディアミックス展開もされた。**（松原）**

①87／11／28 ②バンダイビジュアル ③50 ④アトリエ戯雅 ⑤北爪宏幸 ⑥11800 ⑦有 ⑧未

119 スクーパーズ

『スクーパーズ』の舞台は22世紀の未来都市シャンバラ・シティ。様々な事件の黒幕であるミスターXの正体を探るべく、スクーパーズと呼ばれる敏腕記者のヨーコとカメラマン兼ボディーガードであるビート（正体はアンドロイド）の二人が活躍する。

ビデオパッケージが少々地味で本編の内容を想像させ足りないのが残念だが、未来都市シャンバラ・シティでのパワードスーツとの戦いから、ミスターXのアジトであるテクノランドへ乗り込んでの冒険と多彩なアクションシーンが描かれる佳作。

3DCGを使用するなど、先駆的な試みもなされた作品でもある。ただし紙の新聞に公衆電話が登場する22世紀の未来都市の描写に80年代っぽい古さを感じる場面がある。

『ルパン三世』などで知られるモンキー・パンチが、原作とキャラクターデザインを担当している。**（かに）**

①87／12／01 ②ビクター ③58 ④ビデオテック ⑤平林淳／渡部英雄 ⑥9800 ⑦未 ⑧未

mini column 幻に消えたOVA企画 〜OVAに“たられば”はないけれど…〜

右肩上がりでリリース本数が増えていったOVA。それゆえか、どんな企画も通っていたのではないかと錯覚してしまうが、制作会社やメーカーの倒産、スタッフのモチベーション低下、大幅な企画変更など様々な理由で幻に終わってしまった作品もあった。
有名なところでは『大魔神我』や『幻夢戦記レダ』パート2、『酎ハイれもん』パート2がある。『クール・クール・バイ』の次に企画されていたのが『JACK ALL TRADES EVERYTHING』。地球を襲うサーチロイドと戦う3人のスーパーヒーロー（普段の仕事は何でも屋）を描く予定であった。「ウイング」で連載されていた内田美奈子原作の『赤々丸』は作者自身が脚本を担当、監督には御厨さと美を予定し、フィルムリンクから86年4月リリース予定とアナウンスされた。意外なところでは、「『風の谷のナウシカ』もOVAで」との話があったという。しかし、採算面で折り合わずこの提案は流れたが、もし実現していたらアニメ史の流れが変わっていたかもしれない。**（松原）**

120 魔境外伝レディウス

脚本・園田英樹、キャラクターデザイン・阿乱霊、アニメキャラクターデザイン・田村英樹、メカデザイン・羽原信義、作画監督・本橋秀之と、当時の精鋭を集めた非常に豪華なスタッフに加えて、名曲の誉れ高い主題歌「Midnight Shout」を歌うのは辛島美登里。声優も矢尾一樹、水谷優子と、完璧な布陣。

二つ揃えて神像にはめると希少鉱物リドニウムのある石室の扉が開くと伝えられるザレムの瞳を巡り、宇宙を旅するライオットたちとデムスター一味との攻防を描く。

続編も予定されていたので、今後の展開を期待したものの、この一本で終了してしまったため壮大な展開を予感させるプロローグ的作品となっている。物語終盤に満を持して登場するレディウスのデザインも格好よく、アクションシーンもよく動いてただけに残念。**（松原）**

①87/12/01 ②東宝ビデオ ③48 ④葦プロダクション ⑤根岸弘 ⑥11000 ⑦有 ⑧未

121 バブルガムクライシス3 BLOW UP

ブーマの暴走は激化を極め、遂にシリアが経営するランジェリーショップも大きな被害に遭う。仇をとりたいプリスだが、私情で動いてはならないナイトセイバーズの掟に縛られ、おいそれと動くわけにはいかない。

そんな彼女の唯一の癒しは、孤独な少年・ショウとの触れ合いの時間。しかし、ゲノムが目論む都市再開発計画によりショウの住むアパートは破壊され、ショウの唯一の肉親である母親も命を落としてしまう。怒りに燃えるプリスを、もう止めることはできない…。

景気のいいサブタイトルから遠くかけ離れた、このドメスティックなストーリー展開。この王道さが、逆に「闇の仕置人」ムードを増し増しにしている、と言うべきか。

あとメイスンが、あっさりとシリアに倒されるのにもビックリ。堂々としている割には激弱キャラでした。**（伴）**

①87/12/05 ②東芝EMI ③30 ④アートミック/AIC ⑤秋山勝仁 ⑥6800 ⑦有 ⑧有

mini column 劇場公開されたOVA作品

価格に見合った作品を作るため、一般的なテレビアニメよりも遥かに多くの予算をかけていたOVA。当時はハード面でも今とは比べ物にはならず、せっかくソフトのクオリティが高くてもローファイな環境下で再生せざるを得ないアニメファンも多かった。一方、〝劇場公開作品〟という付加価値を付け、ニュースを発信できるという大人の事情もあり、80年代はOVAが劇場公開されることが多々あった。上映形態も『幻夢戦記レダ』と『吸血鬼ハンターD』の２本立てという非常に豪華な組み合わせから、『県立地球防衛軍』『炎トリッパー』『ザ・ヒューマノイド』という発売元のショーケース的な組み合わせ、ガッツリと一本立てなど様々で、公開規模も全国から単館上映までケースバイケースであった。特に単館上映は都内のみという場合も多く、奥歯を噛み締めた地方在住のファンもいたことだろう。また、パンフレットが作られる場合も多く、作品によっては早朝から列ができることもあったほどで、OVA作品の注目度が高かったと言えるのではないだろうか。**（松原）**

122

大魔獣激闘 鋼の鬼

▼怒鬼を止めるためタクヤは鋼の鬼と化す！

絶海の孤島に作られた軍事複合研究施設サンサーラ。島で発見された新粒子を使った「マルーダビーム」の実験中、空から謎の物体が現れる。タクヤと親友ハルカは物体を回収するが、ハルカが大怪我を負ったことからタクヤは研究所を去る。3年後、施設に戻ったタクヤは別人のようになったハルカに違和感を感じる。その夜、異空間から大魔獣が姿を現した。

2体の大魔獣・鋼と怒鬼のデザインは、作画監督の大張正己と佐野浩敏が別々に担当。異なるデザインラインが異物の激突を際立たせた。監督の平野俊弘は自身の企画『大魔神我』を実現できなかったことから、同作に含ませていた「人智を超えた異物激突のスペクタクル」を本作に引き継がせ映像化したという。だが本人曰く「映像化するには制作時間がなさすぎた」とのこと。**（リワークス）**

①87／12／10 ②徳間書店 ③60 ④AIC ⑤平野俊弘 ⑥12800 ⑦有 ⑧有

CHECK!

大魔神我

巨大ロボットアニメのマスターピース的作品『マジンガーZ』。そのリメイクを平野俊弘、大張正己、会川昇らの手で蘇らせるという夢のような企画が当時あった。残念ながら実現はしなかったが、そのエッセンスの一部は、『鋼の鬼』『ダンガイオー』などに盛り込まれたという。

123

真魔神伝 バトルロイヤルハイスクール

異世界の王・ヒョウドは、自身の力の分身である現世の高校生・兵頭力と合体することで世界の王を目指すが、逆に力がヒョウドの体を乗っ取ってしまうことに…。

魔道士、宇宙刑事も交えて暴れまくる来留間慎一原作の伝奇アクションコミックを板野一郎監督がOVAアニメ化。人体再練成シーンほかスプラッター描写と気合の入った学校破壊場面は最高、さらに主題歌「MEDUSA」は松本孝弘作曲なのでB'zファンも注目だ。**（伴）**

①87／12／10 ②徳間ジャパン／徳間コミュニケーションズ ③60 ④D.A.S.T ⑤板野一郎 ⑥12800 ⑦有 ⑧未

124

勝利投手

女性投手がチームのエースに！

ドラフト会議で中日ドラゴンズが指名したのは、無名の女性投手・国政克美であった。戸惑いながら、星野仙一監督のもとでエース投手として成長する姿を描いた、奇想天外な実名野球アニメ。

自作のミニコミ紙「星野新聞」に連載し、文藝賞佳作入選、単行本もベストセラーとなった梅田香子の同名小説をOVA化。

主人公以外のドラゴンズの選手はすべて実在で、少し気の抜けた劇画タッチで描かれている。テーマ曲をC-C-Bと永井真理子が歌っている。**（松原）**

①87／12／11 ②東映ビデオ ③72 ④東映動画 ⑤芝田浩樹 ⑥14800 ⑦未 ⑧未

125

メタルスキンパニック MADOX-01

▼近未来の東京で暴走バトルが展開！

日米で共同開発された対戦車兵器（タンクバスター）MADOX-01。軍用トラックで運送中、事故に巻き込まれMADOXが消失してしまう。ひょんなことからMADOXを手に入れてしまった大学生の杉本公司は、強制的に機内に収納され途方にくれる。彼には海外に旅立ってしまう彼女・しおりに会いに行くという重要案件があったのだ。その時間は刻一刻と迫り、公司はMADOXに乗ったまましおりの元へ急ぐことに。そんな彼の行く手を防ぐ、狂気の軍人・キルゴア中尉。果たして公司は約束の時間に間に合うのだろうか。

疾走感も抜群！誰もヤツを止められない

『くりいむレモン』をリリースしていた創映新社が制作した青春メカアクション。オープニング部分の庵野秀明による鬼のような作画が今でも語り草となっている本作は、それまでヤラレ役だったパワードスーツを主役に据え、細かな点まで気を配ってリアルに描いており、動きも作画も非常に素晴らしい。監督曰く、映画『ブルーサンダー』『コマンドー』などを意識して作られた作品だけに、バトルシーンの力の入れ様は凄いものがある。また、MADOXを装着したまま食事をするシーンなど細かい描写もあり、パワードスーツが日常生活に取り込まれたらどんなにシュールな絵になるかという点をチェックするのも面白い。

一方、ストーリーは時代を反映し、軽いタッチで描かれている。ちなみにヒロインのしおりは、初期の段階では風俗嬢という設定で、他にもいくつかの設定が完成まで二転三転したものの、予定より早くリリースされたのはスタッフが若かった故だろうか。

巻末には自衛隊の訓練シーンが収録され、その手のファンには堪らないかもしれない。（松原）

①87／12／16 ②ポニーキャニオン ③48 ④AIC ⑤荒牧伸志 ⑥11800 ⑦有 ⑧有

126

Good Morning アルテア

魔法とメカの融合で開く新たな世界

西暦2400年代、地球人は、宇宙進出の果てに「紋章族」と呼ばれる魔術を使う異文明種と遭遇し、長い戦闘の末にその軍門に下り、紋章族に統治されることで、一応の平和が訪れていた。そんな中、紋章族の戦艦が機械生命体オートマトンに支配され、その攻撃によって救助作業中だった戦艦テトラスケリオンの乗り組み員は3名を残して全滅。生き残った3名はオートマトンの破壊を目論むが、1名が殺されてしまい、仕方なく救助した紋章族の少女・アルテアを呪文の力で目覚めさせ、再び3名でオートマトンの破壊に乗り出す。

『宇宙英雄物語』などで知られる伊東岳彦（本作ではBlackPoint名義）の同名漫画をOVA化。「魔法とメカのニュータイプアニメ」のキャッチコピーの通り、本作は近年のテレビアニメとも似た多様な要素を詰め込んだ意欲作であり、キャラデザに菊池道隆、作監に谷口守泰を起用するなど、スタッフも豪華である。ただし、その詰め込み過ぎな内容ゆえに、初見ではストーリーを追うことすらも難しく、本作への理解を妨げる結果となっているのは残念である。（吉田）

①87／12／16 ②バンダイビジュアル ③50 ④アニメイトフィルム ⑤殿勝秀樹 ⑥11800 ⑦有 ⑧未

127

かってにシロクマ

森の中で暮らす熊の親子の日常生活を描いた相原コージの人気ギャグ漫画が原作。前半は原作に近いテイストであるが、後半に入ると、突如、荒廃して人間の住んでいない町に迷い込んでの珍道中が描かれる。デパートのおもちゃ売り場で遊ぶ子グマたち、エサがないと怒る母親熊、さらに主人公シロが冷凍睡眠中の科学者を誤って解凍してしまうなど、ディストピア的な状況が描写される。監督は笹川ひろし、キャラクターデザインを二宮常雄が務め、安定感のある作劇がなされている。なお、主人公・シロの声は、なぎら健壱があてており、主題歌も歌っている。（吉田）

①87／12／21 ②SVI ③30 ④アートミック／AIC ⑤笹川ひろし ⑥8800 ⑦有 ⑧未

128

火の鳥 宇宙編

角川春樹事務所版「火の鳥」シリーズ第3弾は、宇宙を舞台にした愛憎の物語。資源運搬船の破損により、コールドスリープから目覚めた宇宙飛行士たち。最後まで生き残った4人は脱出ポッドに乗り込み、宇宙を漂流する…。唯一の女性宇宙飛行士ナナをめぐる男たちの確執や物語の鍵を握る男・牧村が犯した大罪といった、原作者・手塚治虫が描いた重厚なドラマを、80年代の日本アニメ界を牽引した名匠・川尻善昭が情感たっぷりに演出。（中村）

①87／12／21 ②角川書店／東北新社／東宝 ③48 ④マッドハウス ⑤川尻善昭 ⑥12800 ⑦有 ⑧有

129 ケンタウロスの伝説

▼セックス&バイオレンス、そして爆走！

劇画『ケンタウロス』を原作として制作された長編アニメーションで、ＯＶＡ草創期に多く作られたバイクもの作品のひとつ。

パッケージには「ブッチギリのド迫力　超本格バイクアニメ遂に登場！」と勢いのあるコピーが。作品の中心となるバイクチーム「ケンタウロス」は64年に創立し、制作当時、横浜に実在していた。

兄をバイクレースで失った、ひよっこと呼ばれる箱崎健と、ケンタウロスのクレイジーアーサーとのバイクでの対決を軸に展開する。兄と同じく28番のゼッケンをつけて走る箱崎健の姿と、終盤のサーキットでの対決に熱いものを感じる。

総監督はあのカルト監督石井輝男！

巻末で登場する「ケンタウロス」のボスは、チームの成り立ちや経緯について熱いメッセージを語っている。総監督は『恐怖奇形人間』『異常性欲ハレンチ』などを監督した石井輝男で、監督の山田勝久はバイクが変形し、強化服になる『機甲創世記モスピーダ』のチーフディレクター。物語のカギとなるレディの声を浅野ゆう子が演じている。

（かに）

①87／12／21 ②明産グループ／ＳＰＯ ③95 ④和光プロダクション ⑤石井輝男 ⑥14800 ⑦有 ⑧未

130 ダーティペア

▼ＯＶＡに舞台を移し、ユリとケイが大活躍する！

高千穂遙の原作ＳＦ小説『ダーティペア』のアニメ化作品は、85年にスタートしたテレビシリーズを皮切りに、その後ＯＶＡや映画と展開し、いずれも大人気を博した。

それらの人気を受けて、87年12月21日から88年4月21日にかけて各話30分・全10話のＯＶＡシリーズ（全5巻・各巻2話分収録）としてアニメ化された。この頃になるとＯＶＡもアニメ媒体の1ジャンルとしてファンの間にも認知されるようにはなっていたが、まだまだ高額商品であることに変わりは無かった。その中で全10話ものＯＶＡシリーズ化が決定したことは、当時『ダーティペア』という作品の人気が非常に高く、多くのファンから支持されていた何よりの証と言えるだろう。制作はテレビシリーズから一貫して手掛けているサンライズ。アニメ版『ダーティペア』の人気の大きな要素のひとつであるキャラクターデザインも、テレビシリーズ、ＯＶＡ、映画から引き続き土器手司氏が担当している。このＯＶＡシリーズでは、87年3月に公開された劇場オリジナル作品の時にテレビシリーズ時のデザインをベースとして新規リファインされたキャラクターを基本的に踏襲しながら、土器手氏によって新たにデザインが描き下ろされている。そのためテレビシリーズ時の雰囲気を残しつつ、セクシー度がアップしたキャラクターとなっている。ユリとケイのコスチュームも劇場版のデザインに準じているが、カラーリングはテレビシリーズ同様だった白&黄から、OVAシリーズでは二人とも白色をメインとしたものに変更されている。シリーズ構成はテレビシリーズや劇場版も手掛けた星山博之氏が担当しており、物語はテレビシリーズの続編として構成されている。また、第5話ではすべてのアニメ版『ダーティペア』の中で唯一、原作小説からアニメ化がされているところも特筆すべき点である。監督はこれまで多くのサンライズ作品の演出を手掛け、劇場版『ダーティペア』でも演出を担当した谷田部勝義氏が担当。ちなみに谷田部氏は本作の監督後、勇者シリーズなど、多くのアニメ作品で監督を手がけることになる。

本作における基本的な設定はテレビシリーズの延長線上にあるが、OVAシリーズならではの変更点も幾つか加えられた。ひとつはグーリー主任の補佐が主任次長補のエリート男性「キャリコ」から、老齢ながら現役のトラブルコンサルタントである女性「マダム・バー」へと変更された点だ。彼女はユリとケイの大先輩という立場から、二人の良きアドバイザーという役割も担っている。もうひとつの大きな変更点は、レギュラー陣に「Dr.オーベルシュタイン」という新キャラクターが追加されたことだ。博士である彼は、トラブルコンサルタントが使用する特殊装備の開発を担当している。テレビシリーズ、OVA、映画とそれぞれデザインが変わってきたユリとケイの愛機である宇宙船「ラブリーエンゼル」は、本OVAシリーズでも新規デザインが起こされている。なお、OVAシリーズはテレビシリーズの続編でありながら、メカニック担当のドロイド（小型ロボット）「ナンモ」は登場しない。

各エピソードのサブタイトルは、第1話「囚人達の困った反乱 根に持つ人って大嫌い!」、第2話「まきぞえごめん! 天地無用のハロウィンパーティ」、第3話「天罰なんかこわくない てきめん?! 神の挑戦状」、第4話「ガキだからってなによ! 戦争ごっこは銃殺刑」、第5話「そして誰もしなくなった」、第6話「本気なの?! 海辺でどっきりウェディングパニック!」、第7話「リベンジ・オブ・ザ・筋肉レディ 女の意地ってリングの華?!」、第8話「あの娘は年上 保存は良好?! スリーピング・ビューティ」、第9話「赤い目玉は地獄のシグナル 殺戮小隊を追え!」、第10話「悪い奴らにゃ御意見無用 うちら宇宙のトラック野郎!」。いずれも甲乙付け難い傑作揃いだが、特に土器手氏が作監と共に絵コンテも手掛けた第1話や、『ARIEL』などで有名なSF小説家・笹本祐一氏が脚本を執筆した第2話は要チェックだ。**（ホシノコ）**

1 ①87／12／21　2 ①87／12／21　3 ①88／01／21　4 ①88／01／21　5 ①88／02／21　6 ①88／02／21　7 ①88／03／21　8 ①88／03／21　9 ①88／04／21　10 ①88／04／21（全巻共通）②バップ　③50　④サンライズ　⑤谷田部勝義　⑥9800　⑦有　⑧有

interview
Talk about *OVA*
3

シャープでスタイリッシュなメカ描写・デザインで多くの支持を得て、"バリメカ"というジャンルを確立した大張氏。その研ぎ澄まされた演出方法のルーツは80年代OVAにあった！

interview Takeshi Kikuchi

大張正己

Masami Obari

ゴールがないマラソンですよ アニメの世界っていうのは

―80年代のOVA、最初に携わられた作品は？

大張　OVAに関していうなら『超獣機神ダンクーガ 失われた者たちの鎮魂歌』がデビュー作でしたね。テレビシリーズ『超獣機神ダンクーガ』の時はあまりに制作時間がなく、自分の思い通りの画面がなかなか作れなかったんです。唯一、自分が原画を担当した黒騎士メカの変形シーンで、枚数をかけて動かすことの面白さを知りました。それからOVAを作ることが決まって、時間も予算もあるから好きにやっていいという話をもらい、断空剣を投げるシーンで1コマ～2コマを使った動きを描いてみたんですよ。それで非常に手ごたえをつかみました。ただ、メカ作監をやっていたのですが…プロデューサーがクレジットに入れるのを忘れていたからノンクレジットです（苦笑）。でも、その仕事を見た平野俊貴さんからラブコールがあったらしいんです。連絡を受けて（当時のAICの）三浦社長と一緒に打ち合わせに行って、初めて平野俊貴さんとお会いしました。平野さんの監督作『戦え!!イクサー1』（以下、『イクサー1』）のACTIって、葦プロの応接室でみんなで観て「すげえ」って感動していたんですよ。すごいクオリティで、渡辺宙明先生の劇判で、なんて素晴らしいOVAなんだ、と。こんなのが作れたらいいなと思っていたところに、平野さんからACTⅡのお話がきたんです。『～失われた者たちの鎮魂歌』でノンクレジットだったのがやっぱりショックで、ちょうど一度外に出て自分の価値を高めようと思いはじめていたタイミングだったんですよ。冒険してみようかなと思って。当時のOVAはやっぱりテレビシリーズとまったくランクが違っていたというか、作監料の桁が違って、完全に上位の存在だったんですよ。でも『イクサー』は決して原画料は高くない、むしろ他と比べると安いくらいだったのですが、AICとしては自社をアピールするためにあえて安い予算でも良いものを作ろうというのがあったんだと思います。描き手の好きに動かせるわけだし、枚数をいくら使ってもかまわなくて、それはすごく魅力的で。何より平野さんの熱意がすごかったんですよ。あと、平野さん的にはイクサーロボをスーパーロボットにしてほしい。男性っぽくしてほしいって考えがあったようで、そこも白羽の矢が立った部分みたいです。

―作画枚数に制限はなかったのですか？

大張　基本的にないですね。ACTⅡでは描いたことのないものを描かせていただいたことが勉強になり、さらに手ごたえをつかみました。自分で描くカットの範囲って、ここ十何年くらいは自分で決められるじゃないですか。当時は違って、平野さんに「大張くんここからここまで」って、80カット丸々渡されるみたいな（笑）。こんなの描いたことないですって言ったら、「描けないから描くんだよ」って言われましたね。本当に厳しかったですが、その分すごく褒めてくださるんです。「君ならできる、できるんだ！」みたいなことをずっと言われて（笑）。『破邪大星ダンガイオー』もそんな流れで、それまでは絵コンテを描いたことがなかったんですけど、ダンガイオー合体から決着までを120カットで決めるように言われて挑戦しましたね。それを見た（同作音楽の）渡辺宙明先生が、絵コンテの尺を計算して劇判を作ってくださったんですよ。「絶対に尺を変えないで、コンテに合わせて作ったから」と言われました。だから編集無しでちゃんとシンクロしているんですよ。スパイラルナックルも、最後の「タンッ」のところで爆発するじゃないですか。計算し尽くされているんです。それ以外のシーンでも絵コンテを描いて自分でやってるので、ロボットモノでやらない殺陣とかも計算通りいけました。

渡辺宙明先生が 絵コンテの尺を計算して 劇判を作ってくださったんですよ

Talk about Iczer-1, Haja Taisei Dangaioh and more

―絵コンテはそこで初めて描いたのですね。

大張　もともと僕は監督志望のアニメーターなんですよ。だから絵コンテを描くのはまったくやったことがなかったものの、映画をずっと観てきていたし、映像の法則をずっと考えていたので抵抗はなかったです。何か気になる作品があったらすぐに劇場へ観に行く学生生活を送っていたので。最初に観て面白いなと思ったら2回目の時にその理由を研究するとか、次にどういうカットがくるか、とかを想像しながら観てトレーニングしていました。それに80年代のOVAに限っていえば、監督への最短コースだと思っていた部分がすごくあるんです。テレビシリーズの監督はベテランの方ばかりがされていて、もうチャンスがないと思っていたんですよ。でもAICという会社なら、才能だけで監督まで登れるという希望もあって、実績を作ってやろうと思ったんです。結果として、当時の最年少アニメ監督になれましたからね。

―ご自身で絵コンテを描くとなった時に、どなたかを参考にされましたか？

大張　全然ないです。普通に描けましたね。アニメーターも1カット1カット演出しているわけであって、役者さん

3ヶ月で決まって すぐに制作に動けるOVAって 夢があるなと思った

Talk about Iczer-1, Haja Taisei Dangaioh and more

のセリフの間のタイミングとかも研究しながら観ていましたから、こういう意味合いのセリフを言ったら次は何コマ空ける、みたいなカット割りを意識して描いているので、どなたかの絵コンテを参考にしても意味がないんです。今制作している『ガンダムビルドファイターズ バトローグ』も、僕がやってるカッティングは役者さんが芝居しやすい間にしてあって、どこかを切られることはほとんどないですね。アニメーションである以上、編集で切るのが嫌なので、僕は全部計算したいというか。俯瞰して見る演出的な目と、役者として見る演出的な目は違うじゃないですか。作品毎にどういう芝居をするか考えるべきであって、カメラの位置を計算しながら自分が描くものを捉える、そこが面白い。アニメーターって奥が深いですよね。すべての枚数を無駄にしないのがポリシーです。

―監督をされるにあたって、勉強されたことはありますか？

大張　当時、（アニメーターの）越智一裕さんに付いて動いている時があって、越智さんが『学園特捜ヒカルオン』の企画を立ち上げるために、AICの社長にプレゼンする場に僕もいたんですよ。3ヶ月で決まって、すぐに制作に動けるOVAって夢があるなと思ったんです。売上目標ラインに達するのが第一なので、これだけ売れるためにはこういう要素が必要、という部分も学べて、良い経験ができましたね。あと予算組み、割り振り方も学びました。サンライズさん以外の作品は自分で予算表を作っています。作品を人様の金で作らせて頂く以上、それをきちんとお返しする必要があるわけなので、勝手に作ればいいというわけではない、ということを知ることができましたね。

―監督を務める前から作品全体をプロデュースする意識ができあがっていたのですね。

大張　そうですね。それと、平野さんに言われた「アニメの監督としていちばん絵が上手くなければいけない」というのも印象的です。みんなを納得させられる絵が描けないとだめなんだと。監督として原画には携わらないとしても、基本的に〝人に想いを伝える絵〟というのを描ける、もしくはレイアウトを決める力が絶対必要ですからね。そう思って僕はずっと修業してきたわけで、だから今もいろいろな作品の版権イラストを描かせてもらったり、作監もできたりするわけですから。絵の進化は止まらないですからね。自分も今の絵にまったく納得してないんです。脳内ではもっと上手いんですよ（笑）。本当はもっともっと描けるべきだし、描けるつもりではあるんですよね。だから監督としての自分も高めていきたいと思いますし、それと同時に絵描きとしての自分も高めていきたいし。ゴールがないマラソンですよ、アニメの世界っていうのは。

PROFILE
大張正己
（おおばりまさみ）
1月24日生まれ。
広島県出身。
アニメーター、監督、メカニックデザイナー。スタジオG-1NEO代表取締役。主な代表作に『破邪大星ダンガイオー』（メカ作監）、『ガンダムビルドファイターズ バトローグ』（監督・絵コンテ・演出）、「スーパーロボット大戦OG ジ・インスペクター」（監督）など。

twitter @G1_BARI

80's OVA名曲ベスト10

PLAY IT LOUD! オリジナリティ溢れる名曲群

ガラパゴス的進化を遂げた日本のアニメシーンの中でも、80年代OVAは極北的位置づけ。もちろん楽曲も個性派揃いであった。本項では今こそ聴きたい10曲をセレクト。大音量で再生せよ!!

text 坂本技師長

「淋しくて眠れない」(1985)

タケウチユカ　　メガゾーン23

『メガゾーン23』といえば時祭イヴの「背中ごしにセンチメンタル」だろうとの声も聞こえそうだが、あちらは劇中アイドルの挿入歌なのであえてこちらを。「背中ごしにセンチメンタル」が芹澤廣明・作曲に対し、こちらは鷺巣詩郎なのも選考理由。作詞の境ジョージの正体は石黒昇と板野一郎の二人のペンネームだが、歌っているタケウチユカは未だ謎の存在。なぜかBBクイーンズの坪倉唯子だとの噂が出回っているが、本人が否定していてガセ。

「ザックスの戦士」(1983)

シャバナ　　バース

OVAに先駆け、83年発売のイメージアルバムに収録されていた曲をアニメにも起用。イメージアルバム、劇伴共に作曲は久石譲だが、この曲はシャバナの謝花義哲(『プラレス3四郎』の「クラフトラブ」作曲者)。彼のハスキーボイスも良いが、シャバナの荒井まゆみによる詩も『バース』の世界観に合っていた。イメージギャルコンテストが開催され、優勝者の歌手デビュー予定もあったが、イメージソングは当時売り出し中だったラサ役・冨永みーなが歌っている。

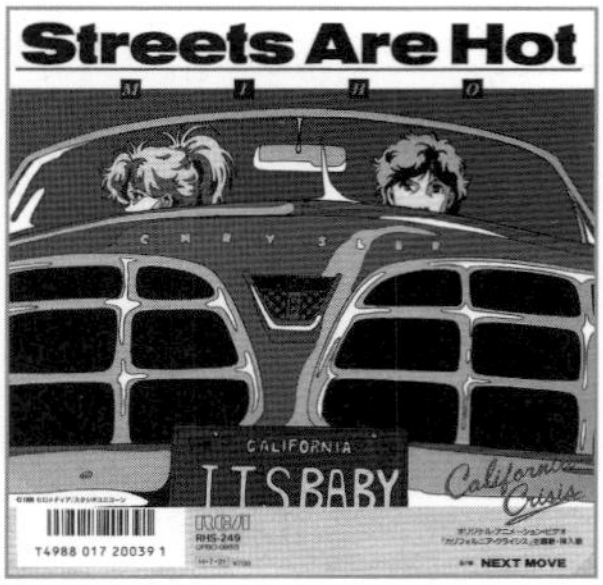

「Streets Are Hot」(1986)

MIHO　カリフォルニア・クライシス 追撃の銃火

本編のお洒落映像に負けないアーバンファンクな曲。ただのタイアップ歌手が歌わされているのかと思いきや、実力派ファンクユニットCHOCOLATE LIPSのヴォーカル・藤原美穂のソロ作品でした。挿入歌「NEXT MOVE」とカップリングの7インチレコードと、すべての挿入歌収録の12インチレコードの同時リリースも珍しかった。永らく廃盤状態だったが、15年にCHOCOLATE LIPS唯一のアルバムのボーナストラックとして遂にCD化された。

「WHAT IS LOVE」(1989)

GO!　紅い牙 ブルー・ソネット

女性ヴォーカルバンド・GO!のデビュー曲。ベースの冨永陽一とキーボードの根岸寿彦が劇伴も担当していた。しかし、サントラは未発売、主題歌および挿入歌はビデオに特典としてCDシングルが同封されていたので単体での発売は無し。制作途中で会社が倒産したのでお蔵入りと思われたが無事、完結後に発売されたLDに劇伴以外は収録された。しかし、原作連載中に発売されたイメージアルバムの完成度が高かったので『紅い牙』ファンからの評価は低め。

「CROSS FIGHT!」(1987)

堀江美都子・水木一郎　破邪大星ダンガイオー

今回紹介している80年代OVAの枠を超えて、今なお絶大な人気を誇る『ヒカルオン』と同じく、渡辺宙明・作曲で堀江美都子と水木一郎の最強デュエット曲。キーの関係上、水木一郎が一歩引いた感の歌唱なために堀江美都子の凄みが増しているところも注目。曲だけでなく、その後の戦隊ものやライダーものも手がける大津あきらの詩も熱い。当時主流のリアルロボットからのスーパーロボットの原点回帰作品なのだが、曲の過剰な熱さは作品を上回っている(笑)。

「S.F」(1986)

忌野清志郎、Johnny、Louis & Char

県立地球防衛軍

これぞ究極の謎タイアップ曲。RCサクセションが低迷していた時期に、忌野清志郎がPINK CLOUDと組んでいたユニットで、それはロックファンには朗報だったが、アニメファンには何のことやら。県立地球防衛軍隊員には伊福部あき子がいることだし、伊福部昭とまではいわないが、往年の定番アニメ or 特撮ソングを期待するのは当然のことだろう。田村英樹と菊池通隆によるオープニングの作画が素晴らしいだけに、まったく双方足を引っ張るだけだった。

「裂空！学園特捜ヒカルオン -テーマ オブ ヒカルオン-」(1987)

串田アキラ・金子久美 **学園特捜ヒカルオン**

宇宙刑事シリーズのパロディなので、当然のごとく渡辺宙明と串田アキラのコンビ。ところがこれは、大人の事情でレコード会社からタイアップとして演歌が指定されていたのを、監督の越智一裕が交渉を重ねに重ね、どうにか勝ち取った曲。なので妥協点として指名歌手を使わざるを得ず、同曲ながらオープニングを串田アキラ、エンディングをレコード会社指定の金子久美が歌う変則形態になっている。なお、当初使用予定だった曲は、OVA『ボディジャック 楽しい幽体離脱』のエンディングに使われている。

「夢の中の輪舞」(1986)

志賀真理子 **魔法のプリンセスミンキーモモ 夢の中の輪舞**

ミンキーモモ演じる小山茉美の「ラブ·ラブ·ミンキーモモ」から一転して、ロック調のこの曲は子役出身アイドル・志賀真理子のデビュー曲。歌唱力、ルックスもなかなかであった。そしてなぜか翌年『モモ』のライバルともいえる、ぴえろ魔法少女シリーズ4作目『魔法のアイドル パステルユーミ』の主演声優そして主題歌で別レコード会社から再デビューしていた。引退後の89年、留学先のアメリカにおいて交通事故で短い人生に幕を下ろす。

「WE NEED LOVE」(1987)

ひろえ純 レリック・アーマー レガシアム

本編打ち切りの上、未だにDVD化もされておらず、「スパロボ」にも不参戦のため知名度はほぼないが、『ガンダムZZ』でおなじみのひろえ純の隠れた名曲。OVA『エルガイムⅢ』の「COOL」よりもノリは激しく歌詞はオール英語。レコーディング時には作詞者自らの英詩指導が入った。しかしひろえ純のアルバム『VOICE』には、「愛に帰りたい-WE NEED LOVE-」として日本語バージョンを収録。オリジナル収録のサントラCDも廃盤状態なので再発が待たれる1曲だ。

「Good-bye, Lonely Blue」(1985)

MIO エリア88 ACT1 裏切りの大空

原作第2話「その男、ボリス」に当たるエピソードで、エリア88から傭兵部隊が出撃するシーンに添えられた曲。exスペクトラムの新田一郎による中東音階を取り入れたブラスロックは、初のロボットもの以外のアニソンを歌うMIOの新たな一面をのぞかせた。ちなみに原作者・新谷かおるのアシスタント経験もある島本和彦がお気に入りらしく、『炎の転校生』で滝沢昇が入浴シーンで歌っています(笑)。

キャラクターデザインを担当した『超音戦士ボーグマン』のアニスがアニメファンに圧倒的に支持され、『冥王計画ゼオライマー』で大きな衝撃を与えた20代の菊池氏。その80年代のOVAデイズを振り返る。

interview
Talk about
OVA
4

菊池通隆

Michitaka Kikuchi

interview Takeshi Kikuchi

自分がやりたいことを ストレートにできる場所だった

―80年代のOVAで参加された代表作は『プロジェクトA子』シリーズあたりでしょうか？

菊池 『プロジェクトA子』（以下、『A子』）は劇場版だけやってOVAはやってないですね。（資料を見ながら）『ドリームハンター麗夢』（以下、『麗夢』）の1作目はやってないかな。やったとしたら2作目かな。たしか1作目って18禁アニメでしたよね？85年に18禁で出て、そのあと…。（『麗夢』の一般向けの1作目をYouTubeで観ながら）あー、でも僕の名前入ってる、ってことはやったんだなぁ（笑）。1と4って2本やってる、僕？ 当時同じスタジオ（スタジオCAM）にアニメーターの田村英樹さんがいて。田村さんと（『麗夢』のキャラクターデザインの）毛利さんが友達だったからかな。これやってるね。今、名前あったね（笑）。どこやってたのかまったくもって覚えてない（笑）。

―その次に『県立地球防衛軍』（以下、『防衛軍』）も同じような流れで？

菊池 最初やる予定じゃなかったような気がするんだよね～。ある朝、スタジオに入ったら僕の机の上に原画っぽいのがドサッと置いてあって。ぱらぱらっと見たら田村さんのオープニングのラフ原だったんです。で、田村さんが「菊池くん、それそのまま起こしていいからちょっとやってよ」と。「えぇ？」ですよ（笑）。あれは、スタジオぎゃろっぷが作っていたので、そこに通って作業しましたね。当時スタジオCAMって西武柳沢と田無の中間にあって、ぎゃろっぷは青梅街道をまっすぐ都心に行く途中にあったから道一本で。ヘルプだったので、CAMとぎゃろっぷを行ったり来たりして。同時期に一作目の『A子』も持ってましたし。で、『防衛軍』をやりながら、当時ぎゃろっぷにいた松原（徳弘）さんからテレビ版の『ダーティペア』を手伝ってって言われてやったりとか（笑）。

―当時はノンクレジットでアニメーターのお手伝い参加も多かったと聞きます。田村さんの代表作『メタルスキンパニックMADOX-01』も

巨大なものが動くってだけで周りがすごいことになるそういうのをちゃんと描こうって

Talk about Meiou Project Zeorymer, Good Morning Altea and more

手伝われてました？

菊池　『MADOX』はやってない。あの時はもうスタジオCAMを出たあとだったんで。田村さんたちがやってたのは覚えてますね。あ、あと『魔法のプリンセス ミンキーモモ』のOVA『夢の中の輪舞』もやってましたよ。特に重要なシーンじゃないですけど。テレビシリーズの『魔法のスター マジカルエミ』に参加した流れから、クリィミーマミとペルシャ、エミの『艶姿 魔法の三人娘』もやりましたね。温泉の脱衣所で3人が着替えてるところだったかな（笑）。『魔法のスター マジカルエミ 蝉時雨』（以下、『蝉時雨』）は安濃さんから、「ここやってくれ」って最初から言われていたので覚えてる。公園で舞が地面に落描きしてるすっごい地味なカット（笑）。舞が落描きするんだけど、その絵が上手すぎるんじゃないかって言われて。安濃さんの絵コンテのまんま描いたんだけど（笑）。

—そのあとの『魔女っ子クラブ4人組 A空間からのエイリアンX』は覚えてます？

菊池　覚えてます、一部の設定もやってたんで。作画監督を高木弘樹さんがやられてましたね。何でもありな感じでしたよね。あの時代っぽいというか。

—『エルフ・17』はいかがですか？

菊池　原作の漫画が本当に好きだったので、やれてよかった（笑）。あと『戦国魔神ゴーショーグン 時の異邦人』もやってましたね。レミーとブンドルがバイクで走ってるところ。

——『トワイライトQ 時の結び目 REFRECTION』も。

菊池　覚えてます。またすごく地味な芝居で、大変なんですよね。望月（智充）さんの絵コンテで、日常芝居が多くて。当時『マジカルエミ』とかでも日常芝居のシーンをよくやってたから。

—その後が『戦え!!イクサー1』シリーズですね。

菊池　『戦え!!イクサー1 ActⅢ』はやってたんだけど、その時もう『冥王計画ゼオライマー』（以下、『ゼオライマー』）のキャラデザインの仕事やってたので、がっつりは関われてないんです。で、『ゼオライマー』の作監やってる途中にテレビアニメの『超音戦士ボーグマン』が決まって。『ゼオライマー』は思い出深くて、2話（『PROJECTⅡ 疑惑』）で初めて絵コンテをやったんです。東宝特撮もののノリをけっこう入れて。監督だった平野（俊弘）さんもそういうのが好きなので。当時、ロボットアニメが色々流行ってたんだけど、これもん（金田作画調）でパースがすごくて、フォルムがきついモノばっかりだったんですよ。平野さんとはそういうのとはちょっと違う、対極の巨大なロボット、要は『マジンガーZ』をやろうと。一体で世界を蹂躙できるくらいの巨大ロボットをやろうと。平野さんが言ったのが、巨大なものが動くってだけで周りがすごいことになる、そういうのをちゃんと描こうって。

後に残る作品を作っていかなきゃっていうのは今も昔もある

Talk about Meiou Project Zeorymer, Good Morning Altea and more

―では平野さんが企画されていた『大魔神我』にも関わられていたのですか？

菊池　いや、あれは傍で見てただけです。あの時は『Good Morning アルテア』（以下、『アルテア』）をやってたので。初キャラデザイン作品だったんですよね。ただ途中で降りたんです。しかも監督をやる予定だった板野（一郎）さんも降りちゃって。別の方が監督に就かれたんだけど、終始混乱していて、僕ももうやれないなって。でもパッケージとか版権はやってた。最低限の責任は背負うつもりで。CDジャケットとかね。

―80年代に関わられたOVAで一番印象に残ってるのは『ゼオライマー』？

菊池　そうですね。自分が一番コアで関わってたのが『ゼオライマー』なんで。でも、やりきったかというと、当時はとにかく時間がなくて、今観ても直したいなって思っちゃう（笑）。シリーズ全体では十分に制作期間あったんですけどね。ただ1話（『PROJECTⅠ 決別』）で1年かけたのがね（笑）。普通考えられない。2話でも半年かけちゃったから、3話（『PROJECTⅢ 覚醒』）、4話（『PROJECTⅣ 終焉』）は同時に作って。だから『ゼオライマー』の1話はすごく良い出来なんじゃないかと思いますよ。これぞOVAって感じで贅沢ですし。劇場アニメのクオリティに匹敵してますよ。

―現在まで楽しまれる作品になると思っていました？

菊池　思ってなかったです。ただやっぱりあとあと残るものって作っていかなきゃいけないじゃないですか。マンガも同じですけど、その時その時の人気だけでやるんじゃなくて。後に残るコンテンツというか、作品を作っていかなきゃっていうのは今も昔も（自分の中に）あるんで。

―企画されていて、当時実現しなかったOVAもありましたか？

菊池　完全オリジナルの企画を立てたものもありましたね。メカデザインが森木（靖泰）さん、キャラデザが僕で。監督は決まってなかったんですけど、あれはもったいなかった。異世界もので、巨大ロボットが魔法を使うみたいな。ロボットにもグレードがあって、階級があって。

―80年代OVAを振り返ってみていかがですか？

菊池　若手が、自分がやりたいことをストレートにできる場所だったんじゃないですかね。気を遣う先はメーカーだけで。今もう50代になってる人たちが、まだ20代後半で血気盛んな頃だから、それをファンも企業もダイレクトに受け入れてくれる市場だったんじゃないですかね。

PROFILE
菊池通隆
（きくちみちたか）
1963年3月9日生まれ。
岩手県出身。
84年にアニメーターとなり、『機動戦士Ζガンダム』などの原画で活躍。86年には麻宮騎亜名義で漫画家デビュー。91年には自身の漫画『サイレントメビウス』を劇場アニメ化。現在ではアメコミや特撮、声優関連の楽曲作詞など多方面で活躍。

HP http://minkara.carview.co.jp/userid/518151/blog/　twitter @kia_asamiya

OVA

1988

DIG THE OVA GRAVE

BEFORE THE TAPE ENTANGLED WITH THE HEAD

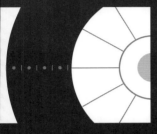

131 レイナ剣狼伝説

▼超人気キャラ・レイナが主役のスピンオフ作品

86～87年に放送されたテレビシリーズ『マシンロボ クロノスの大逆襲』（以下、『クロノスの大逆襲』）のヒロインであるレイナ・ストールを主人公として後日談を描いたスピンオフ作品。葦プロダクション所属（当時）のアニメーター・羽原信義氏（キャラデザ時のクレジットは「はばらのぶよし」名義）が、『クロノスの大逆襲』で初めてデザインを手掛けたキャラクター、通称「羽原キャラ」が中・高校生以上のアニメファンを中心に大人気を博した。特に女性キャラたちは多くの男性アニメファンを虜にし、アニメ雑誌でも大きく扱われていた。その中でもヒロインであるレイナの人気は格別で、美少女であることは当然として、脚本の園田英樹氏のセリフによって描かれた心優しい妹キャラでありながら、精神面は強く凛としているところなど、年頃の男の子にとって堪らない要素を多く兼ね備えていたのである。もちろん、レイナを演じた水谷優子氏の素敵なボイスと演技が彼女の魅力を大きく支えていたことは言うまでもない。80年代後半はまさにOVAが盛り上がっていた頃であり、そこまでの人気キャラであるレイナを主人公にアニメを作ろうと制作側が考えたのは至極当然のことだったのだろう。『クロノスの大逆襲』の実質的な最終回である44話（45～47話は総集編）のラストシーンでレイナは兄のロム・ストールや仲間のマシンロボたちと共に次元を超え、人間に転生したのだからお膳立てもバッチリである。『レイナ剣狼伝説』が最高なのは、全話の監督・キャラデザ・作画監督・絵コンテを羽原氏が担当していることだ（ちなみに本作が羽原氏の初監督作品）。テレビシリーズでも作画クオリティが非常に高かった羽原作監回をすべての回で視聴可能であることは、究極のファンサービスと言えるだろう。

『レイナ剣狼伝説』の冒頭でレイナは仲間たちと別れ、地球で16歳の人間の少女「遥麗奈」に転生。普段はセーラー服を身に纏う女学院の生徒だが、悪の敵と戦う際は転生時に託された剣狼の力によって戦士の姿に変身する。麗奈のクラスメイトの小島ナミや、悪に洗脳された女性戦士マイラといったOVAから登場した新女性キャラクターたちにも注目だ。（ホシノコ）

Ⅰ ①88／02／05 ⑥7800 Ⅲ ①89／04／26 ⑥7800 Ⅱ ①88／09／04 ⑥7320（全巻共通）②東芝EMI ③30 ④葦プロダクション ⑤羽原信義 ⑦有 ⑧有

132

沙羅曼蛇《サラマンダ》

BASIC SAGA 沙羅曼蛇 瞑想のパオラ
ADVANCED SAGA 沙羅曼蛇
ゴーファーの野望

▼ゲームの壮大な世界観を豪華スタッフでアニメ化

80年代コナミがうんだ伝説的シューティングゲームの傑作といえば「グラディウス」ということは周知であろう。そしてそのスピンオフとして誕生したゲームが「沙羅曼蛇」であり本作の原作である。

当時、沙羅曼蛇派であった筆者はアーケードだけでは飽き足らず、コナミ矩形波倶楽部（BGM集）のカセットテープを購入し聴き狂う日々。そんな本作がなんと、制作・スタジオぴえろ、キャラデザ・美樹本晴彦という鉄壁の布陣でOVA化された夢のような時代は確かに存在したのだ！ しかも3作も。

シリーズ1作目では作画に多少荒々しさが残るも、ステージによって縦と横が切り替わる独自のシステムを再現。主役機ビッグバイパーではなく、ゲームでは2Pのロードブリティッシュの成り立ちを物語に組み込むファン殺しの設定と共に、宿敵・バクテリアンと主人公たちとの戦いを描く。

続く2作目のストーリーはなんと前日譚である本丸「グラディウス」だ！ 1作目で気を良くしたのか、作画がリッチにグレードアップ。

そして完結編である3作目では再び1作目の続編となり、「グラディウス2」をモチーフとした物語として終焉を迎える。鳥海永行監督によるガッチャマン仕込みの火の鳥描写、『ビスマルク』『飛影』『ダンガイオー』などなど枚挙に暇がない森木靖泰によるメカデザイン、そして前述した美樹本キャラに彩られたコナミコマンド全開の隠れた傑作といっても過言ではない。とりあえず脳とモアイとプロミネンスに涙せよ！（ロビン）

沙羅曼蛇 ①88/02/25 ③50 **瞑想のパオラ** ①89/02/21 ③60 **ゴーファーの野望** ①88/11/30 ③60 **（全巻共通）** ②コナミ工業 ④スタジオぴえろ ⑤鳥海永行 ⑥12800 ⑦有 ⑧未

133

ハイスクールAGENT 諜報員

普通の高校生・金森コースケは、脅されて国連UNエージェントの週末スパイとして働かされている。バスクの卵を盗み出す任務を受け、スペインのマテーラ宮に乗り込むコースケの運命やいかに!?

谷村ひとしが「コミックバーガー」に連載したスパイアクション漫画をベースに、オリジナルストーリーを交えてOVA化。脚本を『スケバン刑事』シリーズで敏腕を振るっていた橋本以蔵が担当し、東映プログラムピクチャーを彷彿とさせるエンターテイメント性の高い娯楽作に仕上がっている。（松原）

①88/02/21 ②東映ビデオ ③30 ④エイジェント21 ⑤坂田純一 ⑥9800 ⑦未 ⑧未

134

聖戦士ダンバイン

New Story of Aura Battler DUNBINE

▼ファンタジックに展開する新たな物語

総集編と新作で構成された待望のビデオシリーズ

テレビ放送から5年後に発表された『聖戦士ダンバイン』の3巻からなる総集編、それぞれの巻末に収録されたのがオリジナル新作『New Story of Aura Battler DUNBINE』である。

バランバランにあるといわれる秘宝を奪うべく、襲いかかる黒騎士ラバーンの一群。戦いに巻き込まれた狩人の少年シオンは、敵に捕らわれた際、聖戦士として覚醒、バランバランの秘宝であるオーラバトラー・サーバインに乗り込み、ラバーンのズワウスを迎え撃つ。バランバランの姫レムル、そしてフェラリオのシルキーを連れ、追撃を逃れるシオン。彼らは聖戦士を700年待ち続けたロズン家に出会う。はじめは自分が置かれた立場に納得できないシオンだったが、再びさらわれたレムルを救うべく、サーバインに乗り込み、ロズン家の戦士たちと共にラバーンの城へと乗り込んでいく。しかし、城ではラバーンの側近ショットが、地上界のバイストン・ウェルを壊滅しかねないほどの恐るべき計画を企んでいた。

時代設定はテレビシリーズから700年後の世界ということになっており、シオンやラバーンらはテレビ版のキャラが転生したという設定になっているが劇中では明言されていない。またショットのみテレビ版からの登板である。テレビの続編というよりも、外伝的な雰囲気があり、新たな聖戦士の覚醒から出会い、戦いがコンパクトにまとめられ、中世ヨーロッパを舞台とした騎士の冒険もののテイストが盛り込まれている。

観る者を魅了する重厚感あるリアルな作画

最終巻の城攻めシーンは、メカ＋騎士という組み合わせの妙が楽しめ、後半は城塞脱出のサスペンスというお約束もきちんと入っている。ショットが地上から持ち込んだICBMが炸裂するラストは、シオン、レムル、シルキーは助かるものの、果たしてハッピーエンドなのかどうか、観る者に委ねるような作りになっている。変わり果てた世界を呆然と見つめる3人の姿で幕が閉じるのが印象的。

登場するオーラバトラーは2体のみだが、いずれも描き込まれた止め画を多用して演出されており、それがまたオーラバトラーの重量感や硬質感を見事に表現している。時折セルで表現されるアクションシーンとのメリハリのつけ方が実に効果的。尻尾と羽根を持つ、悪魔的なフォルムのズワウスが森の中をゆっくり進むシーンは圧巻である。（馬場）

Ⅰ 鳳鱗の章＋復活 ①88／02／25 **Ⅱ 天魔の章＋七百年の野望** ①88／05／25 **Ⅲ 覊愁の章＋地上に近き者** ①88／08／25 **（全巻共通）** ②バンダイビジュアル ③80 ④サンライズ ⑤滝沢敏文 ⑥12800 ⑦有 ⑧有

135 ドラゴンズヘブン

1000年の時を超えて目覚めた自ら思考するロボット・シャイアンは、偶然、少女・イクールと出会う。彼女からまだ人類と機械生命体の戦いが続いていることを聞いたシャイアンは、かつての仇敵エルメダインと決着をつけようと戦場に向かう。模型業界やアニメ界で異能を発揮する小林誠が原作と監督、メカデザインを担当。フランスのメビウスを彷彿とさせるタッチは、戦場の埃っぽさを見事に表現している。オープニングに使用された2メートル近いシャイアンの大型モデルも話題になった。（松原）

①88／02／25 ②東芝EMI ③45 ④アートミック／AIC ⑤小林誠 ⑥9800 ⑦有 ⑧有

136 XANADU《ザナドゥ》 ドラゴンスレイヤー伝説

少年兵・カムラは突如、平和的な白魔術と好戦的な黒魔術が争う世界ザナドゥに飛ばされてしまう。黒魔術の怪物からザナドゥ王朝王女リエルを救出するカムラ。黒魔術を操るレイクスォールは、秘宝クリスタルを悪用し自身の野望を達成しようとしていた。カムラは聖剣ドラゴンスレイヤーを手に黒魔術と対決する。原作は当時、大人気だったPC用RPGゲーム『ザナドゥ』をベースに、日本ファルコム社員だった都築和彦が描いたコミックス。（松原）

①88／03／01 ②角川書店／東宝 ③50 ④東映動画 ⑤梅澤淳稔 ⑥12800 ⑦未 ⑧未

137 ハーバーライト物語《ものがたり》 ーファッションララよりー

▼ダークな雰囲気漂う異色魔女っ子作品

『魔法の天使クリィミーマミ』など80年代の魔法少女シリーズで知られるアニメ制作会社ぴえろが、文具メーカーのセイカと共同で開発した女児文具用のキャラクター「魔法のデザイナーファッションララ」のOVA化作品。

アメリカ西海岸とおぼしき港町を舞台に、デザイナー志望の少女・ミホが、ファッションの本から現れた妖精のピグとモグの魔法でファッションララに変身し、自らデザインした服を着てスターになる、という元来のストーリーに対して、このアニメ版では、ディスコクイーンコンテスト、ストリートキッズ同士の抗争、反則スレスレのどんでん返しのラスト、といった要素が加味された、独特の内容になっている。

「スタジオぴえろ創立10周年記念作品」として制作された本作は、監督にぴえろと縁の深い高橋資祐、キャラクターデザインに岸義之を起用しており、『ペルシャ』『マジカルエミ』からの流れを汲み、『パステルユーミ』とも繋がるテイストを持った作品に仕上がっている。

なお、版権の問題により、現在では所謂「封印されたアニメ」となっている。（吉田）

①88／03／11 ②ぴえろプロジェクト／SPO ③50 ④スタジオぴえろ ⑤高橋資祐 ⑥11800 ⑦有 ⑧未

138

装甲騎兵ボトムズ レッドショルダードキュメント 野望のルーツ

▼地獄の戦場でアンデッド伝説を打ち立てたキリコ

『装甲騎兵ボトムズ』のOVA第3弾となる本作は、時間軸でいえば最も早い時期にあたる物語である。

自らが理想とする「死なない軍隊」の創設を夢見るヨラン・ペールゼンとその腹心の部下であるリーマンは、戦地における生存率の高い兵士を惑星オドンに集め、レッドショルダー部隊創設という名目のもと、お互いにAT戦で殺し合いをさせる「共食い」と称する常軌を逸した訓練を続け、より生存率の高い兵士を選別していた。そんな中、キリコが配属されて…。

本作では、驚異的な回復力や、戦場における極めて高い生存率など、キリコの持つ特殊な能力が、「異能生存体」というキーワードによって遂に明らかにされる。

戦地で死亡したはずのキリコたち一行が戦勝パレードに参加しているという衝撃のラストでは、キリコの口からペールゼンに向けて発せられたセリフが、パレードで鳴り響くレッドショルダーのマーチにさえぎられて聞こえない、というシーンで幕を閉じるのであった。**(吉田)**

①88/03/19 ②東芝映像ソフト ③56 ④サンライズ ⑤高橋良輔 ⑥9800 ⑦有 ⑧有

mini column

ビデオスルーのブルース コラム編

今のように多チャンネルではなかった当時、ビデオスルーの作品も多く、また、ビデオリリース後にテレビで放送された作品もあった。総集編の繋ぎで新作カットが入った作品、短い新作が収録されるもの、パイロット版など未公開映像を収録したソフトも人気を博した。

ここで紹介している作品は正しくはOVAではなく、結果的にビデオで日の目を見た作品である。だからといってつまらないわけではなく、逆に非常に高いクオリティを持った作品が多い。特に『トランスフォーマー・ザ・ムービー』はテレビシリーズの「戦え!超ロボット生命体〜」と「戦え!超ロボット生命体トランスフォーマー 2010」を繋ぐミッシングリンクを描き、非常に高いテンションの作画とアクションシーンで名作中の名作と言える。しかし、劇場公開されることもなく、現在の実写版『トランスフォーマー』の扱いと比べると雲泥の差であるが、この事実から日本国内での当時の海外アニメの立ち位置を理解いただけるのではないだろうか。『マイティオーボッツ』など日本で制作された逆輸入作品は、アニメ誌で取り上げられてはいたが反応したのは一部のコアなファンたちだけで過小評価の感があった。余談になるが、『マイティオーボッツ』をリリースしたビクターは「アメリカン・アニメ・フェア」を東名阪で開催。当時としては大英断だったと言える。

総集編やミュージックビデオには、繋ぎとして新作カットが収録されることが多かった。『とんがり帽子のメモル マリエルの宝石箱』には奇跡的に素晴らしいメルヘンな短編『土田勇のマイメモル 光と風の詩』を収録。『艶姿魔法の三人娘』は優、ペルシャ、舞のファンにはたまらないガールズトークが楽しめる5分ほどの新作部分がある。白眉は70年代にテレビ放送され、80年代に起こったオバタリアンブームに便乗して「元祖オバタリアン作品」としてリリースされた『ダメおやじ』だろう。各巻共にテレビ版からセレクトされた8話を収録し、さらに約5分の新作短編を収録。ダメおやじの嫁〝オニババ〟を主役に凶暴極まりないストーリーが展開され必見である。**(松原)**

139 マドンナ 炎のティーチャー

新米女性教師・土門真子は指折りの不良が集まる牛鍋工業高校に赴任。真子は数々の危険な目に遭いながらも、体当たりでぶつかることで生徒たちと徐々に気持ちを通わしていく。ある日、校長からラグビー部の顧問の話を持ちかけられた真子は、長期欠席していた生徒・醍醐たちをラグビー部入部に誘う。「週刊ビッグコミックスピリッツ」でくじらいくこが連載していた学園活劇を、バブルガム・ブラザーズの主題歌が盛り上げている。**（松原）**

①88／03／25 ②東映ビデオ ③52 ④スタジオジュニオ／東映ビデオ／青二企画 ⑤永丘昭典 ⑥12800 ⑦未 ⑧未

140 ズッコケ三人組 ズッコケ時空冒険

ズッコケ三人組は壁新聞の取材で若林雪子先生の謎を追っているうちに、江戸時代にタイムスリップしてしまう。そこで出会った平賀源内と三人組の珍道中が始まる。

子供たちに長年愛されている児童小説『ズッコケ三人組』シリーズの「ズッコケ時間漂流記」と「とびだせズッコケ事件記者」をベースにしたOVA作品。キャラデザは原作25作目までのイラストを担当した前川かずお。単行本封入ハガキの注文のみで購入可能であった。**（松原）**

①88／04／01 ②日本コロムビア ③57 ④タマプロダクション ⑤うえだひでと ⑥9800 ⑦未 ⑧未

141 恐怖のバイオ人間 最終教師

▼ノリのいいパワフルアクションコメディー

『エルフ・17』と並ぶ山本貴嗣の代表作『最終教師』のOVA化作品。遺伝子操作で生まれたゴキブリ人間・茶羽顔八が研究所を脱走、札付きのワルが集まる「私立帝王学園」に教師として赴任する。顔八は、不良学生を服従させるため、総番長の美少女・白鳥雛子のスカートを服装検査の名目で脱がしたところ、ブルマーを着用していたため、雛子の学園内での人気が凋落して…と、ストーリー紹介もままならないスラップスティックでシュールな80年代的ギャグアニメである。

主題歌は米米CLUB、竹中直人の怪演も光る！

ゴキブリ人間・茶羽顔八の声を個性派俳優の竹中直人が担当。また、主題歌を歌うのは、当時人気絶頂であった米米CLUBである。監督、作画監督、脚本を『魔法のプリンセスミンキーモモ』や『魔神英雄伝ワタル』の芦田豊雄（脚本は伊武紋太名義）が担当し、キャラクターデザインに原作者本人を加え、スタジオ・ライブの精鋭スタッフによるまんどりるくらぶが参加するなど、クオリティの高い作画や演出が光る一本となっている。**（吉田）**

①88／03／25 ②ソニー ③60 ④ムービック ⑤芦田豊雄 ⑥11800 ⑦有 ⑧未

142 アップルシード

▼原作をシンプルにリファインしたアクション巨編

都市の運命を賭けて戦うデュナンとブリアレオス

士郎正宗の名を一躍高めたSF漫画を原作とするOVA。

第5次非核大戦によって世界は壊滅的な被害を受けて荒廃していたが、人工島オリュンポスに設置された総合管理局による支配が進められたことで、平和で理想的な社会が構築されようとしていた。SWATの隊長を父に持ち自身も高い戦闘能力を持つデュナンと、彼女のパートナーで強力な戦闘用のサイボーグであるブリアレオスは、戦争の終結を知らずに廃墟となった都市をさまよっているところを、バイオロイドのヒトミにスカウトされ、SWATへの復職を条件にオリュンポスにやってきた。理想郷のように見えたオリュンポスであるが、社会の均衡を保つために配置されたバイオロイドの存在などを巡って、内部では様々な対立や矛盾を孕んでおり、さらに外の世界から「自由人間解放同盟」を名乗るテロリストが潜入し、暗躍している状況であった。それらに対抗するために結成されたのが、総合管理局の内務省部隊・ESWAT（ESpecialy Weapon And Tactics）であり、デュナンとブリアレオスも転属願いを出してESWATの一員となる。そんな中、妻のフレイアがオリュンポスの管理社会に馴染めず精神を病んで自殺した過去を持つSWAT隊員のカロンは、フリーのテロリストと手を組んで、オリュンポスを管理するコンピューター・ガイアを停止させ、オリュンポスを守護するために作られた多脚砲台を自由に操って、オリュンポスの破壊を目論む。ガイアを停止させるためには、バイオロイドであるヒトミのDNA情報に組み込まれた生体キーが必要であるため、カロンはヒトミをさらって、ガイア停止を目論むが…。

メイキング映像は実写で制作された

壮大で緻密な世界観で人気を博した原作漫画を約70分という時間の中でまとめるのは至難であるため、「多脚砲台事件」を中心に、デュナンとブリアレオスのコンビの活躍を刑事ドラマ的に描写するなど、様々な工夫がなされている。また、「制作・ガイナックス」となっているものの、実際の制作の経緯なども含めて、とりわけ原作ファンの間では賛否の分かれる作品である。とはいえ、90年代以降の映像化においてはどうしても重厚で深刻なイメージが支配的になってしまう『アップルシード』関連作品に対して、本作では80年代の制作ということもあって、例えばデュナンとブリアレオスの軽口のたたき合いのように、原作漫画が持っているポップで軽快なイメージを生かしている点は評価できる。（吉田）

①88/04/21 ②バンダイビジュアル/東北新社/ソニー ③70 ④ガイナックス ⑤片山一良 ⑥12800 ⑦有 ⑧有

143

機動警察パトレイバー

▼バラエティ豊かな人気SFシリーズ

近未来、社会に普及した汎用人間型作業機械・レイバーを悪用した〝レイバー犯罪〟が続発、警視庁は本庁警備部内に特殊車輌二課を増設し、これに対抗。通称・特車二課、パトロールレイバー中隊に配属された泉野明、篠原遊馬たちの、騒がしい日々が始まった！

今なお新作が作られ続ける人気アニメシリーズ『機動警察パトレイバー』。その原点こそが、この初期OVAシリーズである。企画の中心となったのは、原作／脚本・伊藤和典、原作／キャラクター原案・ゆうきまさみ、キャラクターデザイン・高田明美、メカニックデザイン・出渕裕、そして監督・押井守で構成されたプロジェクトチーム「ヘッドギア」。

当時のオリジナルOVAは、60分9800円くらいの価格設定だったが、本シリーズではなんと30分4800円、しかも、ほぼ隔月でシリーズ6作発売というブロックバスター戦略を展開、大きな話題となった。

パトレイバー出動！第2小隊の日常

第2小隊結成の日、配備されるはずの最新鋭レイバー「イングラム」の到着が、交通渋滞のせいで大幅に遅れる。そんな中で、突如正体不明のレイバーが墨田川付近より上陸、第2小隊に初出動の命令が下る。（「第2小隊出撃せよ！」）

来日するニューヨーク市長をテロ組織から守るべく、来日したNY市警巡査部長・香貫花クランシーと共に警備に当たる第2小隊。その途中、遊馬が都庁前で発見したトレーラーに、時限式ロケットランチャーが仕掛けられていた。装置解体は間に合うのか⁉（「ロングショット」）

東京湾周辺で原因不明の事故が続出。刑事課・松井の要請で、調査に乗り出した第2小隊。その原因は、謎の巨大海中生物のせいだと判明するのだが…。（「4億5千万年の罠」）

現場での暴走が目立つ第2小隊に業を煮やした後藤隊長は、隊員一同に富士の養成学校、通称〝レイバーの穴〟での再訓練を命令する。渋々向かった野明たちだが、そこで出くわしたのは数々の怪現象。果たしてこれは、訓練中に命を落とした少女の呪いなのか？（「Lの悲劇」）

冬期休暇に入り、それぞれ束の間の休息を取る隊員一同。しかし、その時期を狙ったかのように東北縦貫道でレイバーを載せたトレーラーが突如検問を突破、パトカーに発砲するという事件が勃発。二課棟にも不審な車が張り込んでいるのに気づいた後藤は、第1小隊隊長・南雲と連絡を取り合い、最悪の事態に備えるように伝える。翌日、都内各所を自衛隊の決起部隊が制圧、リーダー格は後藤のかつての師匠筋に当たる甲斐という人物で、しかも彼らは切り札に米軍から盗み出した核ミサイルを所有していた！バラバラの第2小隊メンバーは、独自に事態解決に向けて動き出すが…。（「二課の一番長い日（前・後編）」）

現在も新作が発表される長寿人気シリーズに！

『天使のたまご』以後、マニアックなアニメ作家として扱われるようになってしまった押井だが、ここではロボットアクションに重点を置くのではなく、〝なかなか出動しない〟レイバー隊の仲間たちのドラマを『うる星やつら』的ノリとテンポで描ききった。

怪獣、ミステリー、クーデターなどバラエティ豊かな内容の本作は大ヒットを記録。傑作となった劇場版制作に平行する形で、予定外だった7巻目「特車隊、北へ」のリリースも決定。

不穏分子に強奪されたトレーラーが、さらに別の者に盗難されるという事件が発生。トレーラーの積荷は最新鋭のレイバー。北上するトレーラーを追って、第2小隊は群馬県警と共に高速で網を張る、というストーリー。この巻のみ吉永尚之が監督を務めており（後のテレビシリーズ監督）、クライマックスにレイバー同士の格闘アクションも描かれ、個人的にはここでやっと望んでいたメカアクションとドラマが楽しめたという感じも無きにしも非ず。**（伴）**

Vol.1 第2小隊出動せよ！ ①88／04／25 ③30 ⑤押井守 ⑥4800 **Vol.2 ロングショット** ①88／06／25 ③30 ⑤押井守 ⑥4800 **Vol.3 4億5千万年の罠** ①88／07／25 ③30 ⑤押井守 ⑥4800 **Vol.4 Lの悲劇** ①88／09／25 ③30 ⑤押井守 ⑥4800 **Vol.5 二課の一番長い日（前編）** ①88／11／10 ③30 ⑤押井守 ⑥4800 **Vol.6 二課の一番長い日（後編）** ①88／12／10 ③30 ⑤押井守 ⑥4800 **Vol.7 特車隊、北へ！** ①89／06／25 ③35 ⑤吉永尚之 ⑥4500 **（各巻共通）** ②バンダイビジュアル／東北新社 ④スタジオディーン ⑦有 ⑧有

mini column シリーズものOVAの低価格化

83年1本、84年6本、85年30本台、86年50本台、87年70本台、88年120本強、89年はなんと300本台と、リリース本数が急激な右肩上がりで増えていったOVA。需要と供給のバランスで、低価格の商品が出てくるのは世の常で、OVAでも同じような動きが見られた。『パトレイバー』は作品中に広告を入れたり、メディアミックスを行うことで広く収益を上げることができるシステム作りなど企業努力で低価格化を実現。また、長期シリーズ『銀河英雄伝説』はテレビシリーズの制作方法と同じく、設定や背景、音楽などをシリーズ通して使用し、2500円という驚異的な低価格を実現した。このようなパイオニアを見習ってか、80年代末期のシリーズものは低価格でリリースされる傾向がでてきた。**（松原）**

CHECK!

メイキングや見所をまとめた廉価ビデオもリリースされた

機動警察パトレイバー Vol.1 ½
①88／06／10 ②ワーナー ③7 ④スタジオディーン ⑤― ⑥980

機動警察パトレイバー Vol.6 ½ かわら版
①88／12／21 ②バンダイビジュアル／東北新社 ③20 ④スタジオディーン ⑤須呂伴人 ⑥2800

機動警察パトレイバー Vol.7 ½ AFTER THE MOVIE
①89／12／09 ②バンダイビジュアル／東北新社 ③30 ④スタジオディーン ⑤― ⑥4500

144 孔雀王 鬼還祭

原作は85年に「週刊ヤングジャンプ」で連載された荻野真の密教バトル漫画。当初からメディアミックスを狙った大型タイトルで、実写映画版は香港の映画会社ゴールデン・ハーベストとフジテレビが製作にあたり、三上博史とアクションスターのユン・ピョウの競演でも話題になった。88年にはこのOVAも公開され、94年の『真・孔雀王』まで続くシリーズとなる。

OVA第1作の『鬼還祭』は、盗まれた裏の阿修羅像を追って孔雀が陰陽道と対決するオリジナルストーリー。原作のシチュエーションを散りばめた佳作であるが、真言を唱えながら戦う孔雀の姿は『北斗の拳』などマッチョなバトルに飽きたファンにとっ

ては新鮮であった。

エンディング曲の「レプカントスキャンダル」は作詞・作曲を高見沢俊彦が担当したSPLASHの名曲となっている。後に高見沢自身も10年にセルフカバーを発表しているのでこちらも併せて聴いておきたい。（キムラ）

①88／04／29 ②ポニーキャニオン ③55 ④創映新社 ⑤秋山勝仁 ⑥11800 ⑦有 ⑧有

145

安部譲二かっとび青春記 渋谷ホンキィトンク

▼漢気溢れる異色の痛快不良大活劇ロマン

冒頭の実写部分には安部譲二本人も出演！

あの名作（迷作）『チャージマン研！』など数多くの香ばしく、一部の好事家にはたまらない作品を送り出したナックが、安部譲二・原作、田中正仁・作画で「週刊プレイボーイ」に連載された安部の自伝的劇画をアニメ化。しかも監督は、後に『なにわ遊侠伝』『ころがし涼太』など、間違いない漢気溢れる作品を手がける落合正宗（作画監督も担当）。

『堀の中の懲りない面々』でもおなじみの安部譲二の自伝的な、ゴツイ中にもユーモアのあるVシネ感覚溢れる作品だ。（松原）

青春・極道志願編 ①88／05／25 **英国留学・脱線編** ①88／06／25 **直也帰国第一線編** ①88／11／25 88／09／25 **極道経済学入門編** ①88／11／25（全巻共通）②徳間ジャパン ③35 ④ナック ⑤落合正宗 ⑥9800 ⑦未 ⑧有

146

ハイスクールAGENTⅡ

Uボートを追え！

パートナーのセーラが教師として赴任してきたため、一層自由がなくなったコースケは、Uボートに眠るヒットラーの遺産を回収するため北極海へ向かうように命じられる。ネオ・ナチと遺産争奪戦の最中、コースケは同い年の美女ニーナと出会うが…。

TOM CATの歌うノリの良い「NA・NA・NA」が流れ、期待が高まるオープニングから掴みはオッケー。前作同様、プログラムピクチャーの意志を継いだ非常に痛快な娯楽作だ。（松原）

①88／05／13 ②東映ビデオ ③30 ④エイジェント21 ⑤坂田純一 ⑥9800 ⑦未 ⑧未

147

麻雀飛翔伝 哭きの竜

OVA『トップをねらえ！』のガイナックスが、「あンた、背中が煤けてるぜ」の名台詞を麻雀漫画愛読者以外にも浸透させた能條純一の漫画を忠実にアニメ化。〝鳴き麻雀〟を信条とすることから「哭きの竜」と呼ばれる無敗の雀士・竜が、日本最大の暴力団・桜道会会長の桜田道造に招かれ、桜道会甲斐組組長と出会い、反桜道会との抗争に巻き込まれていく。いわゆるアニメファン向けではないが、原作知名度から日本各地に広がったレンタルビデオ店の一般層には充分アピールした。（キムラ）

①88／05／25 ②バンダイビジュアル ③45 ④ガイナックス ⑤出崎哲 ⑥12800 ⑦未 ⑧未

148 ドミニオン

▼無頼戦車警察集団と悪漢たちのコミカルバトル

戦車警察とコミカルなブアク一味の攻防!

猛毒性の細菌に大気を汚染された地球。多くの人が細菌に対して免疫を持った体質になっていたが、逆に免疫を持たない人こそ健康体なのであった。健康体を使い、細菌を退治する方法を研究している病院からオシッコを盗み出すブアク一味。タンクポリスは彼らの悪事を阻止するため出動する。戦車警察女性隊員レオナとミニ戦車ボナパルトの誕生と活躍を描いた1~2巻。続く3~4巻では、〝健康な世界最後の名画〟イノセントに隠されたブアク出生の秘密を描く。

士郎正宗原作の未来警察アクション漫画を、80年代のタツノコプロ作品を彷彿とさせる軽快なギャグバトルアクションに仕上げた小気味良い作品。主題歌「チェリームーンで踊らせて」とエンディング「星のオルゴール」は少女隊が担当しているのも、今観直すと80年代感をアップさせる。翌年には総集編が劇場公開され、93年と05年には別スタッフで新作OVAがリリースされた。**(松原)**

ACT-Ⅰ「犯罪軍団」 ①88/05/27 ③40 ⑤真下耕一 ⑥9800 **ACT-Ⅱ「犯罪戦争」** ①88/06/24 ③40 ⑤真下耕一 ⑥9800 **ACT-Ⅲ「犯罪倫理」** ①88/08/11 ③37 ⑤石山タカ明 ⑥9800 **ACT-Ⅳ「犯罪要因」** ①89/08/11 ③37 ⑤石山タカ明 ⑥9200 **(全巻共通)** ②東芝映像ソフト ④エイジェント21 ⑦有 ⑧有

149 六神合体ゴッドマーズ 十七歳の伝説

80年代初頭のロボットアニメの中にあって、生き別れとなった双子の兄弟の悲劇を描き、とりわけ女性ファンに愛された『六神合体ゴッドマーズ』のテレビ放送6年後に制作された完全新作OVA。

テレビアニメ版では、地球に送られた弟のマーズを主人公にストーリーが展開したが、本作ではギシン星に残った兄、マーグの視点で物語が進行する。マーズよりも女性に人気のあったマーグを主人公としただけの作品という悪評もあるが、ギシン星での日常生活が描かれ、マーグの恋人役として新キャラのルルウが登場し、さらにマーズとマーグが搭乗するゴッドマーズやガイヤーなどのロボットもテレビ版とはデザインが一新されているなど、精緻で丁寧な作画とも相俟って、見所の多い作品となっている。**(吉田)**

①88/06/05 ②東宝ビデオ ③56 ④東京ムービー新社 ⑤飯島正勝 ⑥11000 ⑦有 ⑧有

CHECK!

横山光輝

最終的には地球が消滅してしまうハルマゲドンを描いた横山光輝の名作『マーズ』が『ゴッドマーズ』の原作。アニメはまったくの別物になっていたが、原作・アニメ共に名作なのは間違いない。テレビ化された作品の多い横山作品だが、いくつかの作品がOVA化されている。90年代には原作に沿った形で『マーズ』をOVA化。しかし、売れ行き不振で全4巻の予定が2巻でストップした。テレビでも人気のあった『バビル2世』も全4巻でOVA化された。そして、真打として『ジャイアントロボ』を横山キャラ大量出演で制作した『ジャイアントロボ THE ANIMATION ―地球が静止する日』が全7巻(外伝として『素足のGinRei』が別途2巻あり)でリリースされる。少年漫画のワクワク感に満ちた本作は、OVA史に刻まれる傑作である。

150 学園便利屋 アンティークハート

学園内で便利屋を商う斉、亨、高弘の3人組。彼らは取り壊し予定の旧校舎で精霊の姫・沙姫と出会う。旧校舎取り壊し反対活動も虚しく、学校側は取り壊しを強行。古き物の心・アンティークハートの精霊たちを守るため、沙姫は人間と戦おうとするが、高弘の優しい気持ちに触れ…。

原作は片山愁が「月刊ウィングス」に連載していた「学園便利屋」シリーズ。原作よりもOVAはウェットなテイストがある。内容も少し駆け足気味だが、10代の頃に観るには最適な青い短編作品である。**（松原）**

①88／06／05 ②東芝EMI ③41 ④アニメイトフィルム ⑤わたなべぢゅんいち ⑥9800 ⑦有 ⑧有

151 赤い光弾ジリオン 歌姫夜曲

沖浦啓之や黄瀬和哉などが参加し、玩具の光線銃共々大人気となったテレビシリーズのOVA版。アップルを嫁に迎えるため誘拐したアドミス一家と、三丁しか存在しない幻の銃で戦いを挑むJJたち。『ストリート・オブ・ファイヤー』を意識した西部劇をモチーフに、テレビ版とはまったく違う設定で、『幽玄道士』を思わせる戦闘員が登場するなど、遊び心満載の番外編といった趣の作品だ。ちなみに、なぜかゴードン長官はオネエ言葉。**（松原）**

①88／06／21 ②キングレコード ③47 ④タツノコプロ ⑤西久保瑞穂 ⑥9800 ⑦有 ⑧未

152 プロジェクトA子3 シンデレラ♡ラプソディ

▼小さな恋のハタ迷惑！A子とC子の友情の危機！

宇宙船を乗っ取ろうとした大徳寺輝の計画を阻止し、A子たちは再びいつもの騒がしい毎日を送っていた。春休み目前のある日、彼氏探しをしていたA子はひとりの青年・結城桂（K君）に恋してしまい、同じく彼に恋したB子と対立を深めることに。C子もA子との楽しい日常をことある毎に邪魔され面白くない状況になっていき…。

『プロジェクトA子』シリーズの3作目で、OVAとしては2本目。本作以降、制作会社がA.P.P.P.からスタジオ・ファンタジアへと変更となった。シリーズで初めて女性脚本家（川崎知子）が起用された本作は、K君の登場によって恋愛要素がストーリーに絡んできたのが大きな特徴。また、87年に結成されたアイドルグループ「レモンエンジェル」がゲスト出演しているなど、懐古の情に駆られることは間違いない。**（加藤）**

①88／06／21 ②創映新社／ポニーキャニオン ③50 ④スタジオ・ファンタジア ⑤森山ゆうじ ⑥10500 ⑦有 ⑧有

CHECK!

レモンエンジェル

『くりいむレモン』でお馴染みのフェアリーダストが輩出した、少しエッチな3人組アイドルグループ。彼女たちをモデルにした深夜アニメも話題となった。良曲揃いのアルバムに収録されているミニドラマで、鼻血を出したチェリーボーイズも多い（？）。

153

トウキョウ・バイス

勇気と知恵とチームプレイを武器に戦いに挑む

パッケージに書かれたコピー、「OVA界の若武者、山崎理・大貫健一が自信を持って送り出す〝TOKYO VICE〟メガロポリスは巨大な戦場となる」に偽りなしな作品。原作は南町奉行所、主題歌は京本政樹だ。

ラッツ探偵局員の燃えるアクション!

ラッツ探偵局の4人のメンバー（全員大学生）が、国家的レベルの巨大な陰謀に立ち向かう。重傷を負って、彼らにフロッピーディスクを渡して息絶える人物が事件のカギを握っているという燃えるシチュエーションから物語はスタートする。映像も冒頭の衛星からの情報収集シーンや、高速道路での戦闘ヘリコプターによる襲撃シーンなど、とにかく格好いいシーンが続く。コンピューターの指示で警備厳重な研究所に忍び込む描写もハッタリが効いている。生身の人間がライフル一丁で、どうやって二足歩行兵器を倒すのか、敵研究所が原子炉の臨界により壊滅するなど、緊張感に溢れた展開も良い。予告編が本編と全然違うのも一興だ。黒幕は代議士で、パッケージにはそのキャストが書かれていてネタバレに。**（かに）**

①88／06／25 ②ポリドール ③56 ④南町奉行所 ⑤山崎理 ⑥9800 ⑦有 ⑧未

154

テンリトル・ガルフォース

今度の戦場は映画会社だ？ディフォルメされたキャラたちが、シリーズ1～3を元にした映画の撮影をしているというメタ的な設定で巻き起こす珍騒動の数々。ハードな内容だった本編を笑い飛ばし、ギャグにするといったセルフパロディ満載の短編。この頃はこういう作品多かったかも。実際のスタッフもアニメキャラとなって劇中に登場するという、内輪ネタもあり。最後には巻末漫画ならぬ、自虐的な巻末アニメも収録。**（馬場）**

①88／07／03 ②ソニー ③30 ④AIC／アートミック／アニメイトフィルム ⑤八谷賢一 ⑥5000 ⑦有 ⑧有

mini column

OVAを盛り上げたOVA専門誌

年々リリース本数が増加したOVA。既存のアニメ誌は毎月のテレビアニメや映画も取り上げるため、後発メディアのOVAの本数に対して割けるスペースは少なかった。そこで「アニメディア」別冊として、85年に日本初のOVA専門誌「アニメV」が創刊された。OVAの情報だけでなくハードに関する情報も丁寧で、非常に充実した内容は多くの読者の支持を得た。OVA人気の勢いと共に1年足らずで隔月から月刊化するも、OVAの魅力が衰退するのと比例して98年7月に休刊。「Looker」としてリニューアルしたが、こちらも99年に休刊した。

他にも『M.D.ガイスト』などをリリースしていたヒロメディアから85年に自社の作品を中心とした大判の「Globian」、みのり書房から90年に「V VERSION」がOVA専門誌として創刊した。しかし、「アニメV」の充実度には勝てなかったのか、「Globian」は87年1月号、「V VERSION」は創刊したその年末の12月号（わずか7冊）で休刊となってしまった。**（松原）**

155

吸血姫美夕

▼平野俊弘×垣之内成美によるゴシックホラー

今始まる…美しく悲しい吸血姫伝説

88年7月から89年4月にかけて、全4巻が発売されたOVA作品。その後、多数のメディアミックスがされるなどの人気となった。

昏睡状態にある少女を助けて欲しいという依頼を受け、京都を訪れた霊媒師・瀬一三子。京都では吸血鬼事件が頻発しており、少女の昏睡も事件に関係していると考える彼女は、調査の最中に〝吸血姫〟の少女・美夕との出会いを果たす。一三子と同じく吸血鬼事件を追っていた彼女は、人間世界へやってきた〝はぐれ神魔〟を狩ることを宿命とする存在だった。美夕は自身のしもべであるラヴァと共に、少女の〝夢〟に住みつき事件を引き起こしていた神魔を封じる。（第一話「妖の都」）

一連の事件を解決した美夕は、とある学校に転校生として入学。女子生徒の人気を集める男子生徒・桂に惹かれていた美夕だったが、彼は神魔である爛佳と恋に落ちていた。美夕は爛佳から桂を奪おうとするが、彼は爛佳により人形に変えられてしまい、闇へと葬ることしかできなかった。（第二話「繰の宴」）

そして今度は、これまでの事件で美夕と共に活躍してい

ミステリアスな魅力を醸し出す美夕

たラヴァが封印されてしまい、美夕は一三子に助力を求める。鎧の怪人と、ラヴァを封印した神魔・レムレスと闘う2人。レムレスを葬ったことでラヴァの封印が解かれ、鎧の怪人から美夕を救う。鎧の怪人は自らが人間だったことを思い出すが、警官隊に射殺される最期を遂げた。（第三話「脆き鎧」）

鎌倉を訪れた一三子は、幼少期の記憶を頼りに向かったある屋敷の中で美夕と出会い、彼女が吸血鬼に目覚める前の過去と、その生い立ちを知ることになる。（第四話「凍る刻」）

世界で有名な吸血鬼というイメージに和の要素を足すことで新たな世界観を生みだした本作。幻想的な雰囲気と〝吸血姫〟美夕の心情に踏み入るテーマ性が生み出したドラマは、現代でも視聴者の心に突き刺さるだろう。**（加藤）**

第一話「妖の都」①88／07／21 ⑥5500 **第二話「繰の宴」**①88／10／21 ⑥5500 **第三話「脆き鎧」**①88／12／21 ⑥5500 **第四話「凍る刻」**①89／04／21 ⑥5160 **（全巻共通）**②ポニーキャニオン ③30 ④AIC ⑤平野俊弘 ⑦有 ⑧有

美夕に血を吸われ、しもべとなった西洋悪魔・ラヴァ、美夕の秘密に迫る霊媒師・一三子など脇を固めるキャラクターも魅力的だ

156
バブルガムクライシス4 REVENGE ROAD

暴走族アウトライダーたちを蹴散らしながら走る巨大な漆黒のマシン〝グリフォン〟。とてつもないスピードで走り去る悪魔のマシンを追い、改造バイク・ハイウェイスターを駆り、夜のハイウェイを疾走するプリス。操縦者の正体と、その目的は果たして!?

チェイスアクションを中心にした、番外編的なエピソード。異形のマシン〝グリフォン〟のデザイン担当は、「マシーネンクリーガー」シリーズでお馴染みの横山宏である。**（伴）**

①88／07／24 ②東芝EMI ③40 ④AIC／アートミック ⑤林宏樹 ⑥8800 ⑦有 ⑧有

157
遠山桜宇宙帖 奴の名はゴールド

巨大コンピューター〝EDO〟に管理された未来の日本。由緒正しい家柄に生まれながら放蕩三昧で勘当されたゴールドは、父親を襲った事件からEDO体制が揺らぐような真実にたどり着く。ゴールドの啖呵が法廷に響く。

日本人の誰もが知っている『遠山の金さん』を換骨奪胎し、スペースオペラに仕上げた結城恭介の書き下ろし小説をOVA化。ヒロインのミディの声を、主題歌も歌うアイドルの藤井一子が棒読みながら熱演している。**（松原）**

①88／07／25 ②徳間ジャパン ③60 ④東映動画 ⑤梅澤淳稔 ⑥12800 ⑦有 ⑧未

158 エースをねらえ！2

▼ひろみは悲しみを乗り越え、世界的プレイヤーへ

テニス漫画、というよりスポーツ漫画における金字塔である山本鈴美香の同名漫画のOVA。漫画連載期間中の73年に初めてテレビアニメ化されて以降、連載終了後に制作された78年の『新・エースをねらえ！』、さらに79年の劇場版と、何度かアニメ化されているが、取り上げられてきたのは、原作漫画の第1部の途中、あるいは第1部のラスト、重要人物である宗方コーチの死までであった。初のOVAとなる本作では、宗方コーチとの死別後を描いた漫画版の第2部が初めて取り上げられている。まずは本作以前にアニメで描かれた原作漫画版第1部のストーリーを概説しておく。

岡ひろみは、テニス王国といわれた西校の女子テニス部に所属する全国屈指のプレイヤー・竜崎麗香（通称・お蝶夫人）に憧れ、自身もテニス部に入部。新任のコーチ・宗方仁に素質を見出され、猛烈な特訓を課せられた挙句、いきなりお蝶夫人とダブルスを組まされる。戸惑うひろみであったが、親友のマキ、男子テニス部の藤堂や尾崎、写真部の千葉らの励ましのもと、徐々にその素質を開花させていき、宗方コーチの異母妹の緑川蘭子やお蝶夫人といったライバルと互角の戦いをするプレイヤーに成長していく。そんな中、持病が悪化した宗方には死期が迫っていた。『〜2』では、この後の部分が語られていく。ひろみは、アメリカでの国際大会への出場が決まるが、渡米の直前に宗方が病で倒れ入院する。心配するひろみに、後から自分もアメリカへ向かうと告げ、慰める宗方であったが、ひろみが渡米した直後に死亡する。国際大会で好成績をおさめて帰国したひろみを待っていたのは、宗方の死という衝撃の事実であった。ショックから立ち直れないひろみの元に、かつて宗方とダブルスを組んでいた無二の親友・桂大悟が現れる。落ち込むひろみと寺で合宿をしながら再起を促した桂は、そのままひろみのコーチに就任し、更なる高みへとひろみを押し上げていく。原作における第1部のラスト近くから始めて、第2部の中半までを忠実にアニメ化しているが、最後は、ライバルである緑川蘭子、さらにお蝶夫人との対決で幕を閉じる、というアニメならではのエンディングを迎えている。とりわけ、激しい雨の降る中、ライトで照らされたコートを舞台に、ひろみとお蝶夫人が激突する最終話の試合は、勝敗が明確に描かれないものの、監修・出崎統と作画監督・杉野昭夫の相乗効果によって、非常に印象に残るものとなっている。（吉田）

STAGE1「無二の親友の約束」「岡、エースをねらえ！」「コーチのいない海外遠征」①88／07／25 ③75 STAGE2「哀しみのニューヨーク」「残された日記」①88／07／25 ③50 STAGE3「さよならコーチ！」「悲しみの中へ」①88／09／25 ③50 STAGE4「宗方仁のラケット」「傷だらけのコート」①88／09／25 ③50 STAGE5「ライバルたち」「決戦前夜」①88／10／25 ③50 STAGE6「弾丸サーブ・復活！」「きっと……見ている」①88／10／25 ③50（全巻共通）②バンダイビジュアル ④東京ムービー新社 ⑤出崎統 ⑥12800 ⑦有 ⑧有

159

ワット・ポーとぼくらのお話

▼コナミが贈るジャムと美少女セレーネの冒険譚

カナメプロがディーバと改名して制作した作品。しかし発売した時にはすでに倒産していたらしい。監督・影山楙倫、キャラクターデザイン・いのまたむつみ、メカデザイン・豊増隆寛、プロダクションデザイン・小原渉平と『幻夢戦記レダ』のメインスタッフに加え、脚本・上原正三、原画に金田伊功も名を連ねている。

ジャムは村を救うためワット・ポーを探す

一角鯨のワット・ポーは魚村の守り神であった。しかし山に住む空飛ぶ悪魔・バードにさらわれて以来、村は不漁に悩ませられる。村の少年・ジャムは、火口湖に囚われたワット・ポーを取り戻すために山に登る。そこで少女・セレーネに出会い、バードは飛行スーツを着た人間だと知る。彼らは過去の戦争で汚れた大気を避けるために地下で暮らしているが、元は村の住民だったのだ。ジャムとセレーネはワット・ポーを逃し、双方共存の道を歩む。

挿入歌「秘密の翼」は、バラエティ番組「夢で逢えたら」の「いまどき下町物語」でも使用されていた。**（坂本）**

①88／08／12 ②コナミ ③55 ④ディーバ ⑤影山楙倫 ⑥12800 ⑦未 ⑧未

160

宮沢賢治名作アニメシリーズ 風の又三郎

風の強い日に不思議な少年が転校してくる。地元の子供たちは、少年を「風の神の子・風の又三郎」だと噂する。子供たちの幻想的な交流を描いた、宮沢賢治の傑作短編を名匠・りんたろうがOVA化。有名なフレーズ「どっどどどどうど」が印象的なテーマソングの流れる冒頭からワクワク感が溢れ、りんたろう独特の映像表現は宮沢賢治の世界観とマッチしており、30分ながら観応えのある作品となっている。ナレーションはC・W・ニコル。**（松原）**

①88／08／20 ②コナミ ③30 ④プロジェクトチーム・アルゴス ⑤りんたろう ⑥7800 ⑦未 ⑧未

161

現世守護神 ぴーひょろ一家

「月刊プリンセス」に姫木薫理が連載していたラブコメタッチのオカルトアクション漫画を、全3巻でOVA化して秋田書店から通販限定でリリースされた。悪霊退治のため、中有郷から現生に遣わされた現世守護神・強太、キョン太、きばっ太、Q太の活躍を描く。1巻は強い霊力を持った悪霊と、2巻では離島で悪霊と、3巻では宿敵の五人衆と戦い、各巻独立して楽しめるようになっている。3巻の巻末には原作者自らがアニメーターに初挑戦した映像が収録されている。**（松原）**

第1話「ぴーひょろ一家見参！」 第2話「黒の報復」 第3話「雪迷路」（全巻共通） ①88／09／01 ②秋田書店 ③30 ④東京ムービー新社／鎌倉スーパーステーション ⑤出崎哲 ⑥8800 ⑦未 ⑧未

162 ドキドキ学園 決戦!! 妖奇大魔城

“夜になると光る、ふしぎな変身シール入り”として発売されていたフルタのお菓子ドキドキ学園チョコ。当初はドキドキ学園を舞台にしたギャグテイストのものだったが、『ビックリマン』ブームで一気に路線変更。開運軍団と妖怪軍団の戦いとなった。

本作はバンダイから『ウルトラマン』や『SDガンダム』もラインナップされていた廉価版編集ビデオシリーズのひとつとしてリリースされた。ミニ冊子、ミニカード、シールが付属。（松原）

①88／09／20 ②バンダイ ③10 ④葦プロダクション ⑤森脇真琴 ⑥1480 ⑦未 ⑧未

163 秘伝 忍法帳 雷王白獅子五番勝負 五重島の戦い

妖忍界を舞台に、忍戒石を巡る雷王白獅子と妖魔暗黒軍との対決を描く。エスキモーから発売されていたアイスのオマケシールで、あのシュガー佐藤が「コミックボンボン」でコミカライズしていた『秘伝忍法帳』をOVA化。

当時、『決戦!! 妖奇大魔城』に続き、「ビデオヒーロー」シリーズとしてリリースされ、同様にシール、カード、ミニブックを同梱。子供心をワクワクさせるパッケージングであった。（松原）

①88／09／20 ②バンダイ ③10 ④葦プロダクション ⑤秦義人 ⑥1480 ⑦未 ⑧未

164 ナマケモノが見てた

▼アナーキーなラディカルギャグが炸裂!

動物村に住む動物たちが過ごす日常を描き、動物豆知識やブラックジョークが満載なシュールなコメディ作品。

吉本新喜劇ファンも必見な声優陣

ヤギの先生とコアラやゾウ、ワニなどの生徒が通う動物学校の話や、ド貧乏アライグマ一家のギリギリな生活風景、流行に流されやすいオオサンショウウオの話など、いくつかの短編で構成されている。原作は「週刊ヤングジャンプ」で連載されていた村上たかしの同名マンガ。村上が吉本新喜劇のファンということもあり、スーパーエレファントに島田洋七、ヤギ先生に太平サブロー、コアラの高山に太平シローなど、80年代を代表する漫才師たちを起用しているため、声だけでも当時を想起させられる。

豪華なスタッフでギャグ世界を構築

監督は『それいけ！アンパンマン』シリーズで知られる永丘昭典。脚本は『あんみつ姫』や『らんま1／2』でシリーズ構成を務めた浦沢義雄、音楽を『タイムボカン』シリーズで有名な山本正之と強力な布陣となっている。（リワークス）

①88／09／23 ②東映ビデオ ③30 ④エイジェント21 ⑤永丘昭典 ⑥9800 ⑦未 ⑧未

165

宮沢賢治名作アニメシリーズ どんぐりと山猫

ある土曜の夕方、かねた一郎の元に山猫から届いたおかしな手紙に書かれていた〝めんどうなさいばん〟とは？『ボビーに首ったけ』などの平田敏夫が監督、『とんがり帽子のメモル』などの名倉靖博がキャラクターデザインを担当したコナミ・バオバブレーベルの第2弾。独特の柔らかさを持つ名倉の作画と、ザ・ハプニングス・フォーなどで活躍したクニ河内の味のあるナレーションが、宮沢賢治の名作に一層深みを与え、抑えた動きと共に独自の世界観を作り上げている小品。**（松原）**

①88／09／30 ②コナミ ③25 ④プロジェクトチーム・アルゴス ⑤平田敏夫 ⑥6800 ⑦未 ⑧未

166

チョーク色のピープル

『ハートカクテル』で一世を風靡した、わたせせいぞうが「野性時代」に連載した、まったく野性味のない漫画をOVA化。原作の「汐風になく建物」「兄と妹」「サイドカーはキミの予約席」「SOMETIMES I'M HAPPY」「サンタのカルテットがやって来た」をベースにした全5編のオムニバス。セリフはなくBGMだけが流れ、漫画のコマを落とし込んだ映像は劇メーションを彷彿とさせる。まさに時代の徒花と言える作品。**（松原）**

①88／10／05 ②角川書店／NECアベニュー ③54 ④3D ⑤神山晃 ⑥9800 ⑦有 ⑧未

167

悪魔の花嫁 蘭の組曲

「プリンセス」に長期連載された池田悦子・原作、あしべゆうほ・画のホラーファンタジーコミックのOVA化作品。原作のエピソード「蘭の組曲」をベースに、池田悦子自らがシナリオを執筆。悪魔に魅入られてしまった少女・美奈子が遭遇する人間の愛憎劇を描いている。浜崎博嗣が作画監督を務め、マッドハウスの力量が発揮された美麗な作画に、当時の女性読者は魅了されたと推測される。デイモス役の野沢那智の声も艶っぽい。**（松原）**

①88／10／05 ②秋田書店／東映ビデオ ③30 ④マッドハウス ⑤りんたろう ⑥8800 ⑦未 ⑧未

mini column

未来感があった!? ビデオマガジン

80年代に盛んだったメディアにビデオマガジンがある。「ベッピン」や「ボスッ!」は長期間リリースされたこともあり、認知度も高いのではないだろうか。86年、ビクターは「LD対VHD戦争」の真っ只中にVHDマガジン「アニメビジョン」でカチコミをかける。ここでしか観ることのできない新作アニメ『COSMOSピンクショック』や『妖刀伝』を、〝連載〟し（後にまとめてソフト化）、パイロットフィルムや声優へのインタビューなど映像媒体としての特性を十分に発揮し（しかもここでしか観ることのできない映像も多数）、フルランダムアクセスなどVHDの操作性を活かした企画もあり、バラエティに富んだ内容であった。高価でなかなか購入まで踏み切れないOVAを映像で吟味できるという点でも重宝された。LDの市場占拠率が圧倒的になってからも号数を重ねたが、89年の20号で休刊（他にVHSでベストセレクション的な「アニメヴィジョンスペシャル」も6号までリリースされた）。88年にはバンダイから「電影帝国」が創刊された。「アニメビジョン」と同じく89年に休刊した。現在では専門チャンネルやネットがその代わりとなり、アニメファンの裾野を広げている。**（松原）**

168 トップをねらえ！

▼己を捨てて戦うことを選択する少女たち

人類が宇宙へと進出した21世紀初頭、人類は宇宙怪獣と遭遇し、熾烈な戦いを展開していた。宇宙戦艦の艦長を務めた父を戦いで喪った少女、タカヤ・ノリコは、父の後を追うべく沖縄宇宙女子高校へと入学する。

そんな彼女を、新任コーチのオオタ・コウイチロウは、学園の「お姉様」アマノ・カズミと共にパイロット候補生として選び出す。いきなりの抜擢によってふりかかるプレッシャーやいじめ・妬みにとまどうノリコだが、コーチの叱咤、そして人知れず努力を重ねるカズミの姿に一念発起、その才能を開花させていく。遂にカズミ、オオタと共に宇宙へと旅立っていくノリコ、そこには彼女の想像を超えた世界と戦いが待ち構えていた。

『王立宇宙軍 オネアミスの翼』（87年）を制作するために設立されたアニメスタジオ「ガイナックス」初期の傑作であり、アニメーターの俊英としてその名を轟かせていた庵野秀明が商業作品の初監督を務めたことも、当時大きな話題となった作品。キャラクター原案は美樹本晴彦、そして脚本は岡田斗司夫名義だが、実際には山賀博之が執筆している（5・6話は庵野秀明と共同）。

ノリコの成長と共に物語は一気に加速する

第2話からは、まさかのハードSFアニメへとシフトチェンジ。ロシアの美少女パイロットであるユング・フロイトとの出会い、初恋の少年スミスの戦死による悲しみを経て、ノリコが最終兵器の巨大マシーン兵器〝ガンバスター〟のメインパイロットとして成長する様が、高密度の作画と熱い展開で描かれていく。シリーズを通してウラシマ効果を巧みにドラマに織り込んでいるのも大きな見どころで、銀河の彼方で戦うノリコ&カズミの時間と地球に残された仲間たちとの時間が大きくずれていく状況も、物語を冷たく盛り上げていく。守りたいと思っている目の前の人々は、今度帰った時にはもう存在しないという残酷さ。しかし、二人は〝人類の未来〟という大義のためにあらゆるものを捨てて、そして己も捨てて戦うことを選択する。そう、この作品は、戦う者の選択と決意を描いた〝ヒーロードラマ〟なのだ。最終話の6話のみ、モノクロのシネスコサイズで展開するというのも、破格の仕掛け。『エースをねらえ！』のパロディタイトルから始まった物語は、さらなる重厚さをまとい、想像もつかないスケールと時間を駆けぬけて、誰もが感涙必至のラストへとなだれ込む。

これぞSFアニメ、これぞ80年代OVAの金字塔。全人類必見に値する一作だ。（伴）

VOL.1「ショック！ 私とお姉様がパイロット!?」「不敵！ 天才少女の挑戦!!」①88/10/07 ③50 ⑥10800 VOL.2「初めてのときめき☆初めての出撃」「発進!! 未完の最終兵器！」①89/01/01 ③58 ⑥10800 VOL.3「お願い!! 愛に時間を！」「果てし無き、流れのはてに…」①89/07/07 ③60 ⑥10140（全巻共通）②バンダイビジュアル ④ガイナックス ⑤庵野秀明 ⑦有 ⑧有

169 宇宙の戦士

▼メカに重点を置き、独自性を追求したOVA版

宇宙戦争の時代を生きる青年たちを描く

「夏への扉」や「月は無慈悲な夜の女王」などで知られるSF小説の大家・R・A・ハインラインの同名小説を、世界で初めてアニメ化した作品。

世界が連邦国家として統一された未来の地球を舞台に、平凡な高校生が軍隊に入り、戦士として成長しながら、苛烈な異星人との戦いに挑むSF青春群像劇である。ダニエル高校のフットボール部に所属する主人公・ジョニーは、高校生活最後の試合でゴール直前に敵チームのタックルを受けゲーム中に気絶し、憧れの女性カルメンシータに告白できないまま、卒業を迎えてしまう。カルメンシータが軍隊に入ると聞いたジョニーは、両親の反対を押し切り、彼女を追って入隊してしまう。第1志望を宇宙海軍としていたジョニーであったが、実際に配属されたのは、最悪の軍隊といわれる陸軍機動歩兵部隊であった。

未知の異星人の攻撃 ジョニーは戦場へ行った

彼の入隊と時を同じくして、地球連邦は未知の異星人の攻撃を受け、交戦状態に入った。地球上での基礎的軍事教練からはじまり、月面、火星、そして異星人との交戦が続く惑星グレンダツウへと進むうちに、一人前の戦士へと成長したジョニーは、敵異星人との戦闘に突入していき…。

ハインラインの原作小説では、「軍隊経験のあるものだけが市民として参政権を与えられる」といった「軍隊」や「力」を賛美するような思想的描写があるが、このアニメ版では、思想的な傾向は一切見られない。

一方で、日本版の原作小説の表紙などで描写された宮武一貴（スタジオぬえ）のデザインによる独創的な「パワードスーツ」が、実際にアニメーションとして動いているシーンを観られるというのは、日本のファンにとって嬉しいことであった。

前半におけるパワードスーツを着用しての軍事教練や、後半の異星人との戦闘シーンにおける兵器としてのパワードスーツの活躍など、このアニメ版『宇宙の戦士』という作品を、いわゆる「リアルロボットアニメ」として鑑賞することも可能であろう。サンライズ制作による大ヒットアニメ『機動戦士ガンダム』の企画にも影響を与えたといわれている本作を、そのサンライズが（北米での上映をしないという条件のもとで）権利を取得してアニメ化した、という点も見逃せない。原作小説との相違点が多く、またLD以降、国内でのソフト展開が進んでいないこともあって、顧みられる機会は少ないが、今後の再評価をのぞみたい作品である。**（吉田）**

第1巻「ジョニー」「ヘンドリック」①88／10／25 **第2巻**「マリア」「グレッグ」①88／11／25 **第3巻**「チェレンコフ」「カルメンシータ」①88／12／17 **（全巻共通）**②バンダイビジュアル ③50 ④サンライズ ⑤アミノテツロー ⑥12800 ⑦有 ⑧未

170 魔界都市〈新宿〉

▼劇場作品並みの予算と時間をかけた超大作！

菊地秀行×川尻善昭 最強タッグの第2弾！

大ヒットを記録した『妖獣都市』に続き、原作・菊地秀行×監督&キャラクターデザイン・川尻善昭という、黄金コンビが再びタッグを組んで描く、ファンタジック・バトル・アクション。

魔道士レヴィ・ラーと〝念法〟の達人・十六夜弦一郎との死闘の果てに起きた魔震〝デビルクェイク〟によって、魑魅魍魎が跋扈する魔界都市に変貌した新宿。その10年後、〝現代の聖人〟とも謳われる連邦政府・ラマ主席が、娘のさやかを伴い初来日するも、空港でラーによって囚われてしまう。その夜、自宅の道場で木刀を振るっていた弦一郎の息子・京也の前に、父の師匠・ライ老師が現れ、ラーを倒すよう依頼するが…。

新宿が魔物が蠢く 魔界都市に…！

小説家・菊地秀行のデビュー作をOVA化した本作は、菊地ワールドの母胎とも呼ぶべき〝魔界都市〈新宿〉〟が舞台。修行によって人間の思念を霊的エネルギーにまで昇華し、奇跡を可能にする力〝念法〟を会得した主人公・京也が、父を救うために異形の魔物が蠢く〈新宿〉に単身赴く美少女・さやかのボディガードとして活躍する様を綴っていく。

エロスとバイオレンスが匂い立つ大人の物語だった『妖獣都市』とは対照的に、本作は京也が真の念法使いとして覚醒するまでの過程をメインとしたさわやかなジュブナイル。舞台となる〈新宿〉の人外魔境的描写はやや控えめにし、京也の少年らしい男気、さやかの高潔さや母性といったメインキャラクターの内面を繊細な演出で描き出す。

スタッフには、川尻監督をはじめ、作画監督・恩田尚之、原画・浜崎博嗣、動画チェック・小池健、背景・男鹿和雄と、豪華な面々が集結。声優陣も堀秀行&鶴ひろみコンビのみずみずしい演技を、小林清志、永井一郎、青野武、銀河万丈ら超実力派が支えるという鮮やかなコントラストが素晴らしい。個性的な登場人物の中で、観る者に最も鮮烈な印象を残すのが、魔物との戦いで衰弱していた京也とさやかを救った赤いコートの魔界医師・メフィストだろう。スピンオフ小説の主人公にもなっている、魔界都市きっての人気者を『妖獣都市』でパワフル&エネルギッシュな主人公・滝を好演した声優・屋良有作が、抑制の効いた演技で見事に表現した。

艶やかな色彩やストロボを使った演出〝パカパカ〟といった、80年代アニメならではの特色に加え、ズームイン&アウト、ハイスピード&スローモーションなどメリハリの効いた画面演出など〝川尻節〟が堪能できる一作。**（中村）**

①88／10／25 ②ジャパンホームビデオ ③80 ④マッドハウス ⑤川尻善昭 ⑥14800 ⑦有 ⑧有

171

竜世紀

竜が飛び、魔が舞う…久保書店×AIC第2弾!

原作は竜騎兵の伝奇SF漫画『DRAGON BREEDER』。『機動戦艦ナデシコ』や『鋼の錬金術師』の會川昇が脚本を担当。

現代編の「神章」と未来編の「魔章」から成り、『神章A.D.1990 璃子』では、20世紀終盤の世界各地に、伝説上の生物・竜が突如出現。日本でも自衛隊員である相良が、特殊部隊を編成し襲撃に備えていた。そんな中、遂に日本に現れた竜。偶然現場に居合わせた、破壊願望を持つ高校生・璃子は、そこで卵から孵ったばかりの子竜を保護する。カーマインと名付けて密かに育てる璃子だが、相良に見つかってしまい追い込まれる。しかし突然、人類の驚異となる悪魔が出現。璃子は、カーマインから竜が現れた真実を聞かされる。

『魔章 R.C.297 ルリシア』は「神章」より約300年後の未来。竜と人間が共存する世界で、角を折られた竜はその人間「竜使い」に付き従い、竜同士の戦いの場「竜闘」に出場していた。かつての文明の遺産である塔に上り、一匹の年老いた赤竜を訪ねた少女ルリシア。竜使いの父を竜闘で失い、仇を討つべく赤竜バーミリオンに挑み、その角を折り契約を結ぶ。竜闘で連戦連勝する彼女は仇討ちを忘れ、バーミリオンとの平和な暮らしを求め始めていた。だが、最後の竜闘で父の仇ブラックドラゴンと対峙することに。

ビーボォー作画の雄・北爪宏幸のキャラクターデザインと作画監督が印象的で、彼の同門・越智博之のモンスターデザインも加わり、作画クオリティを引き上げていた。ちなみにこの二人は共に本作の絵コンテも担当した。隠れた秀作としてファンも多く、06年には原作漫画および設定資料も収録したDVD『竜世紀コンプリート・コレクション』が発売された。(リワークス)

神章 A.D.1990 璃子 ①88/10/26 魔章 R.C.297 ルリシア ①88/12/25 (各巻共通) ②久保書店/東芝EMI ③30 ④AIC ⑤福本潔 ⑥8800 ⑦有 ⑧有

172

ガルフォース3 宇宙章／完結編 STARDUST WAR

▼壮大な物語の秘密が語られる宇宙編最終章

前作で恒星破壊砲の起動を阻止したルフィーたちは、ネビュラート大佐に連れられ、惑星エンブローへ。そこで、ソルノイドのルーツを知ることになる。一方、ソルノイド、パラノイド両陣営の戦いはシグマナース太陽系での最終決戦へ。

勝利なき戦いを終わらせるためにネビュラートはエンブローを再活性化し、停戦を呼びかけるが…。

惑星破壊砲を使った最終決戦と並行して、停戦に持ち込もうとするネビュラートとルフィーたちとソルノイドの起源が判明する。最後にふさわしく、「宇宙章／完結編」は壮大な作品になっている。人はどこから来て、どこへ行くのか？ ソルノイドの知識、情報を外宇宙へ託すネビュラート、戦士として最後の戦場へ赴くルフィー。歴史は繰り返す。『2001年宇宙の旅』の裏焼きのようなエンディングが印象的。（馬場）

①88／11／02 ②ソニー ③60 ④AIC／アートミック／アニメイトフィルム ⑤秋山勝仁 ⑥11800 ⑦有 ⑧有

173

機甲猟兵メロウリンク

ボトムズに新たな広がりを加えたスピンオフ作品

80年代に「リアルロボットアニメ」という分野を確立した『装甲騎兵ボトムズ』の設定や世界観を用いたスピンオフのOVA。

ギルガメスとバララントの両国家がアストラギウス銀河を二分して展開した百年戦争の末期に起きた、メルキア軍の一部の将校による大規模な横領事件「プランバンドール・スキャンダル」に絡んで、その罪を負わされた主人公・メロウリンクの復讐を描く。惑星ミヨイテにおいて、メルキア軍プランバンドール機甲大隊に所属するシュエップス小隊は、激戦地で孤立した自軍の大部隊を撤退させるための囮を命じられる。シュエップス隊長の抗議は受け入れられず、加えて上層部への反抗の懲罰としてATを取り上げられ、旧式の対ATライフルを使って戦う機甲猟兵に降格させられてしまう。圧倒的な戦力差の中、囮となったシュエップス小隊は善戦するも、メロウリンクを除いて全滅する。軍への報告のために帰還したメロウリンクを待っていたのは、作戦の最中に重要軍事物資であるチヂリウムを強奪し敵前逃亡した犯罪者、という汚名であった。軍事法廷に立たされたメロウリンクは、隙をついて脱走、自らの潔白を証明し、死んでいった小隊の仲間を弔うため、事件を主導した将校たちを因縁の対ATライフルでひとりずつ殺害していくのであった。

孤独に戦う猟兵メロウの運命は…

本作の最大の魅力は、「ロボットと人間が一騎打ちをする」という構図にある。『装甲騎兵ボトムズ』に登場する軍事ロボットのATは、リアルロボットアニメにふさわしく全高が4メートル程度という現実的なスケールに設定されていることもあって、人間が立ち向かっても違和感は覚えない。機甲猟兵が使う対ATライフルは、3発の徹甲弾が装填でき、さらに銃身の下部には、ATも使うパイルバンカーが装着できるようになっている。とはいえ、劇中でメロウリンクも述べているとおり重量が30キロもあるATライフル自体が「旧式」の兵器であり、これを持たされて戦うことは懲罰でしかありえないとされている。この対ATライフル一挺を武器に、対戦相手のテリトリーや性格を把握した上で、様々なトラップを仕掛けて圧倒的な戦力差を埋め、対AT戦で勝利を収めるメロウリンクは、キリコとは違った意味で主人公に相応しい魅力に満ちている。また、メロウリンクの復讐のターゲットにされた旧将校たちが、それぞれの立場に応じて大胆にカスタマイズしたATの存在も、メカファンには嬉しいところである。

本作は全12話と、OVAとしては比較的長期なシリーズのため、前半の1話～6話を横領の首謀者である旧将校たちへの1話完結型の復讐劇とし、後半の7話～12話では、メロウリンクを陰からサポートして「プランバンドール・スキャンダル」の首謀者の抹殺を画策してきた謎の人物・キーク（正体はスキャンダルもみ消しの密命を受けた軍人）との対決を描いた連続劇とするなど、飽きさせない工夫がなされている。**（吉田）**

VOL.1「ウイルダネス」「コロシアム」①88／11／21 VOL.2「ジャングル」「リーニングタワー」①88／12／21 VOL.3「バトルフィールド」「プリズン」①89／01／21 VOL.4「レイルウェイ」「ゴーストタウン」①89／02／21 VOL.5「フォレスト」「キャッスル」①89／03／21 VOL.6「ベース」「ラストステージ」①89／04／28（全巻共通）②バップ ③50 ④サンライズ ⑤神田武幸 ⑥9800 ⑦有 ⑧有

CHECK!

谷口守泰

大阪にあるアニメ制作会社・アニメアール代表であり、日本のアニメ界の重要人物。テレビや劇場作品だけでなく、OVA『超時空ロマネスクSAMMY』『レイズナー』『メロウリンク』『ギャラガ』などのキャラデザを手掛けている。エッジの効いたシャープで独特な雰囲気を持ったキャラクターが特徴。

mini column 復活させるOVA、復活するOVA

原作ものOVAが採用する作品の中に、“懐漫”と呼ばれる、60～70年代の作品があることも多い。安彦良和が監督を務めた『風と木の詩』、永井豪の『デビルマン』『手天童子』などが80年代にOVA化され、90年代には当時の復刻ブームの影響があったのか、つのだじろうの『うしろの百太郎』『恐怖新聞』の2作品、手塚治虫の『マグマ大使』、横山光輝の『ジャイアントロボ』『マーズ』、桑田二郎の『エイトマン』（『エイトマンAFTER』）、小沢さとるの『サブマリン707』（『深海の艦隊 サブマリン707』）『青の6号』、アダルトアニメになるが佐藤まさあきによるピカレスクロマンの傑作『堕靡泥の星』など、オールドスクールな作品を原作に忠実に、または大胆なアレンジを加えてリメイクが行われた。中でも永井豪作品は『けっこう仮面』などに続きリリースされた『真ゲッターロボ 世界最後の日』が、作画・内容共にテンションが高く、大ヒットゲーム「スーパーロボット大戦」やフィギュアでの認知度の影響もあってか人気シリーズとなり、00年代には続編も制作された。さらに渋いところでは諸星大二郎の『暗黒神話』もOVA化され、過去の名作漫画を広めるという文化的貢献も果たした。

その逆に、過去のOVA作品が復活することもある。80年代後期のエポックメイキング的作品『トップをねらえ!』の続編『トップをねらえ2!』が真っ先に頭に思い浮かぶ人も多いだろう。両作共に非常に優れた作品で、未見の方は必見である。17年にはCAMPFIRE上に突如『メガゾーン23』に関するクラウドファンディングページがアップされた。ファンド内容はパート1と2をテレビシリーズとしてリブートする企画『メガゾーン23 SIN』と新作パート4を実現させるためのプロモーション映像の制作費用募集であった。この2つの企画は見事、目標金額を達成し、着々とプロモーション映像の制作は進行中である。多メディア時代を迎えて、コンテンツ不足が叫ばれる昨今、80年代OVAが復活する可能性は大いにあるだろう。**（松原）**

mini column ファンの悲鳴が聞こえる! ロングシリーズの増加

80年代後半になると、作品数の増加と共にこれまで以上に差別化が図られだした。ロングシリーズ、低価格化もそのひとつであろう。テレビシリーズ同様にキャラクターや背景、音楽の流用が可能で、制作費を抑えて低価格を実現できるシリーズものが多数制作された。ファンからすると、面白い作品が増えるのは嬉しいことだが、価格が安くても数が出れば財布が軽くなる。嬉し悲しい悲鳴をあげていた。しかし、それ以上に悲鳴をあげていたのは、現場のスタッフたちであった。89年にはテレビだけで43本のアニメが放送され、そこに映画、OVA、CMなどが加わり、オーバーワークでパニック状態だったことは容易に想像できる。**（松原）**

174

冥王計画ゼオライマー

▼無情な戦いを描く不条理ロボットドラマ

突然謎の男たちに囲まれ拉致された、ごく普通の少年・秋津マサト。幽閉されたマサトは謎の美少女・氷室美久とサングラスの男・沖に、自分の両親が赤の他人であったこと、そしてマサトは巨大ロボット「天のゼオライマー」のパイロットであることが告げられ、大きなショックを受ける。一方、世界征服を企む謎の秘密結社「鉄甲龍」が15年ぶりに活動を再開、若き女帝・幽羅帝は八卦ロボによるゼオライマー奪還・破壊を命じる。その命を受け、幽羅帝と相思相愛の耐爬が駆る「風のランスター」が、日本の地下秘密基地「ラスト・ガーディアン」を急襲する。無理やりゼオライマーのコクピットに乗せられたマサトは、いきなりランスターとの実戦に臨むこととなる…。

平野俊弘×会川昇 最強タッグ第4弾!

『戦え!!イクサー1』『破邪大星ダンガイオー』『大魔獣激闘 鋼の鬼』に続く、平野俊弘（現・平野俊貴）監督×脚本・会川昇（現・會川昇）×制作・AICトリオによる巨大ロボットOVA第4作は、『イクサー1』と同じく美少女コミック誌「レモンピープル」に連載された、ちみもりをの原作コミックをアニメ化した作品。

ちなみに本作制作時に原作は完結しておらず（当時単行本化されていたが、連載時は〝第1部完〟とされていた）、そこまでのストーリーを基にオリジナルの設定・展開を交じえて展開する。

次元連結システムによる無限のエネルギー供給で、圧倒的な強さを見せつける究極の巨大ロボ「ゼオライマー」は、本作では森木靖泰による新たなデザインで登場。筆者は正直なところ、原作の独特なデザインにベタ惚れだったため本編を観るまで違和感があったのだが、「八卦ロボの中の一体」という設定になった段階で、他の機体との共通項を持たせるための選択だった、と今では理解できる。また原作での美久は、美少女コミックの宿命なのか、全裸でゼオライマーのシステムのパーツとなるのだが、アニメではアンドロイドになり、骨格化した後、変形してゼオライマーに合体するという設定に変更されている。八卦ロボとのバトルも、本作の見どころのひとつで、風を操るランスター、双子のパイロットが操る「火のブライスト」「水のガロウィン」、エネルギーチャージシステムによるレーザー攻撃を主とする「月のローズ・セラヴィー」などなど、それぞれが独自のギミック装備で観る者の目を楽しませてくれる。

ヘヴィーな設定で暴走していく物語

実はマサトはゼオライマーの開発者・木原マサキ（原作では若槻魔沙樹）が生み出した自身のクローン体であり、ゼオライマーに搭乗することでその記憶が甦り、自らの黒き野望に邁進するという、主役ロボが一気に凶悪化するまさかの展開が原作の肝だった。しかし、脚本を担当した会川はその設定を活かしてさらにドラマを一盛りしてきた。「鉄甲龍」の八卦ロボを操る八卦衆メンバーは、それぞれがコンプレックス・悩みを抱いている。姉への嫉妬、明かせぬ恋心、意に沿わぬ美貌…敵側のドラマも並行して描かれることで、ゼオライマーのバトルはより温度を上げていくのだが、なんと八卦衆はマサキが生み出したデザインベビーであり、彼の野望達成のため、自滅するようにそれらの欠点が埋め込まれていたことが明らかにされる。さらに、幽羅帝もマサト同様、マサキが野望達成の依り代として生み出したクローン体であった。つまり、この物語はたったひとりの死者の亡霊と生み出したものが争いあう、究極の「ひとりバトル」が描かれるのだ。自らの意思が、抱いていた恋心が、胸に燃やした野心が、実は他人に仕組まれたプログラムであったという悲しみ、苦しみ。そして、残された〝作られし

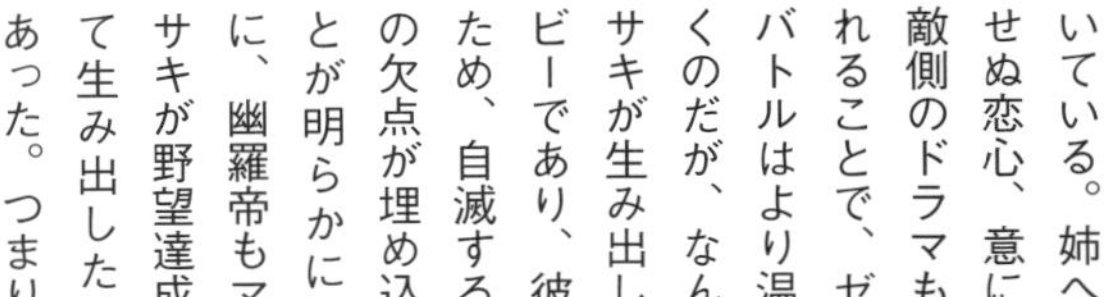

者〃たちが選んだ結末とは、果たして…。『ブレードランナー2049』へも繋がるこのテーマ性は、今なお有効。原作に忠実なアニメ化を期待したファンをまったくの別地平へと放り投げる衝撃作、ロボットアニメファンならずとも必見だ。**（伴）**

Ⅰ「―決別―」①88／11／26 ⑥9800 Ⅱ「―疑惑―」①89／06／28 ⑥9200 Ⅲ「―覚醒―」①89／12／20 ⑥9200（1～3巻共通）②東芝EMI ③30 ④AIC／アートミック ⑤平野俊弘 ⑦有 ⑧有 ※4巻は90年に発売

175 1ポンドの福音

素質に恵まれながら減量が苦手で、食べ過ぎて負け続ける若手ボクサーと、彼を見守る見習いシスターの交流を描く高橋留美子の同名漫画をOVA化。

原作では、ボクシングコメディという珍しくも難しいテーマを、独特の間合いや展開で重苦しくならず、軽すぎずといったバランスで描き切っている。注目は本格的スポ根漫画を数多くアニメ化して成功させてきた重鎮・出崎統が監督を務めている点であろう（本作では「さきまくら」名義）。出崎はコメディである本作においても随所で止め絵、繰り返しショット、入射光などの、いわゆる「出崎演出」を敢行しており、原作よりもややシリアスなテイストを加えながら、動画としての魅力を巧みに表現している。なお、脚本はOVA版「るーみっくわーるど」を手掛けた高屋敷英夫と金春智子が担当している。**（吉田）**

①88／12／02 ②小学館／ビクター音楽産業 ③50 ④オービー企画 ⑤さきまくら ⑥9800 ⑦有 ⑧有

176 神州魑魅変

谷恒生のオカルトホラー時代小説をOVA化。

那須葉月藩に伝わる伝説の大金脈〃黄金の竜〃。その黄金の竜を手に入れるには、高天原の超霊〃魑魅〃を宿した女性と交わらねばならないと言われている。五代将軍・徳川綱吉と側用人・柳沢吉保は、飽くなき欲望のため黄金の竜を狙う。秘剣天流不動剣の使い手・葉月影七郎は彼らの陰謀を阻止しようと激しい戦いを繰り広げる。栄華を極めた元禄時代を舞台に、その裏で蠢く陰謀を描く骨太でアダルティーな作品だ。

徳間ジャパンのビデオコミックレーベルからリリースされた。**（松原）**

巻之壱「黄金の竜」①88／12／10 ⑥9800 巻之弐「妖魔蠢動」①89／02／10 ⑥9800 巻之参「剣風魔魂」①89／04／10 ⑥9200 巻之四「霊峰血戦」①89／06／05 ⑥9200（全巻共通）②徳間ジャパン／徳間コミュニケーションズ ③30 ④マジックバス ⑤出崎哲 ⑦有 ⑧未

177 風を抜け！

村上もとかが「週刊少年サンデー」に連載していたモトクロス漫画が原作。約2年連載された原作から、一文字彗とジェフ・アネモスとの日本GPジュニア250ccクラスの激闘をピックアップしている。60分という時間だけに、端折り気味ではあるが、彗とメカニック・ジュンの交流も瑞々しく、彗とジェフの勝負も非常に爽やかに描かれている。

主人公の一文字慧の声を真木蔵人、その父親をマイク真木が担当し、親子共演も話題であった。**（松原）**

①88／12／16 ②ビクター ③60 ④マッドハウス ⑤古瀬登 ⑥12800 ⑦有 ⑧未

178 銀河英雄伝説

▼圧倒的巻数で度肝を抜いたSF大河ドラマ！

田中芳樹の同名SF小説を『超時空要塞マクロス』の石黒昇が総監督した壮大な宇宙叙事詩の第1期（全26話）。シリーズ計6期が88年から00年まで断続的に発表され続け、OVA（約25分）は本伝110話と外伝52話、その他に劇場作を含む長編3作も制作された空前のスケールに圧倒される。また販売方法も「1本1話収録」のVHSを、登録した顧客に毎週配達する「ウィークリー・アニメビデオ」という異色の手法がとられ、後に「1本に4話収録」の販売&レンタル版ソフトをリリースするなどOVA販売史における唯一無二の展開として話題となった。

物語の舞台は遠い未来。銀河は二大勢力による戦争で150年間も膠着状態だった。しかし、皇帝と貴族が支配する銀河帝国の若き元帥ラインハルトと、脱帝国の人々が建国した自由惑星同盟の若き艦隊司令ヤンの出会いにより、事態は大きく動き始めていく。漆黒の宇宙を埋め尽くす無数の艦隊による陣形突破の激戦、ラインハルトやヤンをはじめとする多くの英雄たちの知力を駆使した攻防、各陣営の主義主張や政治的対立による権謀術数など、従来のSFアニメとは一線を画したスケール感と群像劇が本作の魅力だ。

『宇宙戦艦ヤマト』シリーズでも知られる加藤直之とスタジオぬえによる艦船などのメカ設定は両軍共に個性際立つデザインラインで、機能美と優雅さに満ち溢れている。また作画監督でもある奥田万つ里のキャラクターデザインは『天空戦記シュラト』に繋がるイケメン揃いで女性ファンを魅了したのもうなずける。作画面では黄瀬和哉（『イノセンス』）や湖川友謙（『伝説巨神イデオン』）ら実力派が各話作監で名を連ね、ファンを狂喜させていた。新作『銀河英雄伝説 Die Neue These』を楽しみながら、旧シリーズ制覇に挑んでみるのもいいかもしれない。

（リワークス）

永遠の夜の中で ①88/12/21 ⑤石黒昇 **アスターテ会戦** ①88/12/28 ⑤石黒昇/秦義人 **第十三艦隊誕生** ①89/01/10 ⑤石黒昇/山田ひろし **帝国の残照** ①89/01/17 ⑤石黒昇/冨沢和雄 **カストロプ動乱** ①89/01/24 ⑤石黒昇/長尾粛 **薔薇の騎士** ①89/01/31 ⑤石黒昇/岡本達也 **イゼルローン攻略！** ①89/02/07 ⑤石黒昇/熨斗谷充孝/上野史博 **冷徹なる義眼** ①89/02/14 ⑤石黒昇 **クロプシュトック事件** ①89/02/21 ⑤石黒昇/高木真司 **ジェシカの戦い** ①89/02/28 ⑤石黒昇/岡本達也 **女優退場** ①89/03/07 ⑤石黒昇/大関雅幸 **帝国領進攻** ①89/03/14 ⑤石黒昇/高木真司 **愁雨来たりなば…** ①89/03/21 ⑤石黒昇/山田ひろし **辺境の解放** ①89/03/28 ⑤石黒昇/山田ひろし **アムリッツァ星域会戦** ①89/04/04 ⑤石黒昇/清積紀文/熨斗谷充孝/上野史博 **新たなる潮流** ①89/04/11 ⑤石黒昇/滑川悟 **嵐の前** ①89/04/18 ⑤石黒昇/さかいあきお **リップシュタットの密約** ①89/04/25 ⑤石黒昇/殿勝秀樹 **ヤン艦隊出動** ①89/05/02 ⑤石黒昇/元永慶太郎 **流血の宇宙** ①89/05/09 ⑤石黒昇 **ドーリア星域会戦、そして…** ①89/05/16 ⑤石黒昇/岡本達也 **勇気と忠誠** ①89/05/23 ⑤石黒昇/山田勝久 **黄金樹は倒れた** ①89/05/30 ⑤石黒昇/岡本達也/熨斗谷充孝/上野史博 **誰がための勝利** ①89/06/06 ⑤石黒昇/さかいあきお **運命の前日** ①89/06/13 ⑤石黒昇/木村哲/熨斗谷充孝/上野史博 **さらば、遠き日** ①89/06/20 ⑤石黒昇/木村哲/上野史博 **（1～26巻共通）** ②キティ・エンタープライズ ③30 ④キティ・フィルム ⑥2500 ⑦有 ⑧有 ※27巻以降は90～00年代に発売

CHECK!

Die Neue These

Production I.G制作で18年から19年にかけて、テレビと映画をまたいで展開される新作アニメが『銀河英雄伝説 Die Neue These』だ。OVA版よりも線の細いキャラデザだが、ヤンは若干OVA版の雰囲気も漂っていて往年のファンも必見か。

179
宇宙家族カールビンソン

漫画家・あさりよしとおの代表作である同名人気コミックのOVA化作品。東映長編映画『長靴をはいた猫』の監督である矢吹公郎氏を監督に起用。さらに後年『ロミオの青い空』などを手掛ける女性脚本家・島田満氏も参加。

ストーリーは原作冒頭で宇宙旅芸人一座がコロナと出会い疑似家族を形成するところから、大型トンボ捕りや運動会などほぼ原作準拠で、一部オリジナルエピソードも織り交ぜながら描かれている。（ホシノコ）

①88/12/21 ②徳間書店 ③45 ④動画工房 ⑤矢吹公郎 ⑥9800 ⑦有 ⑧未

180
妖精王

黒い影が忍び寄る妖精の国を救えるか？

既存の少女漫画の枠を破った話題作を次々に発表してきた山岸凉子の同名漫画をOVA化。北海道に肺病の療養にきた主人公・忍海爵が、居候先で遭遇した妖精たちから自分が妖精王だと告げられ、妖精の国・ニンフィディアを魔府の女王・クイーン・マブの手から救うため、魔周湖への旅に出る。

全5巻の原作を60分にまとめていることもあり、物語の展開が拙速な印象を持つが、演出面で工夫を凝らし、原作の耽美的な雰囲気をアニメーションへ巧みに移植させている。（吉田）

①88/12/21 ②ソニー ③60 ④マッドハウス ⑤山田勝久 ⑥11800 ⑦有 ⑧有

181
バブルガムクライシス5 MOONLIGHT RAMBLER

大張正己が監督を務め、一気にメカが先鋭化！

宇宙ステーション「ジェナロス」からセクサロイドのグループが脱走。激闘の末、その中の二人・シルヴィとアンリがメガTOKYOに逃げこむことに成功する。シルヴィはプリスと親交を深めながら、自由な日々を満喫するが、その一方でケガをしたアンリの血液を補充するため、新型の空挺バトルムーバーD-Dを使って人を襲わなくてはならなかった。一方、ナイトセイバーズはSDPC（Space Development Public Corporation・宇宙開発公社）とゲノム工程管理センターによる汚職事件に絡んだ依頼を受けていた。その目的はD-Dとシルヴィの回収。図らずも戦うこととなったシルヴィとプリスの運命は⁉

本作では大張正己が監督となり、作品中のメカも一気にバリメカ化。もはやブーマが雑魚キャラ化しているのが寂しい反面、メイスンに代わる悪役・ラルゴが登場、物語も重みを増していく。（伴）

①88/12/25 ②東芝EMI ③45 ④AIC／アートミック ⑤大張正己 ⑥9800 ⑦有 ⑧有

『超獣機神ダンクーガ』の忍役で一気にアニメファンの注目を集め、声優だけでなく役者、シンガーなどマルチな才能を発揮している矢尾氏。疾走感溢れた当時を語ってもらった。

interview

Talk about *OVA* 5

矢尾一樹

Kazuki Yao

interview Takeshi Kikuchi

無我夢中の毎日で、手作り感満載だった

―『バース』についてお聞かせください。

矢尾　事務所からの情報で、たまたまオーディションを受けたら受かったのは本当の話。アニメのオーディションが初めてだったので、当日訳も解らず無心で演ったのを覚えてる。その無心がよかったのかな(^_^;)。アフレコ現場はなんかベテランばっかりって感じで、物静かで緊張したな。でも、唯一友達の戸田恵子さんがいたので、言われるままに色々台本に書いたけど業界用語ばっかりでサッパリ意味が解らなかった。いざアフレコをやり始めても思い通りにいかず、初日（2日間のアフレコだった）が終っての飲み会で涙が流れてきたのを覚えてるよ。それを見た先輩（八奈見乗児さん）が優しく声をかけてくれて、その優しさに感動！　その場で伴宙太だと知り「星ィ〜！」と言ってもらって上機嫌、明日への活力になってね。が、しかし次の日も何もできず惨敗。その時から声優という仕事は職人というイメージがある。

―『超獣機神ダンクーガ』シリーズは代表作のひとつです。

矢尾　『ダンクーガ』は俺の声優人生にとって無くてはならない存在。初めてのテレビシリーズで、毎週同じ曜日の同じ時間に同じスタジオで同じキャラになるという、声優業独特のリズムが身に付いたんです。そのベースのリズムによって、自分の肉体&精神とキャラとの位置関係が見えてきたような気がする。まぁ、忍というキャラと自分がかなり近いという事実も否めないけど…。そしてとにかくアフレコの後でよく呑んだ！　毎週よく呑んだ!!　先輩に色々聞いた。芝居について、声優という仕事について聞きまくった。その中で同年代の山本百合子や中原茂と話してる内にライブの話になり、手打ちでライブを演ることに決め、その後メーカーも付いてくれて全国ツアーに出ることになる。そして、ほぼほぼ同時期に個人としてのアーティスト活動も始められるようになって。元々歌に興味があったのでレコード(^_^;)を出せるなんて夢のようだったよ。毎週末、全国津々浦々色んな所へキャンペーンで唄った。ファンがひとりもいない地方のラジオ局のサテライトスタジオとかスーパーの屋上とか…。でも、そのおかげで老若男女、誰とでも自然に絡めるようになったのかも知れない。そ

矢作省吾は青春ドラマを演りたいと思ってた
俺の理想のキャラだった
当時の青春ヒーローの集大成だったと思う

Talk about Dancouga - Super Beast Machine God, Megazone23 and more

して、今ひとりの舞台に立つ役者として役立ってるのは間違いない！『ダンクーガ』といえばやっぱり「やってやるぜ！」だけど、この台詞は今でも俺の代名詞だと思っている（「スパロボ」のおかげ!?）。この「やってやるぜ！」は進化し続けているよね。最初は予告編の決め台詞だった言葉が、何話かで劇中に登場し、物語の流れの中でどんどん進化し、イベントでもライブでもOVAの中でも進化し続け今でも俺の心の中でモットーとして生き続けているんだ。

―『メガゾーン23 PARTⅡ』はいかがでしたか？

矢尾　最初に「PARTⅡで役者を代えるなよ！」と思った。俺は役を盗られるのは（自分の責任の場合）しょうがないけど、盗るのはイヤだ。特にこの作品の先代（久保田雅人）はよく知ってる奴だったから…。彼の引越しを手伝ったことがあるぐらい。しかも近所！　だからPARTⅡが完成してしばらく経つまでPARTⅠは絶対観なかった。でも、観て安心した。だってキャラが全然違うから…もう、早く言ってよ～（スタッフは言ったって言ってたけど）。でもそれで良かったと思ってる。あくまでも俺の、PARTⅡの矢作省吾ができたから。この矢作省吾は青春ドラマを演りたいと思ってた俺の理想のキャラだったから、演っててメチャ楽しかった。アウトローでハードボイルドに憧れて、仲間思いでチョッチお茶目で女好きで、当時の青春ヒーローの集大成だったと思う。だから演れることはすべて演った気がする。生意気に音響監督と芝居のことで闘って（調子コイてたね^o^）、偉そうに俺の思う芝居と監督の思う芝居と両方録って、「良い方を使ってくれ！」って言って結局は音響監督の思惑通りの方を使われてたけど…。演るだけ演らしてもらったから満足だった。

―異色作『遠山桜宇宙帖　奴の名はゴールド』の熱演も。

矢尾　この作品も楽しかった。まさか遠山の金さんを演れるとは思ってなかったから…。実写じゃ一生できるかどうかなのにアニメとはいえ、演れて最高だったね。元々時代劇は好きで、もちろん金さんも色んな人のバージョンで観てたから俺バージョンの啖呵ってどうなるのか自分でもワクワクしたし。でもそこで声優の仕事の難しさを改めて知ったよ。尺に合わせるという一番大切な仕事。自分の間で好きに喋るんじゃなく、キャラの間に合わせて喋ることの難しさ。合うところと合わないところが細かくあって、苦労した記憶が残っている。かなりスタッフも妥協してくれて良い仕上がりになったと思う！　この作品は是非、ブルーレイ化して欲しいと思う!!　もちろん声も新録で!!!

—『真魔神伝』については？

矢尾　役者を始めた時から、役者としてもちろん二枚目を演ることに憧れはあったけど悪役も演りたいと思っていたので、この作品と巡り逢えたことは感謝している。当時は完全別録りで、普通に時間は倍かかったけど、一粒で二度美味しい的な感じで全然苦にならなかった（周りは違うと思うけど（^_^;）。でも、考えてみればこの作品を演ってから、クセの強い役が多くなった気がする。

—『トップをねらえ！』も人気作でした。

矢尾　アフレコ現場は当時ノッてる人が多かった気がする。よく顔を合わせる人ばかりで楽しく演らせてもらった。でも、この作品で覚えてるのは、「とにかくスミス・トーレンは死んでない！」ってアドリブでガンガン言い続けたら、後日、スミス・トーレンのキャラソンができたという事実。水木のオヤジさんが唄うような、これぞアニソンって楽曲を提供してくれた田中公平サマに感謝!!

—『ぶっちぎり』は覚えてらっしゃいますか？

矢尾　青春してたなぁ〜って感じ。メンバーもわりとよく会うメンバーで、和気藹々で楽しかった。何本か演ったけど、最後はキャスト総取っ替えだったような…。どんなキャスティングだったんだろう。

声優は尺に合わせる大切な仕事

Talk about Dancouga - Super Beast Machine God, Megazone23 and more

—『虚無戦史ＭＩＲＯＫＵ』はシリーズものでした。

矢尾　この作品は摩訶不思議な作品で、イメージソングを何曲か唄った気がする…。違ったかな（^_^;）。

—ＯＶＡというものを振り返ってみていかがですか？

矢尾　色々な作品を演らせてもらったよね。今のようにリハビデオが無かったので、毎回毎回台本を読み込んで、当日画を見て演る。その繰り返しで。ただただ無我夢中の毎日だった。ぶっちゃけ現場で画が無かったので、キャラ表＆絵コンテが頼りで、想像に近いところで演ってた気がする。想像の範囲内ならイイけど想像を超えるとお手上げで、スタッフと一緒に話し合いの時間が持たれ、かなり時間のかかった作品もあったな。特に覚えてるのは『戦国奇譚 妖刀伝』の織田信長。信長が取り憑かれて巨大化するところ＆した後はそれをはるかに超えていた。今ならパソコンで簡単にダミーの画を動かして「こんな感じ」って感覚を掴めただろうけど、当時はアナログで監督が画を描いて口頭でイメージを伝えて、俺も演ってみて相談しながら演った記憶がある。何か手作り感満載だった。

—演じられた中で、どんなキャラが好きですか？

矢尾　そりゃ、もう自分に近いキャラも全然遠いキャラも全部好きですよ！　まだまだ演ってないキャラがたくさんあるので、色々演っていきたい。でも、特にといわれれば、今の自分のテーマは年相応かなぁ〜☆。

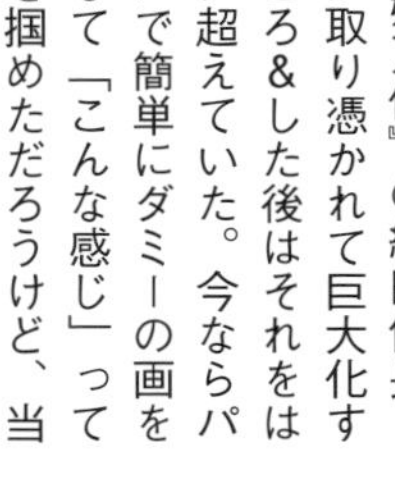

PROFILE

矢尾一樹
（やおかずき）

1959年6月17日生まれ。石川県出身。『超獣機神ダンクーガ』で初の主役声優を担当し、『機動戦士ガンダムＺＺ』のジュドー役など数々のアニメで活躍。ドラマや舞台で役者としてもマルチに活躍している。

HP http://ch.nicovideo.jp/yaochan　twitter @yaochan_defu

北米アンダーグラウンド・レポート
アダルトOVAを巡る暗黒市場

本稿は、80年代OVAを考察する本書の趣旨からは少々脱線する内容であり、筆者もまたOVAは専門外のジャンルであるため周辺事情に関しては余り明るくないことを、最初にお断りしておきたい。そんな筆者がなぜ原稿を書くかというと、仕事絡みで数十回渡米した経験の中で、日本産OVAにまつわるトンデモないシーンを目撃した経験があるからに他ならない。それは今から10年以上前の出来事であり、現在とは状況も違うため時効であろうから問題ないという判断によるものだ。

text 植地毅

西海岸エリアに蔓延する海賊版ＤＶＤ

アメリカ合衆国といえば、世界一著作権にうるさい国というイメージがある。ＶＨＳにせよＤＶＤにせよ、再生すると必ず最初にＦＢＩによる警告文が表示される光景は、輸入盤を購入した経験のある方なら誰しも目撃しているだろう。しかし、大陸というのは実に広いもので、そんな警告文などお構いなしに堂々と、かつ巧妙に海賊版が販売されている現実がある。しかもそれは、ブートレグ盤などという生易しいものではない。時は12年前までさかのぼる。カリフォルニア最大のゲームショウ〝Ｅ３〟の取材でロサンゼルスを訪れた筆者は、そこで知り合った現地の日系アメリカ人オタク青年Ａ君（当然仮名）から「新品の映画やアニメのＤＶＤが安く大量に手に入るルートがあるのだが、興味ある?」という話を持ちかけられる。渡米の度にレコード屋や中古ビデオ屋でソフトを爆買いしていた筆者の行動を知った上でのことであり、もちろん超興味あると二つ返事で承諾。さっそく車を飛ばして案内されたのは、ダウンタウンエリアにある人気のない倉庫街の一角だった。そもそも店でもないし、本当にこんな場所でＤＶＤが買えるのか? と不安になるには充分な危ない雰囲気漂いまくり。しかし、慣れた様子で倉庫に入っていくＡ君。迷うことなく続いて中に入ると、そこは天井までうず高く新品シュリンク状態のＤＶＤが積まれた卸問屋の在庫保管所といった趣き。しかし、どうも様子がおかしい。３人ほどの従業員がダラダラと働いているのだが、ディスクのパッケージ詰めからシュリンク作業、封印となるホログラムシールまでその場で貼り付けている。聞けば、これはすべて〝海賊版〟だという。しかも本物と寸分たがわぬコピーであり、これがひとたび店頭に並べば、まず本物と見分けがつかない精巧な仕上がりである。しかも主力商品は、日本のアダルトＯＶＡのＤＶＤ。今でこそネットのエロサイトで〝ANIME HENTAI〟と検索すれば大量ヒットする無修正のジャパニーズ・エロアニメだが、当時はまだwinnyによるファイル交換が主流でYouTubeも登場していなかった時代である。故にこのような海賊版ＤＶＤ市場が活況だったのだ。

現地ＡＶ女優との淫夢なコラボレーション

そこで筆者は国産エロＯＶＡが、最初から海外輸出を念頭に置き、局部結合までしっかりと作画されていたことを知るのだが、それよりも吹き替えの声優が北米で著名な白人ＡＶ女優が演じていることが衝撃的だった。パッケージには「あのジェナ・ジェームソンが吹き替え初挑戦!」とか本人の写真付きで紹介されていたりするのだが、もちろんオリジナル日本語音声で英語字幕に切り替え可能。従業員（中華系アメリカ人）に聞くと、吹き替え版はイマイチ人気がないとのこと。しかし、物珍しさと３本ボックスセットで10ドル（＝１２００円）という破格な値段に惹かれて思わず10本ほど購入。他にも当時まだ日本国内ではリリースされていなかったはずの『パンダコパンダ』まで収録されたスタジオジブリＤＶＤボックスやら、レーザーディスクからコピーしたと思しき『ガンダム』のボックスセットなど、完全な偽物まで幅広い品揃えには本当に圧倒された。その後二度とそこを訪れることはなかったが、摘発を逃れるために定期的に場所を変えているとか。読者諸兄の皆さんにおかれましても、北米でＤＶＤを購入する際にはくれぐれも注意されたし。つってもホログラムシールまで偽造されてるので見分ける術は皆無。まあ、再生できれば無問題なので、大陸のような広い心で受け止めてほしい次第であります。

『メガゾーン23』『戦え!!イクサー1』などOVAの歴史を語る上で外すことのできない制作会社AIC（アニメインターナショナルカンパニー）。現在、その代表に就き、『メガゾーン』復活に向けて動いている大村氏にOVAの未来について伺った。

interview
Talk about OVA
6

大村安孝

Yasutaka Omura

interview Takeshi Kikuchi

自分なりの『メガゾーン』論を語りたい

―当時、『メガゾーン23』はどのような作品だと映りましたか？

大村 当時、私は中学生でした。アニメは嫌いじゃなかったのですが、部活が忙しかったりで、なかなかテレビのアニメを継続して観ることができなかったので、自然と遠ざかっていました。その頃、初めてビデオデッキが家に来ました。それで、レンタルビデオ屋さんというところに行くようになったんです。初めは『ランボー』や『ロッキー』みたいな洋画を観ていたんですが、アニメも借りてみようと思って観たのが『メガゾーン23』(以下、『メガゾーン』)や『幻夢戦記レダ』とかだったんです。『メガゾーン』を観たときの衝撃は凄かったです。それまでアニメというと、わりと男女関係とかは正面から描かないと思っていたのが、いきなりベッドシーンがあるわけですから…。人が死ぬのは『機動戦士ガンダム』や『超時空要塞マクロス』でもありましたが、逆の〝生〟というか、〝性〟が描かれていて、それが凄くリアルに感じたんですね。中学生には。また、政治色もかなり濃くて、いろいろ深読みできる。さらに平野(俊弘)さんの絵が、もの凄く色っぽくて…。キャラに惚れたというのもあります。すっかり夢中になって、何度も何度も繰り返し観ました。当時千葉に住んでいたのですが、新宿のアニメックまで行って、ポスターやテレカなどのグッズを買いあさりましたね…。『メガゾーン』でオタクになったと言えます。

―『メガゾーン』のリメイクを考えられたのはなぜでしょう？

大村 『メガゾーン』でオタクになったものですから、原体験として非常に強烈なものだったんです。…ていうか、もうトラウマですよ。呪いと言ってもいいかもしれない。高中由唯というキャラに惚れてしまったことから、その後の性癖が決定づけられたわけですから…。オタクになってしまったがゆえに、コミケにも行くようになったし、小説を書くようにもなったし、そしてフィギュアやらプラモやらを生産したり…。今でこそ社会人としてやってますが、30歳まで引きこもりニートでしたから。その呪いのパワーはスゴイです。30過ぎて、こりゃいかん、というわけで社会復帰したわけですが、それでもオタクというのは辞められない。いろいろな企業を経営しましたが、根っこがオタクのまま…。そんな中、友達から、「AICの支援をすることになったんだが、『メガゾーン』の新作のシナリオを書かないか？」とお声がかかりました。私の返事は「新作より、リメイクやらせてよ」でした(笑)。新作も魅力的ですが、やはり自分の根っこを、もう一度掘り下げて整理してみたい。当時のスタッフにもらったものが、自分の中でどう熟成したのかを出してみたい、と思ったわけです。また、ちょうど今の時代に、合ってると思ったんです。平和な時代が、終わりかけている。そんな不吉な足音がしていて。そして、現実に、いま、ミサイルが飛んできている。平和というものが誰かに与えられているんだと信じたい人たちと、自分の手で守らなくてはという人たちが口論している。何を我々は選択すべきなのか…。そういう現実とのクロスオーバーを感じるので、「今やりたい」と思いました。

―『メガゾーン』リメイクに関する周囲の反応はいかがでしたか？

大村 賛否両論ですが、賛が多いです。純営業的には、一般的に旧作のリメイクというのはファンが元々いるので成功しやすい。そういう打算も当然ありますし…。しかし、僕と同じ年代のオタクは、「メガゾーンが原罪」という人が結構いるんです。そういった人たちで集まると「あそこのアレは納得できないんだよなあ！」という議論が始まる。オタクは議論好きです。自分なりの『メガゾーン』論を語りたい。あの世界観は、それだけ魅力的な題材でもあるわけです。『マクロス』が続いているように『ガンダム』のUC世紀が続いているように、「メガゾーンの世界も続いてくれていたらなあ！」という声は意外と大きい。なので、賛が多いんです。もちろん、「変なリメイクだったらやらないでくれ！」という声もたくさんあります。そして、どんなに良いものを作っても、「コレジャナイ！」と言われるであろうことも覚悟しています。でも結局は、やりたいからやる、というだけで、じつはあまり周囲の反応は気にしてないです。

—今後のAICはどのようなプロジェクトを予定していますか？

大村　『メガゾーン』は新作とリメイクに着手しています。PVの制作費について、クラウドファンディングで募集しましたところ、多くの賛同とご協力を頂きました。まずはこれをちゃんと形にして、テレビシリーズに繋げたい。そして、長く続くサーガの礎にしていきたいと思っています。次に『天地無用！』についても続けていきます。第四期を発売したところ、多くのファンに購入していただけました。求められているなあ、と実感しました。この世界も大事にしていきたいです。他にもAICはいろいろなコンテンツを自社保有していますので、それを生かし、新作を紡いだり、リメイクをしたり、世界観を広げていきたいと思っています。どうかご支援下さい。

PROFILE
大村安孝
（おおむらやすたか）

1972年3月9日生まれ。AIC代表、企業再生家、行政書士。国内初の成立事例となった「ソリッドグループホールディングス社対ケンエンタープライズ社敵対的TOB」でケンエンタープライズ社の法務を取り仕切り、カーチスホールディングス社の副社長となった（その後、代表取締役社長も歴任）。

interview

Talk about OVA

7

三浦亨

Toru Miura

interview Takeshi Kikuchi

AIC設立から重要なポストに就き、名作を世に放った三浦氏。当時からの先見の明は現在も鋭く、非常に興味深いお話を伺うことができた。

—今回は当時のことだけでなく、『メガゾーン23』が復活の動きを見せていることもあり、今後についてもお伺いしたいと思います。AICを起こされる前の70年代後半から80年代頭にかけて、エンタメ界が大きく変化していきましたが。

三浦　音楽、出版、映像という形で変化の波がくるのですが、音楽の方で起こったこと、あれと似たような状況が最終的には映像でも起こってくるという。消費者の動向や著作権の浸透みたいなものすべてに渡って、やはり音楽というのが早くから確立してきた歴史があるので、当然といえば当然なのですが。活字の場合は文化的というか、その国独自のスタイルが古くからあるものなので、同じラインでは語れないとは思いますけど。ただ、マンガが出版社を支えるといいますか、そうなってくるとまったく違うものとは言えない。僕らがOVAを作った時代は、出版業界と映像業界がそんなに近い距離ではなかったです。やはり、「やらせてくれませんか？」と言うと、そんなに好意的な態度は取ってもらえなかったことがあります。今では考えられないような（笑）。要するにマンガのビジネスが大きすぎちゃって、映像で1万〜3万本みたいなレベルでは、彼らにとってメリットを感じなかったのでしょう。なので、必然的にオリジナル作品が多くなっていきました。『メガゾーン23』（以下、『メガゾーン』）もそのひとつです。

—いわゆる制作・プロデュースというところからAICを起こして、自分の中でひとつの作品を作り上げていこうという考えに至ったのは、制作進行をされていた時に体験されたことが大きかったからでしょうか？

三浦　元々、エンターテインメントが好きだったということもあります。ただ、絵を描くとか、文章を書くとかの才能には恵まれなかったし、それよりも数百倍も素晴らしい才能が世の中にはいるので、そういう人たちに寄り添って役に立ちたいと思いました。僕らの商売ってドーナツの真ん中みたいなもので、周りはマーチャンダイジングとかに囲まれて美味しそうに見える。ただ真ん中の何もないところがないとドーナツとはいえない。真ん中にもそれなりに役割はあるんだけれど。だから、当時からプロダクションの経営者は大変だったと思います。でも、おもちゃ会社がスポンサーのテレビアニメは映像は宣伝媒体のひとつで、今度はそれがOVAだと映像が主役になるわけです。すると、腕に覚えのあるクリエイターたちがどんどん参加してくる。例えば自分の好きな色が使える、自分の好きなストーリーが作れる。必ずしも誰かに迎合する必要もない。「戦闘ロボなのに何であんな派手な色をしてるの？」みたいなこともない（笑）。しかし、映像の売上だけで勝負するわけですし、初プロデュース作品『メガゾーン』は緊張しました。結果的には成功しましたし、各種映像機器の急速な普及もあり映像だけでもいけるかもと思ったのです。

—クリエイターの方々も「俺たちでできないか？」みたいなことを？

三浦　やっぱり『メガゾーン』のプロデューサーをやらせていただいたことは大きいです。そこで出会った人たちは、ほとんど未だに一線級で活躍している人たちばかりですので、僕自身も彼らと出会って非常に驚きました。それまで付き合っていたアニメーターと

Facebook https://www.facebook.com/yasutaka.omura　AIC http://www.aic-r.com/

はまったく違う。彼らと仕事を終えた後に、時代がテクノロジーを含めてですけど、変化していくのを感じました。「新しい流れ、次の一手はここだよね」みたいなものを意識するようになりました。

―AICスタートの頃というのは？

三浦 （設立から）いましたけど、僕は『メガゾーン』のプロジェクトでアートランド、アートミックに出向していました。当時、AICそのものは下請けをしていました。で、出向から帰ってきた時からちょっと経って、共同経営者のひとりが辞めて僕ひとりになっちゃったんですよね。そのときの最後の作品は『くりいむレモン』です。40本近く作ったでしょうか。そこからだんだん、今のAICのスタイルになっていったんですよね。黎明期のOVAで非常に大きな役割のひとつにまだ演出、デザインに経験の浅い人たちの腕試しの場を提供していけたというのがあります。その代表作品が『くりいむレモン』であったのかな。そういった背景と、メーカー側の新規事業への思惑や、レーザーディスク、VHD、β、VHS戦争もあって。あの時代、すべてが重なったんですよね。

―『メガゾーン』制作中に勝算みたいなものは見えていたのでしょうか？

三浦 いやぁ、AICでの初OVA作品になる『戦え!!イクサー1』（以下、『イクサー1』）の時もそうだったのですが、そういった売れる売れないといった自信というよりも、ただ単に充実感みたいな、仕事をしているって感覚に満足していました。それは今までに経験したことのないものでしたね。『ダロス』が6800円、『メガゾーン』が13800円くらいしたでしょうか？ 当時のレンタルショップに卸している値段が基準になっていたかと思います。それだと売れるかどうかなんて分からない、当時としても高い値段ですよ。メーカーにとっては新規事業ですし、プロダクションにとっても初めてのトライで予算作りから何もかもが初めてです。でも、やってみなければ分からないという非常にポジティブな雰囲気がありました。そして、蓋を開けてみたら何万本と売れた。音楽は売れるし、宣伝イベントにも沢山の人が来てくれた。ある作品では作曲の先生から、「意外と印税がデカくってびっくりした。ありがとう」みたいなことを言われたこともあります（笑）。音楽業界にとっても意外だったんですね。結果オーライだったのですが、ただ、売れる売れないの勝ち負けよりも、それ以上にこだわっていたものがあったように思います。年齢的にも若かったですし。

タブーに対して挑戦の歴史でもあった

―業界初のOVAとして『ダロス』がリリースされた時は衝撃でしたか？

三浦 あまりピンとこなかった。OVAという新ジャンルですから、予算表の作り方から値付けまで先駆的な役割はしたと思いますが、ビジネス論で語られるよりも作品内容が話題になっていたような気がします。例えば『くりいむレモン』。アダルト作品でしたが、作品内容もさることながら、そこに大きなマーケットがあることに皆驚いた。〝萌え〟という言葉もなかったし、〝オタク〟という言葉さえ当時はあまり使われていなかった時代です。アダルトなので表立って語られることはあまりないのですが、モノづくりの現場にもビジネス面でも今も色濃く影響を与えています。というよりも、それさえも認識できないほど深いところに根付いています。僕らの世代はどうしてもハリウッドを意識してしまう。例えば『メガゾーン』とか『バブルガムクライシス』（以下、『バブルガム』）も、やはりハリウッド映画を観てこういう作品を作ってみたいという刺激を受け、世に出た作品です。でも、予算も含めて到底同じようなものが作れないのは分かっていました。むしろ、それが良かったような気がします。日本独自のアニメとしてのスタイルができましたから。

―例えば『メガゾーン』の場合、当初の出荷数はどれぐらいを想定していたのでしょうか？

三浦 過去の記事にも少し触れていますが、2万6千本と書いてありましたけど、廉価版も含めますと、僕が聞いたのは10万本前後くらい。初回イニシャルでいうと…1万5千とかその辺りではないでしょうか。それはそれですごいですよ。

―平野さん、美樹本さんという才能を『メガゾーン』に連れてこられたのは、OVAなら彼らの能力を最大限活かせるとの考えからですか？

三浦 私のこの業界でのデビュー作品の監督をされていたのが石黒さんでした。それ以降も何かと縁があり、ある日『メガゾーン』のプロデューサーをしてみないかと誘われたのです。その際に石黒監督から「最近、これからが楽しみな才能がたくさん出てきたよ」と言われた。それが彼らでした。当時、彼らは皆自分の才能を発揮する場所がないことにストレスを感じていました。テレビは窮屈だし、劇場では敷居が高すぎる。その点、OVAには自由度があったし、冒険もできるという〝いい身の丈〟だったのです。しばらくは、OVAの基準は『メガゾーン』にあったと思います。それ以上か、それ以下かみたいな。80年代ってある意味、皆デビューしたてだし、クリエイターの人たちって非常に他者の才能に嫉妬深いです。だから、80年代のアニメーションの面白さって、絵がどうのこうのということよりも、熱量だったと思うんですよね。

―80年代、特にAICの作品の場合、平野さんたちはすごく重要な位置にいたと思うのですが、『イクサー』の企画を持って来られた時に、その思いはすごく伝わりましたか？

三浦　そうですね。皆「俺にやらせろ」「俺ならもっとうまくできる」って来るわけですよ。で、「俺にやらせろ」って来るからにはそれなりの根拠があると思うんです。色々聞いてみると、平野くんたちの世代は怪獣映画から始まってロボットアニメとか、どれだけその思いが深いか。そういったものが伝わってくるんですよね。そうするとやっぱりリスクを負ってみようという気にもなるわけですよ。それを僕はそのまんまスポンサーに伝えにいくわけです。そうするとスポンサーも「なるほど。面白そうだな」という話になるんですね。「俺だったらこうやるよ」「俺だったらもっと上手くできるよ」という良い意味でも非常にアグレッシブな人たちですよ。

―アニメ制作がデジタル化され、当時のような「俺に作らせろ！」「俺の画をもっと思う存分動かしたいんだ！」とクリエイターの思いを発表する術が、徐々に無くなりつつあるように思えるのですが。

三浦　OVAもオリジナルから原作付き、そして深夜放送枠へと変貌していきます。その過程は割愛させていただきますが、アニメーションやマンガの成り立ちをみると、諸々タブーに対しての挑戦の歴史でもあったような気がします。メーカー主導で制作していく今の時代、リスクを避けるという観点からも挑戦的な作品が減っていくのは必然だと思います。クリエイターにとっては物足りない時代になったのかもしれないですね。

―海外マーケットは常に意識を？

三浦　次の一手を考え始めると限界も見えてきた。上にはディズニーがいる。どういうふうにしているのだろうと思ったら、なんてことはない、彼らは世界で稼いでいる。アメリカで失敗しようが、世界中からお金が集まってくるわけです。『バブルガム』を作っていた時かな。英国の某玩具会社の社長さんと息子さんが、アニメーションの会社を見学したいということで（AIC に）みえたんですね。息子さんがいうには子供の頃から、「アニメ＝ディズニー」だと思っていた。で、ある日何かしらのきっかけで『AKIRA』を観た。それで、本当にびっくりしたそうです。まず驚いたのが「世の中にディズニー以外のアニメがあったんだ」って（笑）。そこでもう完全にはまっちゃった。「アニメーション＝ディズニー」に楔を打ち込んだのが『AKIRA』という日本のマンガライクな、本当に今でいう「アニメ」ですよ。その頃から、なんとなく世界に行けるかもと思いました。その当時はアニメって和製の英語だから、「アニメ」とどんなに発音良く言ったって分からないわけですよ。英語にないから。そこから2年後くらいかな。大友さんがやっぱり『AKIRA』で、世界中にある意味そういったオタクの子たちをどんどん作っていって。だんだん皆が「他にもあるんじゃないか」ということで、いろんな作品が一気に拡がっていく。米国に行くと、タワーレコードやヴァージン・メガストアーズでは端っこに1ラックだけ日本のアニメ作品があったのですが、毎年行く度にセンターに移ってきてラック数も増えていく。カテゴリーが「INTERESTING」から「JAPANESE ANIMATION」、そして「JAPANIMATION」へ。大友さんの作品がシンガポールエアラインの機内誌の表紙になった。日本のアニメの特集記事が載っていて、冒頭に「ANIME」と書いてあって、発音記号が書いてある。それを見た時に感慨深いものがありました。「ANIME」が世界語になっていくような。僕らが『メガゾーン』を作っていた頃は、「オタク」という言葉も、「アニメ」も一般的ではなかった。「マンガ映画」でなるほどと言われる…80年代はそういう時代でしたが、それこそ世界中にアニメが広がり始めた時代でもありました。そういう時代を生き抜いてきちゃうと、どうしても今の国内状況が物足りなく思えてしまう。

―そういう情熱や思いを共有できるものとして、クラウドファンディングに目を付けられたと？

三浦　メーカー主導になるとサンプル、つまりパイロット版を作る必要は無くなります。でも、これからはそうじゃない時代がきます。音楽業界も出版業界も奉仕する産業になってしまったと言われています。つまり好きな人たちだけがやる産業。アニメーションも例外ではありません。金銭的な分配方式も含めて根本からの改革が必要な時期にきているのだと思います。その糸口になるのがクラウドファンディングになるかもしれない。可能性がある以上やってみる価値はあると思います。やはり、基本的にはクリエイターマインドを刺激するようなビジネススキームを構築していくことが次の課題でしょうか。アニメ産業も付帯産業も含めるとメガ規模になってきていますが、作り手側つまり従事しようとする人たちは少なくなってきています。環境も含めて創作産業として魅力が乏しくなってきているのだと思います。その解決策のひとつにプロデューサーの育成があります。クリエイターを理解し、ビジネスを理解する。これを総じてプロデューサーの仕事と理解していますが、今よりもほんの少しだけプロデューサー人材が育てば、大分違った未来が見えてくるとは思うのですが。

―三浦さん的にはこの業界に対して悲観的なものではなくて。

三浦　比較的、楽観的に考えています。いろいろな意味で業界全体がやるべきことがまだまだあるからです。

―成長する伸びしろがまだまだあると。

三浦　これだけの多媒体の時代を迎え、日本のIP、創作能力が評価されているのはこれまでになかった現象です。ここで頑張らないでいつ頑張るのかと。

※『メガゾーン23』リメイク、新作に関しては149ページのミニコラムをご参照ください。

すごく強そうなのに
すぐやられちゃうブラッドサッカーが好き

80年代から現在まで続くボトムズシリーズ。
そのボトムズのファンとして知られる上坂すみれちゃんにその魅力を語ってもらった。

interview
Girl's talk about
OVA

Sumire Uesaka
上坂すみれ

interview Takeshi Kikuchi

なんて哀しげな人たちが哀しい戦いをするお話なんだろう

Talk about Armored Trooper Votoms and Leechers Army Merowlink

—インタビューをお引き受けいただきありがとうございます。

上坂　こちらこそ、お声がけいただき、ありがとうございます！　最近ちょうど『機甲猟兵メロウリンク』（以下『メロウリンク』）のブルーレイボックスを買ったところだったので、熱いタイミングでした！

—大の『装甲騎兵ボトムズ』シリーズファンとのことですが、劇場版の『ペールゼン・ファイルズ』を観たのがきっかけだったとか？

上坂　そうですね、最初は本当にたまたま観た感じでした。その時は全然ボトムズのことを知らなくて、しかも途中から観たので、お話の流れも全然わからなかったんです。このロボットはなんだろ～みたいに、ふわふわしていました（笑）。ヒロインはいないし、なんて哀しげな人たちが哀しい戦いをするお話なんだろうか、と（笑）。それまで私の中ではロボットアニメって、巨大ロボットがいて、主人公機があって、とってもかっこよく敵を倒すってイメージだったんです。でもボトムズではアーマード・トルーパー（以下AT）に「よっこいせ！」と乗るのが衝撃的で、そこからちょっと興味が湧いてテレビシリーズに、という流れでした。

—ATは主人公機とかではなく、使い捨て前提の兵器ですもんね。

上坂　あんな一発で爆発するなんて…って思いましたね（笑）。私はちょうどソ連、ロシアの戦車が好きだったので、ちょっとシンパシーがあるなと。ドイツとかソ連の戦車みたいな、最も乗りたくない感じがするんですよね（笑）。歴史が残したヤバイものというすごい存在感があるというか。そういうソ連っぽさをボトムズに感じていました。

—テレビシリーズは話数が多いので視聴が大変だったのでは？

上坂　一気にではなく、ちょっとずつ観ていきました。今でも繰り返し観るのは「ウド編」とか「クメン編」ですね。キャラクターも多くて、私が一番よく接する感じの戦争ものの風景が描かれているので、「クメン編」は特に好きです。

—っぽいですよね。一番ミリタリー調な。

上坂　ぽいですね、ベトコンみたいな。

—テレビシリーズの後は、OVAシリーズを順に視聴していったのですか？

上坂　そうですね、ちょうど全3巻のDVDボックスが発売されて、その中にOVAも収録されていたので順繰りに。大学に通っている間、ゆっくり観ていたような気がします。疲れた時とか、私より疲れた人が（ボトムズの世界に）いるんだから、と思うと逆に頑張る気になったりし

OVAを観ないと ボトムズは完成しないというか

Talk about Armored Trooper Votoms and Leechers Army Merowlink

て（笑）。

―ボトムズシリーズでいちばん印象に残っているタイトルというのは？

上坂　うーん、やっぱり最初にテレビシリーズの1話を観た時の衝撃が大きかったですね。アニメのヒロインは可愛い衣装で可愛い髪型で、ちょっとエッチなハプニングがあるイメージだったので、キリコとフィアナのあの出会い方はなんて優しくないんだと（笑）。これが夕方に流れていたのかと思うと、80年代って凄いんだなっていうのが感想です（笑）。後にも先にもフィアナのような登場シーンは他の作品にないと思います。

―OVAでお気に入りのエピソードはどれでしょうか？

上坂　『レッドショルダードキュメント 野望のルーツ』ですかね。みんなが執拗にキリコを殺そうと銃撃するけど微妙に弾が外れるのを、かわいそうに…と思いながら観ていました（笑）。本編でもあんなに短時間で執拗に殺されそうになることはなかったと思いますけど、ペールゼン閣下の執念深さといい、ダメ押しが面白かったなと（笑）。勝ち目のない戦いでキリコの視界が段々ぼやけてきちゃって、そして俺は蘇生した、っていうあの流れはすっごい幻想的で、思い出深い感じがします。お気に入りのATが出るのは『ザ・ラストレッドショルダー』ですね。見た目はすごく強そうなのにすぐやられちゃうブラッドサッカーが好きです。あんなに黒くてアンテナみたいなのもついていて、スコープドッグにも負けないっていうナリをしているのに、ちょっと相手が悪かったのかあっさり撃破されるので（笑）。ぜひ最強のブラッドサッカー乗りによる、ブラッドサッカーが活躍する話が観たいなって思います！

―OVA『ザ・ラストレッドショルダー』はいわゆるミッシングリンクを解消するような作品でしたが、いかがでしたか？

上坂　すごく嬉しかったですね。ウドから急にクメンになって、舞台が飛んだ背景に何があったんだろうと思っていたので。嬉しかったですけど、レッドショルダーはもうちょっと生き残って欲しかったというか…（笑）。みんな死ぬことはないのになって、ちょっと哀しかったですね。

―OVAを観て、ご自身の中でボトムズの世界観の広がりっていうのは感じられました？

上坂　そうですね、OVAは作りがとても丁寧で、ATの動きやキャラクターの表情がテレビシリーズより緻密に描かれていたりしているのが良いですよね。そういう意味ではOVAを観ないとボトムズは完成しないというか。

―『メロウリンク』は、キリコのボトムズ世界とはまたちょっと違う雰囲気ですが、そういった部分はどうでしたか？

上坂　わりと街っぽいものがあったり、列車が走っていたりして、市民が暮らしていそうな感じがして良いですよね。ボトムズ本編にはない描写や戦いがあって、ATに乗

銃一丁を持ってATを倒せって
そんなのソ連兵でもなかなかやらないですよ（笑）

Talk about Armored Trooper Votoms and Leechers Army Merowlink

らないからこそできる舞台設定もあって。時系列がそんなに変わらないので、キリコがクメンに来る直前に『メロウリンク』ではクメンに行ったり、世界観が共有されている感じも嬉しいです。

— 主人公がATに乗らないのも大きな違いですよね。

上坂　ボトムズ乗りが最も社会の底辺だと思っていたら、まだその下がいるのか、なんてかわいそうなんだって…。しかも故意に格下げされて、銃一丁を持ってATを倒せって言われて、そんなのソ連兵でもなかなかやらないですよ（笑）。メロウリンク自体があんまり擦れてない、根は素直な男の子っていう感じもキリコとはまた違いますよね。最後はキークが敵になってしまって、すごく哀しかったです。前情報が無く観ていたので、キークは良い人だと信じ込んでいたら、11話で突然悪い人になってしまって…。しかもラストは、「俺は復讐を成し遂げた、やったよー！」みたいな、仲間の顔が空に浮かぶような終わり方じゃなかったので、なんて哀しいんだろうと。この復讐には何も残らなかったんだ、この後どうやって生きていくんだろう、バイトとかしていくのかなって、メロウリンクの将来が心配になっちゃう（笑）。終わり方からもボトムズ世界らしさを感じられて。復讐はむなしいものですね。

— 作品世界のその後、気になりますよね（笑）。

上坂　その後、無事に肉屋に就職して牛を元気に捌くメロウリンクの姿が、とかは見たくないですけど（笑）。傭兵でも続けているんですかね？　どこかでキリコに会って欲しいなって思います。

— 最後に、ボトムズワールドに出てきたキャラを演じるとすれば誰が良いですか？

上坂　いや～これはもう、一瞬で死ぬモブしかできないような気がする（笑）。演じられるかどうかで言えば、私が演じてきた役に一番近いのはルルシーかなと思います。生まれは高貴で、でも生きるために彼女なりに頑張ってディーラーをやったり、軍刑務所に慰問に行ったり、私のヒロイン像に近いキャラは彼女ですね。でも酒場のモブねーちゃんでも満足です！　ビーラーゲリラに殺されるだけの役でも満足できますから！（笑）

PROFILE
上坂すみれ
（うえさかすみれ）
1991年12月19日生まれ。
神奈川県出身。
スペースクラフト・エンタテインメント所属。代表作に『アイドルマスター シンデレラガールズ』アナスタシア、『ガールズ＆パンツァー』ノンナ、『艦隊これくしょん-艦これ-』吹雪などがある。

HP http://king-cr.jp/artist/uesakasumire/　twitter @uesaka_official

OVA

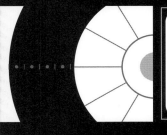

1989

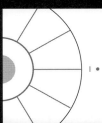

DIG THE OVA GRAVE

BEFORE THE TAPE ENTANGLED WITH THE HEAD

182

虚無戦史MIROKU

後に『虚無戦記』に組み込まれる石川賢の代表作

日本列島の地下に埋まっている宇宙戦艦〝馬頭竜〟を掘り出し、宇宙を征服しようとする魔人・真田幸村。それを阻止せんと、超人的な能力を駆使して立ち向かう九龍一族の夢幻美勒たち。九龍一族こそ、その昔、馬頭竜で地球に飛来した宇宙人であった。日本を舞台に、壮絶な宇宙規模の戦いが繰り広げられるサイキック伝奇アクション巨編。

ハードコアかつ、ウルトラヴァイオレントな爆裂描写で知られる石川賢が、石森（石ノ森）章太郎の『幻魔大戦』に触発され、「少年キャプテン」誌上に連載していた長編漫画が原作。『AKIRA』で助監督を務めた竹内啓雄が監督、スタジオZ5で辣腕を振るった本橋秀之がキャラクターデザイン、高屋敷英夫が前半、会川昇が後半の脚本を担当。当時はまだ連載中だったため、後半はオリジナル展開を繰り広げ、全6巻でスケール感のある作品に仕上がっている。原作に登場しなかった十勇士が勢ぞろいしたり、家康に仕える猿を操る剣の達人が登場するなど、アニメならではのキャラクターも魅力的だ。（松原）

第1巻「阿邪羅王の復活」①89／01／10　**第2巻「死闘！ 九龍対真田」**①89／03／10　**第3巻「選ばれし者！」**①89／05／05　**第4巻「新たなる戦い」**①89／07／05　**第5巻「九龍城炎上」**①89／09／05　**第6巻「銀河への道」**①89／11／05（**全巻共通**）②徳間ジャパン　③30　④アニメイトフィルム　⑤竹内啓雄　⑥9800　⑦有　⑧未

183

爆走サーキット・ロマンTWIN

互いに惹かれ合うようになる自殺志願の少年・ヒョウと、裕福な家庭ながら孤独な少女・響が、バイクに乗ることを通して、傷つけあいながらも成長していく姿を描く。「少年ビックコミック」から「ヤングサンデー」にまたがり連載された、六田登のバイク漫画をOVA化。

本作と同じ作者・六田登のF1漫画『F』がテレビアニメになり、『バリバリ伝説』『風を抜け！』『ペリカンロード』などがOVA化されたりと、80年代はモータースポーツは人気コンテンツのひとつであった。（松原）

①89／01／24　②ジャパンホームビデオ　③85　④ライフワーク　⑤石黒昇　⑥14800　⑦未　⑧未

184

MIDNIGHT EYE ゴクウ

私立探偵のゴクウは事件の調査の途中で、催眠術を操る孔雀の羽を持つ女殺し屋・ピーコックと対峙。催眠術から逃れるために、自ら左目を潰す。左目に小型コンピューターの端末を仕込まれ、世界各地の情報が飛び込んでくるようになったゴクウは〝左に神の目を持つ男〟として武器商人・白竜に挑む。

「コミックバーガー」に寺沢武一が連載したSFハードボイルドアクション漫画を〝オリジナル劇画ビデオ〟化。（松原）

①89／01／27　②東映ビデオ　③50　④マッドハウス　⑤川尻善昭　⑥12800　⑦有　⑧有

185 クラッシャージョウ 氷結監獄の罠

「宇宙のなんでも屋」クラッシャーの若きエース・ジョウとそのチームが活躍する高千穂遥原作のスペースオペラシリーズが、劇場版（83年公開）に続いて89年に同じサンライズでOVA化、全2作が制作された。

独裁政権が支配するキリウス人民共和国を擁する惑星オーロ。その上空に位置した政治思想犯を収容するデブリ衛星が思わぬ事故から落下を始める。落下の阻止を依頼されたジョウたちは小型宇宙艇を衛星の推進力にした解決策を用意するが、肝心の宇宙艇が準備中に次々と爆発。これは事故に見せかけて、ジョウたちもろとも思想犯を始末しようという、キリウス政府の企みだったのだ。

劇場版のメインキャストが再集結しての軽快なキャラの掛け合いと、シンプルなタイムサスペンスがストーリーを盛り立てる、手堅い娯楽作に仕上がった。**（伴）**

①89／02／05 ②バップ ③60 ④サンライズ ⑤滝沢敏文 ⑥9800 ⑦有 ⑧有

186 ライディング・ビーン

カスタマイズされた自動車を使い、相棒のラリー・ビンセントと共に運び屋稼業を営むビーン・バンデットが、警察や自分たちを罠にはめた悪党を相手に、街中を走り回りながら大立ち回りを演じる。

原作・キャラクターデザインの園田健一の人気漫画「ガンスミスキャッツ」の原型ともいえる作品。登場するメカ関連（自動車、オートバイ）、使用されている銃火器の描写がリアル感満載でマニアな人にもオススメ。ダイナーや寂れた感のガソリンスタンドなどの描写もまさにアメリカン。OVAならではのお約束のエロティックなシーンもあるが、見所はなんといってもスピーディーなバトル&カーアクションだ。カーチェイスから、自動車の独特なギミックを使用したガンアクション、そして主人公ビーンの巨体&怪力を生かしたパワフルなバトルシーンに注目。**（中村）**

①89／02／22 ②東芝EMI ③45 ④AIC／アートミック ⑤長谷川康雄 ⑥9800 ⑦有 ⑧有

187 BE-BOY KIDNAPP'N IDOL

親友同士の志乃原和也と工藤秋彦。男性アイドル歌手として人気の和也と過ごす時間が減り、秋彦はイライラが募っていた。下校途中、悪徳芸能プロダクションの手先に襲われ、拉致されてしまう二人。悪徳芸能プロダクションの社長（白塗りのストレンジな男性）は、和也を手篭めにしようとするが…。

おおや和美原案のOVAで、キャラクターデザインと作画監督を恩田尚之が担当。これまでのAIC作品の流れからすると異色だが、ターゲットとする購買層が分かりやすいBLな1本だ。**（松原）**

①89／02／22 ②東芝EMI ③30 ④AIC／ユーメックス ⑤八谷賢一 ⑥8260 ⑦有 ⑧有

188

きまぐれオレンジ☆ロード
白い恋人たち
ハワイアンサスペンス
吾輩は猫であったり おサカナであったり

▼人気ラブコメの甘酸っぱいOVA

気になる！ 微妙な三角関係の行方

優柔不断さが欠点の男子中学生・春日恭介と、彼の同級生となるミステリアスな美少女・鮎川まどか。そしてまどかの妹分で恭介に猛烈なアプローチを仕掛ける後輩・ひかる。軽妙なタッチで展開する、彼らの微妙な三角関係を描いた大人気コミックが原作。87～88年のテレビシリーズの続編となるOVAシリーズは、88年のミュージック・クリップ集『ふたりの恋のレパートリー』から91年の『ルージュの伝言』まで、全9作が制作された。

80年代制作の『白い恋人たち』は、原作の「冬山 恐怖伝説」「ホラー・ストーリー」の連作エピソードを映像化したもの。続く『ハワイアンサスペンス』『吾輩は猫であったりおサカナであったり』は、原作コミックのエピソードをベースとしたオリジナルストーリーが描かれる。なかでも注目なのが『白い恋人たち』『ハワイアンサスペンス』におけるオープニングタイトル。今では3DCGの導入によって表現が容易になったフォローパンや回り込みなどのカメラワーク演出を、望月智充、後藤真砂子、後藤隆幸という超豪華メンバーが手描きで表現。その驚異的な作画力と完成度の高さは、何度もリピートしたくなる素晴らしさ。また、『吾輩は猫であったり～』での金魚すくいシーンにまつわる水中の表現からも、作品に携わっていたスタッフ陣の卓越した力量を感じ取れるはず。（中村）

白い恋人たち ①89／03／01 ⑤中村孝一郎 **ハワイアンサスペンス** ①89／04／01 ⑤森川滋 **吾輩は猫であったり おサカナであったり** ①89／12／27 ⑤中村孝一郎／佐藤竜雄 **（各巻共通）** ②東宝ビデオ ③25 ④スタジオぴえろ ⑥5418 ⑦有 ⑧有

189

ヤンキー烈風隊

もとはしまさしげ原作による伝説的暴走族漫画のOVA第1弾。

原作の持つ特異なビジュアルは若干アニメ向きにアレンジされるも、相変わらずの超硬派なストーリー展開で主人公・門田紋乃丞と巨大暴走族ブラック・ツェッペリンとの抗争を、過剰なまでにギラついたテールランプやネオンの光学処理とともに描く。

銀河万丈演じる初代烈風隊総長・東堂力也のコクの深すぎる声がさらに物語の硬度を高みへ！ 押忍！ 押忍！ 押忍！ 押忍！ 押忍！（ロビン）

①89／03／17 ②東映ビデオ ③50 ④東映動画 ⑤今沢哲男 ⑥12800 ⑦有 ⑧有 ※2巻以降は90年代に発売

CHECK!

東映の独自路線

東映はアニメ、任侠映画からポルノまで制作していた一大娯楽映画会社。『クライムハンター 怒りの銃弾』を皮切りに快進撃を続けた東映Vシネマの延長線上で、アニメがリリースされるのは至極当然の流れなのである。

190 機動戦士ガンダム0080 ポケットの中の戦争

▼ガンダムの世界観を広げた群像劇

富野由悠季監督以外が手がけた初めてのガンダムシリーズにして初OVA作品、それが本作、通称『ポケ戦』だ。超常的な力を持つニュータイプたちを中心に描かれたテレビ本編と違い、本作では「普通の人たち」が主役だ。歴史に名を残すことのない兵士や、市井で暮らす民間人といった「ロボットアニメでは描かれにくい群像劇」にスポットが当てられ、後に続くガンダムシリーズの幅を広げた転換点である。

舞台は地球連邦軍とジオン軍が争う一年戦争（テレビ本編の戦い）末期。中立コロニーであるサイド6「リボー」に暮らす男の子アルは、ジオンのザクII改が墜落するのを見かけて森に駆けつけ、パイロットの青年バーニィと出会う。バーニィは、アルが持っていたカメラに連邦の新兵器（ガンダムNT-1）が映っていたことに驚愕する…。主人公は11歳の小学生で、もうひとりの主人公であるバーニィも経験の浅い新兵だ。ガンダムも主役ロボットではなく、バーニィにもジオン贔屓のアルにとっても倒すべき「敵」である。すでに第1巻から、「異色ガンダム作品」の予感が漂っている。

そんな本編のドラマに先立つ冒頭、ジオン軍の特殊部隊「サイクロプス隊」は連邦の新兵器（後にリボーに運び込まれる）奪取のため、北極の連邦軍基地を襲撃する。ここで大暴れしたジオンのMS（モビルスーツ）ハイゴッグが実にかっこいい。いや、出てくるMSは敵味方すべてがスタイリッシュだ。これは特徴的なメカデザインが「ブチメカ」と呼ばれる出渕裕によるもの。特にハイゴッグはテレビ版で登場したゴッグの改良型のはずだが、元のズングリした面影が見当たらないほど。MSがとても魅力的な作品だが、本格的に活躍する話数は4巻と6巻のみ。あくまでメインは人

間ドラマであり、従来の『ガンダム』を求めていたファンの間では好みが分かれやすいところだ。

少年は残酷な戦いの真実を知る

バーニィはサイクロプス隊に編入され、ガンダムを破壊する「ルビコン作戦」を命じられる。戦争に憧れていたアルも、子供らしい好奇心から作戦に参加する。バーニィはアルの監視役、要するに子供のお守り。初めは苦々しい思いのバーニィだったが、しだいに打ち解けていく。「俺はエースパイロットなんだぜ」と見栄を張るぐらいに。が、客観的に見ればアルの行いは「スパイと破壊活動への協力」であり、サイクロプス隊は無邪気な子供を戦争に利用している。その自覚なく二人が本当の兄弟のように仲良くなるのは、とても危うい。アルの隣のお姉さんことクリスと知り合うバーニィ。が、実はクリスは新型ガンダムのテストパイロットだった。互いに敵同士であることを知らず、いい雰囲気になる二人。温かな人間模様は、サイクロプス隊が基地に潜入した作戦決行の日に暗転する。バーニィのちょっとしたミスで（地球の気候を知らなかった）サイクロプス隊の正体がバレて全滅、切り札のMSケンプファーも獅子奮迅の働きをしたものの返り討ちに遭う。しかし、本当の悲劇は戦場とされた街にこそあった。数百人もの死者や重傷者、瓦礫の下敷きになった子供…ヒロイックに見えたジオンがテロリストに過ぎないと暴かれる。作戦が失敗したジオンの指揮官は、コロニーごと核兵器で破壊することを決定。ひとりで逃げようとしたバーニィだったが、アルのため、クリスのため、ガンダムに立ち向かう（破壊すれば核攻撃もなくなる）ことを決意する。ガンダムにクリスが乗っているとも知らずに。想い合う二人が、どちらも善意で殺し合う。しかも、核を搭載したジオン戦艦は途中で連邦軍に降伏したから、二人が戦うことにも、バーニィの壮絶な死にも意味はなくなったのだ。

辛うじて「やられ役のザクがガンダムを単体で（相討ち）撃破した初の作品」というカタルシスはなくもないが、知られざる「ポケットの中の戦争」の虚しさや哀しみが沁みる悲劇。その余韻に浸った後は、結末が少し改変された小説版を読むのもいいだろう。**（多根）**

mini column

熱狂のイベントラッシュ

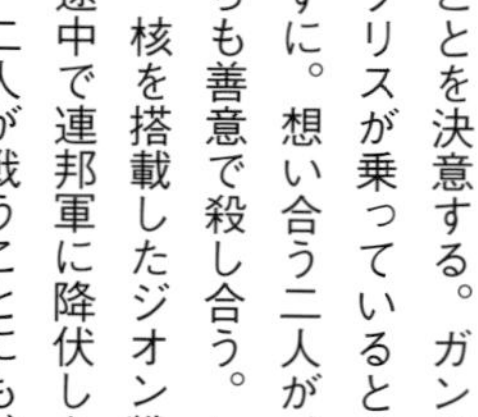

当時の試写状

景気の良かった当時は、OVAのリリイベも大々的に行われることが多かった。作品上映やトークなど内容は様々で、会場もホールや劇場から街のレコード店まで全国各地で行われていた。急遽開催されるようなイベントは都心部が多く、地方在住のアニメファンとの文化的格差は絶大であった。数は少なくなったとはいえ、90年代に入ってもイベントは行われていたが、80年代のように視聴覚室みたいなスペースでパイプ椅子に座って作品を鑑賞するようなものは減り、プロフェッショナルなものへと変化していった。**（松原）**

第1巻「戦場まで何マイル？」①89／03／25 **第2巻**「茶色の瞳に映るもの」①89／04／25 **第3巻**「虹の果てには？」①89／05／25 **第4巻**「河を渡って木立を抜けて」①89／06／25 **第5巻**「嘘だと言ってよ、バーニィ」①89／07／25 **第6巻**「ポケットの中の戦争」①89／08／24（全巻共通）②バンダイビジュアル ③30 ④サンライズ ⑤高山文彦 ⑥4500 ⑦有 ⑧有

191 レア・ガルフォース

舞台は地球へ…何が待っているのか?

異星からのメッセージを受けた地球は、飛躍的な技術革新が進み、その結果、東西両陣営での世界大戦に発展する。生き残った人類は殺戮機械軍と戦いながら、ひそかに地球脱出の機会を狙っていた。

今回から舞台が地球へ。キャラも一新され、宇宙編との関連性はまったくないように思われるが、物語の発端である異星から送られてきたデータが、前作のエンディングから繋がっていることを匂わせている。そして歴史は繰り返される。(馬場)

①89/03/21 ②ソニー ③60 ④AIC/アートミック/アニメイトフィルム ⑤秋山勝仁 ⑥5800 ⑦有 ⑧有

192 朱鷺色怪魔

パッケージコレクター狂喜 特殊仕様でリリース

竜神と人間のハーフで双子の兄妹・雷と鳴が、特殊な能力で人間界を支配しようとする妖魔族・怪魔族たちと戦うホラーアクション。鈴宮和由が「週刊少年サンデー増刊号」に連載していた『蒼い妖魔たち』とその後日談『朱鷺色怪魔』を、作者自ら脚本、キャラデザ、総監督を担当してOVA化。コミックとビデオ、シングルCDをパッケージングし、コレクター魂に火をつけるような特殊仕様でリリースされた。コミックの続きをビデオで観るというスタイルも特殊であった。(松原)

一「闇の血族編」①89/04/20 二「妖華の罠編」①89/07/25 三「怪魔再来編」①89/10/25(1~3巻共通)②ウオカーズカンパニー ③20 ④虫プロダクション ⑤鈴宮和由 ⑥3800 ⑦未 ⑧未 ※4巻は90年に発売

193 華星夜曲

運命に翻弄される男女を描く大河ドラマ

公爵令嬢にして自由奔放なモガ・羽生燁子と従順なメイド・内田沙羅、この二人の女性を軸にした、ダイナミズム溢れる大河恋愛ドラマ。

街で出会った青葉組の組員・鷹こと伊東タカオに心惹かれる燁子。一方、沙羅は財閥御曹司で燁子の婚約者・西園寺清洲と一夜を過ごそうとするが…。燁子から屋敷を追い出された沙羅は吉原へ。一方、燁子は鷹への未練を捨てきれないまま清洲と結婚する。そんな中、関東大震災が起こり、母を失った沙羅は鷹と離れ離れに。青葉組から追われる身になった鷹は神戸に身を隠した後、上海へ渡る。そのことを知った燁子は上海へ向かうのであった。

美麗で迫力ある出崎統×杉野昭夫タッグ

「月刊MAY」で連載された平田真貴子の大正時代を舞台にした大河メロドラマ漫画を、巨匠・出崎統と杉野昭夫の黄金タッグでOVA化。

女性向けと思い、敬遠していた男性ファンもいるかもしれないが、美麗で迫力のある出崎演出と高いクオリティの杉野作画で、本格派の大河ドラマに仕上がっており、性別を問わず楽しめる作品である。(松原)

第一楽章「燁子、沙羅…夢一夜」①89/03/25 ⑥9800 第二楽章「恋知りそめし……」①89/05/25 ⑥9200 第三楽章「大正十二年九月一日」①89/07/25 ⑥9200 第四楽章「……そして、上海へ」①89/09/25 ⑥9200(全巻共通)②徳間ジャパン ③30 ④マジックバス ⑤出崎統 ⑦有 ⑧未

194

麻雀飛翔伝 哭きの竜2 翔竜編

緊迫の麻雀バトル！
独特の間をアニメで再現

本名、年齢、職業不明の竜と呼ばれる雀士が暴力団の権力抗争の中でそれぞれの思惑の焦点となっていくOVA第2弾。

桜道会二代目会長の座を狙う甲斐組二代目組長と、桜道会系本宮組組長との争いがメインとなる。麻雀以外にも極道たちの生き様を描いた物語は、ベテラン演出家・出崎哲が監督と脚本を担当し、竜の声優には池田秀一を起用。その他も内海賢二、山寺宏一、飯塚昭三、小林清志、清川元夢、大塚明夫といった男臭い声優が脇を固めたハードボイルドな一品だ。

90年には『竜狼編』も発表となり、甲斐正三と同様に竜の強運を手に入れるべく麻雀勝負を挑んだ甲斐組二代目組長の石川喬が死亡するまでを描いている。尚、91年には東芝映像ソフトからも原作冒頭から描き直した『飛竜之章』がリリースされている。（キムラ）

①89／04／25 ②バンダイビジュアル ③45 ④ガイナックス ⑤出崎哲 ⑥12020 ⑦未 ⑧未 ※3巻は90年に発売

195

クレオパトラD.C. FORTUNE 1 アポロンの雷《いかずち》

新谷かおるの描線を
美麗に再現！

ニューヨークのスラム街で生活していた金髪碧眼の黒人少女・クレオは、ある日、巨大なコングロマリット「コーンズ」の創業者よりすべての遺産を受け継ぐことになった。大国以上の経済力を持つコーンズの財力を武器に、クレオは４人の特別取締役（通称：フォーカード）と共に、国際社会をまたにかけた大事件の解決に乗り出すことになる。OVA第1弾となる本作では、石油会社の社長令嬢をわがものにしようと横恋慕する石油成金に、クレオのお仕置きが炸裂する！

『エリア88』や『ふたり鷹』などのヒット作で知られる新谷かおるの漫画のOVA化作品。独特の描線で描かれ、アニメ化が難しい新谷作品のキャラクターを、結城信輝がアニメ用にリライト、現在も多数の作品で作画監督を務める藤川太や、『機動警察パトレイバー』などを手掛ける吉永尚之といったスタッフが参加したことで、レベルの高い洒脱なアニメとなっている。（吉田）

①89／04／28 ②東映ビデオ ③30 ④エイジェント21 ⑤吉永尚之 ⑥8260 ⑦有 ⑧有

mini column

出版社OVAビジネス進攻作戦

原作ものが増加し、OVAの活況に気づきだした出版業界。85年には岩波書店、角川書店など13社により、ビデオ市場での販売拡大を目指す「出版ビデオ懇話会」が発足。それとは別の動きでは、秋田書店は「月刊プリンセス」の人気連載作品をOVA化して通信販売を行い、イベント「ジャンプアニメカーニバル」上映作品をビデオとして商品化していた集英社は、その流れで『バオー来訪者』を、テレビでジャンプ作品が少なくなった時期には『新キャプテン翼』をリリースした。（松原）

196 鎧伝サムライトルーパー外伝

▼ニューヨークの摩天楼に現れた鎧戦士たち

東映がアニメ化した車田正美の大ヒット漫画『聖闘士星矢』の商業的な成功に続く形で、サンライズが制作したテレビアニメ『鎧伝サムライトルーパー』のOVA。『聖闘士星矢』のギリシャ的テイストに対して、和のテイストで統一された本作は、玩具のメインターゲットであった男児よりも、塩山紀生がデザインした主役の美少年たちが織り成すドラマに魅かれた女性ファンの圧倒的な支持を集めた。その人気は、5人のサムライトルーパーの声を担当した声優にも波及し、彼らが「NG5」というユニットを組んで、ライブ活動を行うまでに至り、『超者ライディーン』など90年代に多産される「美少年の集団が変身あるいは特殊な兵器を装着して戦う」アニメの嚆矢ともなった。

サムライトルーパーたちの活躍で妖邪帝王・阿羅醐が倒れ、平和を取り戻した東京では、トルーパーのひとり・真田遼の誕生パーティーが開かれていた。久しぶりに集った面々だが、ニューヨークへ渡った伊達征士だけが不参加であった。そんなパーティーの最中、テレビで放送された「ニューヨークで若者が次々に殺害されている」というニュース映像に、征士の持つ鎧擬亜「光輪の鎧」が映し出されていた。真相を探るため渡米したトルーパー一行を待ち受けていたのは、妖術を操る無気味な老人「屍解仙」の襲撃であった。一行は、屍解仙に兄を殺された少女・ルナの助力を得ながら、囚われた征士、ナスティ、純の救出に向かい、鎧擬亜を悪用しようとする屍解仙や科学者たちと対決する。

ニューヨークの摩天楼やロサンジェルスのリトルトーキョーという、テレビシリーズとは趣の異なる場所を舞台に、作画監督の村瀬修功らが手がけたOVAらしい緻密で美しい作画と動きによって表現されたトルーパーたちの活躍は、テレビ版を支持した女性ファンを大いに喜ばせた。（吉田）

前編「鎧戦士、再び！」①89／04／30 **後編**「友を救え、サムライハート！」①89／06／01（全巻共通）②CBSソニー ③30 ④サンライズ ⑤浜津守 ⑥3800 ⑦有 ⑧有

197 妖魔

失踪した魔狼を追う　緋影の旅は続く…

　原作は85年から86年にかけて「りぼんオリジナル」で連載された楠桂の壮大な戦国忍者伝奇マンガ。当時19歳の楠桂が手塚治虫の『どろろ』を意識したという、グロ描写を交えたおどろおどろしい妖怪とのバトル漫画を少女漫画として連載していたのが驚きである。

　子供の頃から兄弟同然に育てられた武田軍の少年忍者・緋影と魔狼。だが武田信玄が不審な死を遂げた時、魔狼が突然姿を消す。緋影は抜け忍となった魔狼の行方を探して旅に出る。緋影は、ある村で魔狼を見かけるが、そこは妖魔たちが復活を切望する妖魔の長、鬼陸神子のために集めてきた生け贄の村であった。

異色少女伝奇漫画を　高水準の作画でアニメ化

　ホラー色の強いダークな雰囲気の漂う戦国ものという世界観を、水準以上の作画で表現しているが、詰め込みすぎの感もあり、見終わったあとに疲労が…。異形の妖魔との戦闘があまりなく、盛り上がりが欠けているのもその原因かもしれない。下巻で描かれる魔狼との決着の付け方はアニメ独自のもので、原作のファンは覚悟が必要だ。だがアニメ版のキャラクターデザインは後に『天空戦記シュラト』でアニメ少女たちを熱狂させた奥田万つ里なので、原作とは違った緋影と魔狼を見たい原作ファンは押さえておいた方がいいだろう。**（キムラ）**

上の巻「緋影魔境編」①89／05／01　③38　**下の巻「魔狼兇牙編」**①89／06／01　③39　**（全巻共通）**②東宝ビデオ　④アニメイトフィルム／J.C.STAFF　⑤安濃高志　⑥9200　⑦有　⑧未

198 藤子不二雄Aのアニメ・ゴルフ・ルールブック

　ゴルフのルールをアニメで解説するという、意外と珍しい形式の作品。ゴルフの初心者から中級者にベテランと、一通りそろっている登場人物がプレイを通してゴルフを学ぶ。ゴルフボールに目がついたキャラクターが解説役。バブル崩壊直前に発売された。

　日本のゴルフ人口は90年頃ピークを迎えたというから、タイミングに企画の時代性を感じてしまう。意外と言っては失礼だが、作画は非常に安定しており、かつ、あか抜けている。意外な佳作。**（かに）**

①89／05／03　②東芝EMI　③45　④ユーメックス／あかばんてん　⑤西村純二　⑥3560　⑦未　⑧未

199 寒月一凍悪霊斬り

　正編『神州魑魅変』に続き、名脇役にして、戯作者で華麗な鉄扇技の遣い手・寒月一凍を主役に据えたスピンオフ作品。

　浅草で評判の奇術師・黄昏陰斎の舞台を見た帰り道、一凍は浪人に襲われていた女性を助け、タロットカードを託される。調査を始めた一凍は、その夜の事件と、陰斎が興行を行った場所で必ず起こると噂される神隠し事件との関連性に気づく。

　高い作画力と大人が観ても楽しめる娯楽性の高さで、上巻、下巻を一気に観たい作品だ。**（松原）**

上巻①89／10／05　**下巻**①89／12／05　**（全巻共通）**②徳間ジャパン　③45　④マジックバス　⑤出崎哲　⑥10800　⑦未　⑧未

200 笑劇 新選組

頭身の低い、いわば「いしいひさいち」の漫画の登場人物のようにデフォルメされたキャラクターによる、コメディタッチの新選組結成秘話アニメ。富田耕生のシリアスなナレーションで史実を丁寧にたどりながら、全編ギャグアニメとして展開する不思議な作品。芹沢鴨が怪獣に変身すると、ウルトラマンを模した捕り方が現れるなど、常識では考えられないシュールなシーンが多数挿入されている。監督・キャラクターデザインに野田拓実、演出に川田武範といった中堅を配置し、『紅い牙 ブルーソネット』を手掛けたランダムが制作を引き受けている。**（吉田）**

①89／05／21 ②ジャパンホームビデオ ③30 ④ランダム／ACCプロダクション ⑤野田拓実 ⑥8600 ⑦未 ⑧未

201 ビートショット！

原作は池沢さとしが「週刊プレイボーイ」に連載した青年向けゴルフ漫画。制作にガイナックスが携わり、バンダイビジュアルのセミアダルトブランド・C・MOONよりR－15作品として発売。

アイドルの中川みどりがヒロインの桜井さやか役を演じ話題に。華青大学ゴルフ部に入部した二人のスーパールーキー。お調子者の異端児・流石今日一と天才肌の御曹司・花祭明彦の、女をかけた熱き闘いがグリーンに炸裂する。**（リワークス）**

①89／05／25 ②バンダイビジュアル ③30 ④ガイナックス ⑤秋本孝志 ⑥9200 ⑦未 ⑧未

202 エクスプローラーウーマン・レイ

考古学者として古代オード文明の謎を探るレイ。しかし、かつてレイが淡い恋心を抱いていた遺跡荒らしのリグも、オード文明の遺跡に秘められている力を狙っていた。レイの行く手を阻むリグとの激しい戦いの行方は…。

「月刊コミックNORA」（学研）に連載されていた岡崎武士のコミックが原作だが、OVAではオリジナルストーリーを展開。才色兼備かつ格闘技に秀でた主人公の杵築麗奈（レイ）が活躍する『インディ・ジョーンズ』的冒険活劇。**（松原）**

Vol.1「麗、登場！」①89／05／26 ⑤林宏樹 **Vol.2「死闘！ 過去との決別!!」**①89／06／23 ⑤佐藤真人／岡本晴久 **（全巻共通）**②東芝映像ソフト ③30 ④AIC ⑥7300 ⑦有 ⑧未

203 独身アパートどくだみ荘

福谷隆が「週刊漫画TIMES」に連載した、ミュージシャンを目指し、杉並区は阿佐ヶ谷の四畳半アパートに暮らす貧乏青年・堀ヨシオ（26歳・定職なし）の青春を描いた大人気劇画をOVA化。新宿で家出娘をナンパしてきた友人に、後で女を回してくれるとの約束で部屋を貸すヨシオ。しかし、家出娘はそのままヨシオの部屋に住み着くことに…。主題歌に憂歌団の名曲「嫌んなった」を使用し、タフで切ない世界観に一層深みを与えている。**（松原）**

①89／05／26 ②日映エージェンシー／パック・イン・ビデオ ③50 ④砂工房 ⑤T・立枯 ⑥12020 ⑦有 ⑧未

204 風魔の小次郎

▼ズシャヤヤァァァァァァ…フッ、笑止

テレビアニメ『聖闘士星矢』の爆発的ヒットにあやかったのか、突如OVAとして発表。計3シリーズ制作された中の第1弾であり、全6話で構成、関東一円の制圧を狙う夜叉一族と風魔一族（双方おそらく高校生）の死闘を描いた「夜叉篇」が本作である。原作の時系列としては『聖闘士星矢』よりも前の作品となる。星矢とも被り気味の豪華声優陣を起用するもまったく活躍しないまま出番を終える者も続出。若干、作画的に「あれ？」と思うところも無くはないが、そこは『リンかけ』と『星矢』のミッシングリンク的バトルでグイグイと引き込まれる。

思い出すに当時、修学旅行で購入した木刀に、彫刻刀で「風林火山」の文字を刻んだ方も少なくないはずだ。『星矢』のMAKE-UPに対し、本作はNIGHT HAWKSが主題歌を担当。作品世界のゴツゴツした侠らしさを援護射撃する。作品としては90年代に発表された続編「聖剣戦争篇」は超傑作であるので、機会があればこちらの視聴もおすすめ。続く最終章「風魔反乱篇」の蛇足感は否めないが、執筆当時の車田先生の状況を鑑みるにそれもやむ無し。（ロビン）

第1話「風の一族！小次郎見参!!」①89／06／01 **第2話「林の雷鳴！飛龍覇皇剣!!」**①89／06／09 **第3話「火の集結！夜叉八将軍!!」**①89／07／01 **第4話「山の幻夢！霧の刺客!!」**①89／07／01 **第5話「光の舞曲！風魔死鏡剣!!」**①89／08／02 **第6話「雪の終焉！戦士を呼ぶ声!!」**①89／08／02 **（全巻共通）**②CBSソニー ③30 ④アニメイトフィルム ⑤植田秀仁 ⑥3800 ⑦有 ⑧有

205 クラッシャージョウ 最終兵器アッシュ

▼ホラー感覚のSFスーパーアクション！

長きに渡り戦争を続けてきたバンドーレ共和国とカルミナス共和国の間に停戦協定が結ばれる。それを不服とするバンドーレ軍部の過激派は、惑星単位で生物を抹殺する最終兵器・アッシュの奪取を計画。その結果、アッシュの管理者・タニア少佐を乗せた宇宙船は惑星ダビドフに不時着する。

バンドーレの大統領からアッシュの処理と少佐の救出を依頼されたジョウたちはダビドフに向かうが、そこには戦争継続派のマルドー大佐、対人殺傷ロボット「クローカー」の大群が待ち受けていた。

宇宙で展開した前作とは一転、地上をメインにした活劇編。容赦なく人体を破壊するクローカーのスプラッター描写など、80年代OVAらしい味付けに加え、勝気な女性士官・タニアを演じた榊原良子ほか、キャストの適材適所ぶりもさすが。（伴）

①89／06／05 ②バップ ③56 ④サンライズ ⑤滝沢敏文 ⑥9200 ⑦有 ⑧有

206 星猫フルハウス

原作、脚本、監督・石黒昇の宇宙冒険美少女作品

矢追星太郎は相棒ロボ・チラクとアイアンゴブリン号に乗り、モグリの運び屋として宇宙を駆け巡っていた。遭難していた美少女3人組・メイファ、ジョージョ、ライラを助ける星太郎。そんな中、巨大コンピューター・エテルナが反乱を起こし、太陽系は危機的状況に陥るのであった。さらに遭難していた爬虫類型の宇宙人と星猫を救助。星太郎の育ての親で宇宙海賊ダークパイレーツの娘ギャレットも加わり、エテルナ反乱の原因を探る。コンピューターの反乱に、人類は何を学ぶのか？

収録時間も各巻30分と短くテンポもいいので、一気に4本観てちょうどいい作品かもしれない。美樹本晴彦をキャラクターアドバイザーに迎えた意欲作だ。

付属のCDシングルは懐かしい短冊形ジャケ

メイファたちの声と主題歌を、元モモコクラブの三宮しのぶも在籍するLIPSが担当。当時、初回特典で彼女らの曲を収録したCDシングルが付いていた。どの曲も名曲なので、どこかで再発してほしい！（松原）

Vol.1「ただいま人類 男1人に美女3人」①89／06／16 Vol.2「おしゃべりな星猫」①89／08／25 Vol.3「戦慄の地球はみな裸」①89／10／25 Vol.4「チラク昇天」①89／12／21 （全巻共通）②ウオカーズカンパニー ③30 ④アートランド ⑤石黒昇 ⑥4800 ⑦有 ⑧未

mini column

ビデオスルーのブルース リスト編

[ビデオ先行作品]

どうぶつ80日間世界一周 1「フォグ氏 賭に挑戦の巻／さらばロンドンよの巻／花のパリは大騒動の巻」①85／07／21 2「エジプト遺跡 冒険の巻／フォグ氏二人登場の巻／ポンペイさんざんの巻」①85／07／21 3「線路は、ここまでの巻／ジャングル 象旅行の巻／ロミー姫 救出作戦の巻」①85／07／21 4「裁判は、カルカッタの巻／愛の シンガポールの巻／ホンコン 罠また罠の巻／海賊船長 いい船長の巻」①85／08／21 5「横浜 大サーカス！の巻／ハワイアン 大感動の巻／メキシコ 気球脱出の巻／フォグ対 ガンマンの巻」①85／09／21 6「列車橋を 飛び越すの巻／インディアン 大襲撃の巻／駅馬車 東部へ進むの巻／渡れ ナイアガラの巻」①85／09／21 7「大西洋に 乗り出すの巻／ついに 船を燃やすの巻／フォグ氏 逮捕さるの巻／フォグ氏 大逆転の巻」①85／09／21 （全巻共通）②ビクター ③93 ④日本アニメーション(合作) ⑤黒川文男 ⑥6300 ⑦未 ⑧未

マイティオーボッツ 1「MAGNETIC MENAS 電磁怪獣／THE WISH WORLD 願い事の叶う世界」①85／07／21 2「TRAPPED ON THE PREHISTORIC PLANET 先史時代の惑星に閉じ込められて／THE DREMLOKS ザ・ドレムロックス」①85／07／21 3「DEVIL'S ASTERIOD 悪魔の小惑星／RAID ON THE STELLAR QUEEN ステラー・クイーン号の急襲」①85／08／21 4「THE JEWEL OF TARGON ターゴンの宝石／THE PHOENIX FACTOR ザ・フェニックスファクター」①85／08／21 5「LEVIATHAN レヴィアタン／THE COSMIC CIRCUS 宇宙サーカス」①85／09／21 6「A TALE OF TWO THIEVES 二人の盗賊の物語／OPERATION ECLIPSE イクリプス作戦／THE INVASION OF THE SHADOW STAR シャドー星の侵略」①85／09／21 （全巻共通）②ビクター音産 ③72 ④東京ムービー新社（合作） ⑤出崎統 ⑥8800 ⑦未 ⑧未

サンダーバード 2086 1「COMPUTER MADNESS／KUDZILLA／GUARDIAN」①86／03／21 2 宇宙大作戦「SPACE WARRIORS／UFO／SUNBURN／MINDMELD」①86／08／10 （全巻共通）②東北新社 ③90 ④ＩＴＣジャパン・じんプロ ⑤長谷川康雄 ⑥10800 ⑦未 ⑧有（『テクノボイジャー』として）

ユリシーズ31 Ⅰ道への旅立ち ①86／05／21 Ⅱオリンポスの試練 ①86／06／21 Ⅲ時の彼方に ①86／07／21 （全巻共通）②東北新社 ③97 ④東京ムービー新社（合作） ⑤長浜忠夫／ベルナール・ディリエス ⑥12800 ⑦未 ⑧未

スパイラルゾーン 1「発進 ゾーン・ライダー／悪魔の小箱」①88／10／31 2「恐怖のシュミレーション／ブレイクアウト」①88／10／31 3「ハリケーン大作戦／激闘ロシア平原」①88／10／31 4「ゾーントレインを守れ／逆転！ジャングル作戦」①88／10／31 5「世界最強の男／フーバーダムの謎」①88／10／31 6「車イスの少女／花を探せ！」①88／11／30 7「科学者・ローシャック／コンピューターハッカー」①88／11／30 8「アマゾンのジャングル／大統領誘拐」①88／11／30 9「砂漠の島／カテリーナ・危機一髪！」①88／11／30 10「シャトル・エンジン／S・O・S ホンコン救済作戦！」①88／11／30 11「パナマ運河、ゾーン化の危機‼／サムライ VS オーバーロード」①89／03／13 12「謎の天才科学者／ミステリアスな女」①89／03／13 13「王になりたくない男／ホームタウン・ヒーロー」①89／03／13 14「オーバーロード絶体絶命‼／究極の新兵器‼」①89／03／13 15「ミサイル基地を救え／トランスポート・ロボット」①89／03／13 （全巻共通）②ＮＨＫエンタープライズ ③43 ④TONKACORP ⑤三吉勝／山田和彦／内田祐司／日下部光雄ほか ⑥1860 ⑦未 ⑧未

アレックスwhy? 1〜10 ①89／03／13 （全巻共通）②ＮＨＫエンタープライズ ③22 ④― ⑤― ⑥1980 ⑦未 ⑧未

[ビデオスルー作品]

ニルスのふしぎな旅 ①85／10／01 ②東宝／学研 ③97 ④学研 ⑤押井守 ⑥9800 ⑦有 ⑧有

アメリカン・ラビットの冒険 ①87／07／21 ②東北新社 ③82 ④東映動画 ⑤フレッド・ウルフ／西沢信孝 ⑥14800 ⑦未 ⑧未

セントエルモ 光の来訪者 ①87／11／21 ②ポニー ③65 ④毎日映画社 ⑤勝間田具治 ⑥9800 ⑦未 ⑧未

ポケットザウルス 1 ポケットザウルス登場 ①88／11／30 2 ペコペコ病が大流行！ ①88／11／30 3 恋する電気製品たち ①88／11／30 4 シグナルにご用心 ①88／11／30 5 探せ ポケットザウルス星への道 ①88／11／30 6 燃える人工太陽 ①88／12／（日不明） 7 大人がいなくなっちゃった ①88／12／（日不明） 8 縮む人間 ①88／12／― 9 芸術泥棒 ①88／12／（日不明） 10 大変！ 氷河期がやってくる ①88／12／（日不明） （全巻共通）②ＮＨＫエンタープライズ ③22 ④C&D（合作） ⑤Bruno Bianchi ⑥1980 ⑦未 ⑧未

トランスフォーマー・ザ・ムービー ①89／11／10 ②タカラ ③86 ④東映動画（合作） ⑤ネルソン・シイン／森下孝三 ⑥12800 ⑦有 ⑧有

[総集編作品]

さすがの猿飛 キャラ・グラフィティー ①84／07／25 ②バンダイビジュアル ③45 ④NAS ⑤佐々木皓一 ⑥9936 ⑦未 ⑧未

特装機兵ドルバック 1 星のイリュージョン ①84／08／21 2 エンドレス・サマー ①84／08／21 3 激闘！パワードアーマー ①84／08／21 （全巻共通）②日本ビデオ ③50 ④葦プロダクション ⑤案納正美 ⑥9800 ⑦有 ⑧有

銀河漂流バイファム VOL.1 カチュアからの便り ①84／11／28 ③50 VOL.2 集まった13人 ①84／12／21 ③55 （全巻共通）②ワーナー ④サンライズ ⑤神田武幸 ⑥9800 ⑦有 ⑧有

うる星やつら 了子の9月のお茶会 ①85 ②うる星やつらFC ③53 ④ディーン ⑤早川啓二ほか ⑥6800 ⑦有 ⑧有

超時空世紀オーガス ORGUSS MEMORIAL VOL.Ⅰ モームの夢 ①85/03/28 VOL.Ⅱ 超時空アテナ ①85/05/28 （全巻共通）②バンダイビジュアル ③42 ④東京ムービー新社 ⑤西森明良 ⑥9000 ⑦有 ⑧有

装甲騎兵ボトムズ VOL.Ⅰ STORIES OF THE "A.T. VOTOMS" ①85/06/21 VOL.Ⅱ HIGHLIGHTS FROM THE "A.T. VOTOMS" ①85/07/20 （全巻共通）②東芝 ③55 ④サンライズ ⑤高橋良輔 ⑥9800 ⑦有 ⑧有

とんがり帽子のメモル マリエルの宝石箱 ①85/07/21 ②東映ビデオ ③76 ④東映動画 ⑤土田勇 ⑥7800 ⑦有 ⑧有

艶姿魔法の三人娘 ①86/03/28 ②バンダイビジュアル ③30 ④スタジオぴえろ ⑤安濃高志 ⑥7500 ⑦有 ⑧有

がんばれ! キッカーズ ぼくたちの伝説 ①87/08/21 ②ぴえろプロジェクト ③90 ④スタジオぴえろ ⑤鴨野彰 ⑥11600 ⑦未 ⑧有

魔法の妖精ペルシャ 回転木馬 ①87/09/25 ②ぴえろプロジェクト ③98 ④スタジオぴえろ ⑤安濃高志 ⑥4500 ⑦未 ⑧未

ダメおやじ1〜3(全巻共通) ①89/10/21 ②ヤングコーポレーション ③75 ④ナック ⑤新田義方 ⑥24800 ⑦未 ⑧未

機動戦士SDガンダム ①88／05／25 ⑤関田修 **機動戦士SDガンダムMK-Ⅱ 転がるコロニー事件** ①88／06／25 ⑤アミノテツロー **SDガンダム戦国伝 天の巻** ①88／06／25 ⑤高松信司 **SDガンダム戦国伝 地の巻** ①88／06／25 ⑤高松信司 **SDガンダム戦国伝 理の巻** ①88／06／25 ⑤高松信司 **機動戦士SDガンダム 宇宙の神秘大作戦** ①88／11／25 ⑤アミノテツロー **SDガンダム戦国伝 頭虫邸の忍者合戦** ①88／11／25 ⑤アミノテツロー **SDガンダム百科1** ①88／11／25 ⑤高松信司 **SDガンダム百科2** ①88／11／25 ⑤高松信司 （全巻共通）②バンダイビジュアル ③30 ④サンライズ ⑥7800 ⑦有 ⑧有

[パイロット版収録作品]

宇宙戦艦ヤマト9 ①84/02/21 ②バップ ③75 ④オフィスアカデミー ⑤岡迫亘弘/石黒昇 ⑥14400 ⑦有 ⑧有

どろろ1 ①85/04/10 ②にっかつビデオ ③65 ④虫プロ ⑤杉井ギサブロー ⑥12800 ⑦有 ⑧有

王立宇宙軍 オネアミスの翼 ドキュメントファイル ①1987/02/28 ②バンダイビジュアル ③30 ④バンダイビジュアル ⑤山賀博之 ⑥6800 ⑦有 ⑧有

魔法の天使クリィミーマミ メモリーズ ①87／06／26 ②ぴえろプロジェクト ③30 ④スタジオぴえろ ⑤押井守 ⑥7800 ⑦有 ⑧未

サジタリウス1 ①88/07/25 ②徳間ジャパン ③90 ④日本アニメーション ⑤横田和善 ⑥9800 ⑦未 ⑧有

207 マドンナ2 愛と青春のキック・オフ

夏休みに海外旅行を計画していた真子だが、事の成り行き上、仕方なくラクビー部で合宿を行うことに。そんな中、校長は新コーチ・不破を連れてくるが、走らせるばかりの練習に部員は反発。しかし、実は不破は幻のナンバー8と呼ばれた名選手であった。部員たちは真子をラグビーの聖地・花園に連れていくため、激しい練習をこなしていく。

早見優のアルバム『MOMENTS』収録の主題歌「毎日がHONEYMOON」が、本作をさらにポップな印象にしている。（松原）

①89／06／23 ②東映ビデオ ③52 ④東映ビデオ／青二企画 ⑤永丘昭典 ⑥12020 ⑦未 ⑧未

208 力王 RIKI-OH 等括地獄

猿渡哲也の同名漫画のOVA化作品。刑務所が民営化された近未来を舞台に、超人的な力と正義の心を持った力王と、囚人や刑務所幹部との戦いを描く。囚人同士の喧嘩やリンチ、最強囚人のひとりである鳴海との戦いに見られる過激なスプラッター描写や、ケシの花を栽培するハウス内での力王と最強囚人・黄泉とのアクションなど、出崎哲や広川和之による巧みな演出がみどころ。翌90年には2作目となる『～滅びの子』が制作されている。（吉田）

①89／06／25 ②集英社／バンダイビジュアル ③45 ④マジックバス ⑤出崎哲 ⑥11650 ⑦有 ⑧未 ※2巻は90年に発売

209 燃える！お兄さん

佐藤正が「週刊少年ジャンプ」に連載してキッズたちに大人気だった本作。今や「サイボーグ用務員さんの巻」事件で封印作品の常連になってしまったが…。OVA版はキャラクターのカラーリングが原作に準じて設定された。演出はテレビ版でも参加していた森健が担当し、テレビ版よりキッズ好みの過激で少し残酷な原作漫画に近い雰囲気に。ビデオ発売以降、他メディアではリリースされていない。（松原）

1「暴走ダック・ニコルソンの巻」「透明お兄さんの巻」①89／07／01 **2「回転ずし大食い勝負の巻」「欲のかたまり文化祭の巻」**①89／08／01 **（全巻共通）**②東宝ビデオ ③32 ④スタジオぴえろ ⑤森健 ⑥6100 ⑦未 ⑧未

210 ナマケモノが見てた2 動物村の逆襲

相変わらず動物村でマイペースな生活を送る動物たち。ヤギ先生はコアラの高山たちに振り回され、アライグマ一家はいつも通りド貧乏な日々。しかしそんな動物村に新たな仲間として天使のような姿をした春の妖精や謎の魔物タスマニア・デビルなどが登場し、良くも悪くもよりシュールに、より混沌を深めていく。

スタッフやキャストは前作と変わっておらず、なおかつベテランで固められており、実は当時のアニメ史を象った作品と言っても過言ではない。（加藤）

①89／07／28 ②東映ビデオ ③30 ④エイジェント21 ⑤永丘昭典 ⑥8260 ⑦未 ⑧未

211

新キャプテン翼

▼サッカーブームを巻き起こした人気作のOVA版

日本中に大ブームを巻き起こしたサッカー漫画のジュニアユース編をベースにシリーズOVA化。テレビシリーズ終了後、映画版の上映を挟んで作られた続編だ。

大空翼は全日本ジュニアユースのメンバーに選抜され、国際ジュニアユース大会参加のためヨーロッパへ。キャプテンの日向はなぜ翼が試合に出ようとするのを拒むのか。3年間のブランクを経て、チームに参加しようとする岬の苦悩、各国の強豪と戦いなど、少年たちはサッカーを通じて成長していく。8巻以降は90年代にリリースされ、全13巻のロングシリーズであった。（松原）

第1巻「翼よ翔け！ 世界への挑戦」①89/07/01
第2巻「敗北！ ゼロからの再出発」①89/08/02
第3巻「復活！ ゴールデン・コンビ」①89/09/01
第4巻「集結！ 世界のライバルたち」①89/10/08
第5巻「対決！ ヘルナンデスを倒せ」①89/11/01
第6巻「発進！ J-BOYSサッカー」①89/12/01 **第7巻「白熱！ 天才ディアス対全日本」**①89/12/21 **（1～7巻共通）**②集英社/ソニー ③30 ④アニメイトフィルム ⑤関田修 ⑦有 ⑧有 **（1～3巻共通）**⑥3500 **（4～7巻共通）**⑥3495 ※8巻以降は90年代に発売

212

赤い牙 ブルー・ソネット

古代超人類の血を受け継ぎ、幼少期に狼によって育てられた小松崎ランと、「優れた人間による人類の支配」を目指す秘密結社・タロンとの戦いを描く柴田昌弘のSF漫画「紅い牙」シリーズのうち、最も人気の高い『ブルー・ソネット』を原作とするOVA。

「紅い牙」とは、主人公・ランの体内に眠る古代超人類のエネルギーであり、タロンはこのエネルギーを我が物にすることで世界の支配を目論んでいる。本編のもうひとりのヒロインであるソネットは、ランを捕獲するためにタロンが改造手術を施した超能力者である。ソネットの強力なESP能力で幾度となく追い詰められ、ついに捕獲されたランはタロンの研究所に拉致され、強制的にクローン人間を生み出されそうになるが、バード、ワタル、由里など、シリーズを通じてランに味方する超能力者たちが合流してこれに対抗、タロンが開発した殺人マシーン・タランチュラとの対決を制してランを救出するが、あるキッカケでランの「紅い牙」が覚醒し…、と原作漫画の第1部にあたる部分をかなり忠実にアニメ化している。

最大の見所は、「紅い牙」が暴走したランとソネットの激突シーンで、アニメならではの描写が冴える。現在まで未DVD化ということもあって、不当な評価に甘んじているが、『太陽の牙ダグラム』や『銀河漂流バイファム』などを手掛けた神田武幸が監督した本作は、作画、演出ともに優れた良作であり、今後の再評価が期待される。（吉田）

指令-01 追跡者①89/07/16 **指令-02 策謀者**①89/09/25 **指令-03 挑戦者**①89/11/25 **（1～3巻共通）**②ウオカーズカンパニー ③30 ④虫プロダクション ⑤神田武幸 ⑥4800 ⑦有 ⑧未 ※4巻以降は90年代に発売

213 ライオンブックス1 緑の猫

地球征服を企む宇宙生物は、緑の猫・グリーンにメタモルフォーゼし、サンゴ・ユノを悪の道へと誘う。サンゴの育ての親で、私立探偵の伴俊作はその事実を知り、サンゴに拳銃を渡し、緑の猫を撃つように告げる。

手塚治虫が「おもしろブック」に別冊形式で発表した、傑作SF連作シリーズの一編『緑の猫』をOVA化。ポーの「黒猫」など古典名作小説にインスパイアされて描かれた、極上の原作をまずはご一読あれ！（松原）

①89／07／18 ②NHKエンタープライズ ③24
④手塚プロダクション ⑤手塚治虫 ⑥4855
⑦未 ⑧有

214 ライオンブックス2 雨ふり小僧

田舎村の分校に通う中学生・モウ太は、ある日、傘の妖怪・雨ふり小僧と出会う。モウ太の新品の雨靴を気に入ってしまった雨ふり小僧。モウ太は3つの願いと交換で雨靴を譲る約束をする。しかし、大人になるまでモウ太はその約束を忘れていた。

手塚治虫が「月刊少年ジャンプ」に発表し、後年になって「タイガーブックス」に収録されたエモさ極まる傑作短編が原作。

子供時代を忘れそうな年齢に達した大人は必読！ エモみに溢れた良質な原作をまずはご一読あれ。（松原）

①89／07／18 ②NHKエンタープライズ ③24
④手塚プロダクション ⑤手塚治虫 ⑥4855
⑦未 ⑧有

215 ライオンブックス3 るんは風の中

手塚治虫が79年に発表した思春期の少年の心を描いた短編漫画をアニメ化。

中学校に溶け込めない主人公・明は、街で見かけたポスターに写った少女るんに恋をする。ポスターを持ち帰り、明にとって唯一心を許せる存在となったるん。るんを思うあまり、明はポスターに写った少女を探し始めるが…。るんは明とある少女が出会ったことを見届け、風の中に消えてしまうのだった。25分の小品だが、その分テンポが良い。（かに）

①89／07／18 ②NHKエンタープライズ ③24
④手塚プロダクション ⑤手塚治虫 ⑥4855
⑦未 ⑧有

216 ライオンブックス4 山太郎かえる

両親を亡くし、人間に育てられた熊の山太郎の友達は蒸気機関車のしい六。汽笛そっくりに吠えることを覚えた山太郎は、自由への一歩を踏み出す。『雨ふり小僧』同様、「月刊少年ジャンプ」に掲載され、後に「タイガーブックス」に収録された短編をOVA化。機関車繋がりでいうと、『銀河鉄道999』のナレーター・高木均が、しい六の声を担当している…というのは余談。90年代に入り、4作目「安達ヶ原」と第5弾「悪右衛門」がリリースされた。何度も書いて恐縮だが、原作もご一読を！（松原）

①89／07／18 ②NHKエンタープライズ ③24
④手塚プロダクション ⑤手塚治虫 ⑥4855
⑦未 ⑧有 ※5巻以降は90年代に発売

217 エリアル VISUAL1 SCEBAI 最大の危機＜前編＞

『モーレツ！宇宙海賊』でも人気を博した作家・笹本祐一が86年から「獅子王」に連載、89年にOVA化。女性型巨大ロボット・エリアル（メイン機としてはアニメ初）を操り、惑星侵略企業ゲドー社から地球を守る少女たちの物語だ。原作では宇宙人の侵略を巨大人型兵器で阻止するストーリー以外にも、タイムトラベルやファーストコンタクトなど数々のSF要素が散りばめられ、構成も全52話（テレビシリーズ4クール）あり、実にアニメ作品向けであったため、ファンの期待も高まった。（キムラ）

①89／07／21 ②ポニーキャニオン ③30 ④アニメイトフィルム ⑤わたなべじゅんいち ⑥4800 ⑦有 ⑧未

218 いしいひさいちのナンダカンダ劇場 1これが噂の地底人 とにかく上が悪いんや!! 2地底人II クリスマスはエエド

一世を風靡したいしいひさいちの地底人シリーズをアニメ化。ユーモア溢れる本作の白眉は、音楽面であると言って過言ではないだろう。広告でも盛んに音の良さをアピールしていた。憂歌団の木村充揮が声優を担当するのも話題に。2巻はバンドブームを反映してか、カステラ、ザ・タイマーズ、餃子大王などの曲が採用され、ほぼミュージックビデオであった。（松原）

1 とにかく上が悪いんや!! ①89／07／25 ③35
2 クリスマスはエエド ①89／11／25 ③30 （全巻共通）②ウオカーズカンパニー／ポリドール ④バルク ⑤のなかかずみ ⑥4800 ⑦未 ⑧未

219 極黒の翼バルキサス

▼新世代ヒロイックファンタジー勇者伝説

塗り分けの多い独特の美少女キャラを描くことで知られるアニメーター、キャラクターデザイナーのうるし原智志が、盟友であるよしもときんじ（本作では監督を担当）の協力のもと制作したヒロイックファンタジーアニメ。

幼少期の恨みから覇王への野望にとりつかれた金の勇者バロールは、部下のガーディンに命じて伝説の地を急襲し、青銅の勇者・メッシュをさらっていく。銀の勇者である美少女レムネアは、両親の仇であるガーディンを倒し、メッシュを救うべく、バルキサス城での決戦に挑むのであった。

制作期間3年！渾身の揺れと暴力描写

緻密な作画によって、全編にエロスとスプラッター描写がちりばめられた完成度の高い娯楽作である。とりわけ銀の勇者レムネアと洗脳が解けた青銅の勇者メッシュが協力し、怪物と化した金の勇者バロールと対峙するバルキサス城での最終決戦は圧巻であり、けれん味たっぷりの演出とあわせて、90年代OVAへの架橋としても重要な作品となっている。（吉田）

①89／07／25 ②双進映像／アスミック ③45 ④AIC ⑤よしもときんじ ⑥11800 ⑦有 ⑧有

220 アーシアン

80年代のデビュー以来、ミステリアス&ロマンチックなストーリーと繊細な画風で高い人気を誇る漫画家・高河ゆんの代表作を映像化したOVAシリーズ。89〜96年にかけて全4巻がリリースされた。

惑星エデンより、地球人（アーシアン）の調査に訪れている天使、ちはやと影艶。彼らの活躍を、原作コミックのエピソード「永遠のロマンス」をベースにしたオリジナルストーリーで描く。

本作の制作進行として、若き日の谷口悟朗監督が参加している。**（中村）**

①89／07／26 ②東芝EMI ③45 ④J.C.STAFF ⑤古川順康 ⑥10500 ⑦有 ⑧未 ※2巻以降は90年代に発売

221 変幻退魔夜行 カルラ舞う 奈良怨霊絵巻

原作は「月刊ハロウィン」に連載。邪法によって邪悪を祓う一族の正統後継者、迦楼羅《かるら》神教三十八代目教主である双子の姉妹、扇翔子と舞子が、各地で起こる心霊事件に挑むサイキックホラーだ。

奈良で発生した連続殺人事件に協力する高校生姉妹の活躍を描いた本作は、ベテラン・井口忠一がキャラデザを担当し、派手さはないものの現在も続く永久保貴一の原作に忠実なOVAとなった。

90年には「仙台小芥子怨歌」シリーズもアニメ化されている。**（キムラ）**

①89／07／28 ②東芝映像ソフト ③80 ④銀河帝国 ⑤石山タカ明 ⑥12000 ⑦有 ⑧未

222 スーパーマリオブラザーズ

誰もが知っている名作童話をスーパーマリオに置き換えてOVA化。クッパ大王に連れ去られたピーチ姫を、宇宙から飛来した桃から飛び出したマリオが助けに向かう。スターウォーズ・ミーツ・桃太郎なスペースオペラを、最小限のセル画で表現した驚異的な「ももたろう」。赤ん坊時代から立派な髭を生やしているマリオ、家宝にレーザーガン、きびだんごの代わりにキノコと、ツッコミ所が多すぎる「いっすんぼうし」。「しらゆきひめ」も同様にエクストリームで必見だ。**（松原）**

ももたろう編 ①89／08／03 **いっすんぼうし編** ①89／08／03 **しらゆきひめ編** ①89／08／03 **（全巻共通）** ②天田印刷加工 ③15 ④ばっくす ⑤菊田武勝 ⑥1437 ⑦未 ⑧未

223 真魔神英雄伝ワタル 魔神山編

後に新しいテレビシリーズも制作された、大人気冒険ファンタジー作品のOVA版。

平和の戻った創界山に突如現れた魔界の王・ドワルダーの手下・キンカック、ギンカックは、魔神鍛冶師・トンカラリンが作った最強の魔神・皇帝龍を手に入れようとする。創界山の危機を聞きつけたワタルは、龍神丸と共に再び戦いに身を投じる。ワタルは皇帝龍を見つけることができるのだろうか? はっきし言って〝面白かっこいいぜ!〟。**（松原）**

上の巻「帰ってきた救世主」 ①89／08／05 **下の巻「よみがえれ! 伝説の皇帝龍」** ①89／09／05 **（全巻共通）** ②バップ ③30 ④サンライズ ⑤井内秀治／香川豊 ⑥3800 ⑦有 ⑧有

224

御先祖様万々歳！

▼愛と欲望にまみれ混沌と化す異色のホームドラマ

原作・監督・脚本は『うる星やつら2 ビューティフルドリーマー』などですでにアニメ演出家として独自の作品世界を確立していた押井守。〝スタジオぴえろ十周年記念作品〞として「裏・うる星やつら」とも言うべき「平凡な家族の中に異質な少女が入ってくる」というモチーフを、舞台演劇のような実験的映像演出で新たなアニメーションのスタイルを作り上げた意欲作だ。

押井作品に数多く登場する「立喰師」「犬」「鳥の生態」といった断片は本作でも至る所に姿を現す。ストーリーは埋め立て地の高層マンションに住む高校生の四方田犬丸の家に麿子と名乗る少女が現れるところから始まる。彼女は犬丸の孫娘であり、未来ではタイムスリップして自分のご先祖に孝行するのが流行していると言うが…。彼女の登場で一家は崩壊へと向かっていく。

〝『うる星やつら』のラムが実は宇宙人などではなく、諸星家を騙す結婚詐欺師だったら？〞という押井の着想が基になっているため、主人公の声優は諸星あたるとおなじく古川登志夫、父親も同じく緒方賢一、そして母親はサクラ役の鷲尾真知子が演じている。小劇場を模した本作は商業的ヒットとはいかなかったが、出演した声優たちからは評判も良く、ナレーションを担当した永井一郎は自分の収録が終わったあともアフレコ現場に残って見学していったという逸話も残されている。

後に『妄想代理人』などで活躍するうつのみや理がレイアウトと作画監督として本作品でデビュー、他にも押井と交流の深い声優・千葉繁が音響監督としてデビューした。90年には再編集し90分にまとめた『麿子MAROKO』も公開されているが、こちらは肝心のラストが描かれていないため、初見ではオススメしない。押井守作品世界が好きならば必ずハマる傑作なので、まずは全6話を楽しんでいただきたい。（キムラ）

第1話「悪婦破家」①89／08／05 **第2話「酒池肉林」**①89／09／10 **第3話「虎視眈眈」**①89／10／10 **第4話「捲土重来」**①89／10／11 **第5話「一蓮托生」**①89／12／10（1～5巻共通）②SPO ③30 ④スタジオぴえろ ⑤押井守 ⑥8500 ⑦有 ⑧有 ※第6話は90年代に発売

225

シンデレラ・エクスプレス

脚本に寺田憲史、キャラクターデザイン・作画監督に谷口守泰を迎えて、「週刊ヤングジャンプ」に連載されていた弓月光のエッチ満載漫画をOVA化。結婚前夜に女子高生・ちまと援助交際したサラリーマン・裕二。なんと、ちまは婚約者の妹であった。当時、流行った遠距離恋愛の風景から取られたタイトルなど、ふんだんに当時の雰囲気を楽しめる作品だ。ちまの声と主題歌は、のちに野々村真と結婚するアイドル・坂上とし恵が担当。**（松原）**

①89／08／16 ②日映エージェンシー／パック・イン・ビデオ ③50 ④日映エージェンシー ⑤森星輝 ⑥12020 ⑦有 ⑧未

226

エリアル VISUAL2 SCEBAI 最大の危機＜後編＞

▼最強のハイレグ兵器、紅の機動妖精・エリアル！

女性型巨大ロボット兵器・エリアルの活躍を描く続編。デザインやカラーリングが小説版イラストレーターである鈴木雅久の緻密なデザインと大きくかけ離れていたのは惜しまれるが、新宿高層ビルを舞台に女性型巨大ロボが大立ち回りをするというシチュエーションには、燃える作曲家・田中公平の音楽も相まって興奮せざるを得ない。そして『ウルトラセブン』激似のオープニング曲も胸躍るものとなっている。なお、メインヒロインの声優は小山茉美、水谷優子、林原めぐみというレジェンド級なのでファンは是非チェックを。

地球人からみれば技術の粋を集めたスーパーロボットも宇宙規模で見れば単なる一兵器であり、エリアルはほぼ全戦全敗…というコンセプトが斬新だったが、本作では見事ゲドー社の侵略を阻止する内容となっている。（キムラ）

①89／08／21 ②ポニーキャニオン ③30 ④アニメイトフィルム ⑤わたなべじゅんいち ⑥4800 ⑦有 ⑧未

227

エンゼルコップ1＜特殊公安＞

▼激突！炎噴きあげるガン＆バイクアクション！

大都会の繁栄の陰に潜む腐敗と犯罪に挑む！

20世紀末、世界一の経済大国となった日本は国際テロリストの標的となっていた。これに対抗すべく警察は、殺人許可を与えられた対武装テロリスト部隊「特殊公安」を新たに設置する。ある日、路駐のポルシェに仕掛けられた小型ミサイルがアメリカ大使館に打ち込まれる事件が発生。一方、国際テロ組織〝赤い五月〟のメンバー・タチハラが日本への入国を果たし、特公のメンバー・ライデン、新人のエンゼルらが捜査を進めるのだが…。

東北新社とJHVが強力タッグ！

18禁美少女アニメ『くりいむレモン』シリーズで業界を席巻した創映新社が「一般向けOVAでもうひと花咲かせるぜ！」とばかりにリリースした、近未来アクション・シリーズ第1弾。伝奇アクションOVA『真魔神伝』の板野一郎監督×キャラクターデザイン・結城信輝コンビが再集結し、ハードな世界観を構築している。

特公の捜査過程がリアルに描かれる反面、会話メインで進行するため、アクションだけを期待すると、やや地味な仕上がりか。板野アニメでおなじみ、無駄に細かい喫煙描写は本作でも健在だ。（伴）

①89／09／01 ②ジャパンホームビデオ／創映新社 ③30 ④D.A.S.T ⑤板野一郎 ⑥9600 ⑦未 ⑧有

228

バブルガムクライシス6 RED EYES

▼エモさ極まる叫びが轟く、熱い再生のドラマ

突如ナイトセイバーズによる、ゲノム社の新型ブーマ強奪事件が発生。勿論そのナイトセイバーズは偽者、すべてはラルゴによって仕組まれた策略だった。

一方、シルヴィを殺してしまったショックと悲しみから立ち直れないプリスは、ナイトセイバーズからの離脱を決意。そんな時、再び偽のナイトセイバーズが暴れだし、シリアたちは出動、しかし遂にその正体を現したハイパーブーマの凄まじきパワーにピンチに陥ってしまう。その騒ぎの中、ラルゴはアンリを連れてゲノムタワーへと足を運び、ゲノムの会長・クインシーと対峙、自らが世界の覇者となることを宣言した。アンリを助けようと、その現場に駆けつけたプリスだが、シルヴィを殺した事実をラルゴに告げられたアンリは、プリスの腹にナイフを突き立てる…。

5話に続いて大張正己が監督を務めた本作は、まさにクライマックス編。これまで裏で匂わせていた様々な要素を一気にドラマに詰め込んできたため、正直判りにくい面もある。しかしなお、本作がシリーズ中で特別の熱量を持っているのは、シルヴィを失ったプリスのド熱い再生のドラマが大きな柱になっているからだ。

人類を支配下に置こうとする進化したブーマ・ラルゴの強さは、クライマックスに大きな緊迫感を呼ぶ。ハードスーツを壊され、ボロ切れのように扱われるプリスの悔しさと絶望が頂点に達しての一言…。

「力が欲しい！」。

ここで、新型モトスレイヴ&ハードスーツが登場するカッコよさ！ バリメカ・作画も最高潮の、プリス復活のカタルシスに酔え！（伴）

①89／08／30 ②東芝EMI ③45 ④AIC ⑤大張正己 ⑥9200 ⑦有 ⑧有 ※7巻以降は90年代に発売

CHECK!

90年以降のバブルガム

これ以降、8巻で一旦終了したが、発売元を変更して続編『バブルガム・クラッシュ！』を3巻リリース。番外編『A.D.POLICE』、さらにその番外編『PARASITE DOLLS』、テレビシリーズ『バブルガムクライシスTOKYO 2040』と広がりをみせた。

229

ハイスピードジェシー

▼人気SF小説が豪華スタッフでOVA化

超人的な俊足を持つ少年・ジェシーを主人公とした、斉藤英一郎による同名ライトノベルSF小説を原作とするOVA。

宇宙客船内で会食中、突如攻撃をしかけてきたビスマーク家の戦艦により両親が惨殺され、唯一生き延びたジェシー。ビスマーク家は、並外れた能力を持つジェシーを味方にひきこみ、一流の戦士に育てようと画策していたのだ。一方、ビスマーク家の追跡をのがれたジェシーは、異星文明のテクノロジーである生体宇宙船パオロンに保護された。両親が惨殺された事件から5年後、パオロンの超科学力と自らの超人パワーを駆使し、ジェシーは生体宇宙船によって生み出された妹ティアナと共に、宿敵ビスマーク一族を追う。ビスマーク一族を追って惑星バールへやってきたジェシーは、自らの信念に基づいて悪人を殺していたハートランド正教の神父フォーク・グリーンに出会うのだが…。

主人公のキャラクター設定が大変にユニークであるが、それを取り巻く他の登場人物も曲者揃いである。ジェシーの相棒となるフォークは、心の奥底に醜く耐えがたい闇を持つと判定された者を、所定の手順にしたがって短針銃という特殊な兵器で殺害してまわっている。また、ジェシーが妹と呼ぶティアナは、生体宇宙船パオロンがジェシーのサポートのために生み出した人工生命体であり、二酸化炭素を吸って、酸素を排出するという変わった呼吸をしている。監督には『バース』や『幻夢戦記レダ』などの影山楙倫、脚本には『ガル・フォース』でも知られた富田祐弘、キャラクターデザインには原作版でも挿絵を手がけた美樹本晴彦（『超時空要塞マクロス』など）、メカデザインに『幻夢戦記レダ』や『夢次元ハンター ファンドラ』の豊増隆寛がそれぞれあたっており、制作をスタジオぴえろが担当、全12話に及んでいることや制作年代も含めて、80年代OVA文化の総決算と呼べる作品となっている。

（吉田）

vol.1「PROLOGUE 起爆」①89/09/05 ③30
vol.2「MÖBIUS 記憶」①89/09/05 ③30
vol.3「FIGHT 追撃」①89/10/05 ③30
vol.4「ZONE 魔空」①89/10/05 ③30
vol.5「HIGHJACK 陥穽」①89/11/05 ③28
vol.6「STAMPEDE 巨塊」①89/11/05 ③28
（1〜6巻共通）②バップ ④スタジオぴえろ ⑤影山楙倫 ⑥4800 ⑦有 ⑧未 ※7巻以降は90年代に発売

mini column

コミカライズOVA

高額なOVAをすべてフォローできない若人に重宝されたのが、メディアミックスの一環として出版されていたコミカライズ版。『魔法の天使クリィミーマミ』は『永遠のワンスモア』（計奈恵作）、『ロング・グッドバイ』（田染かおる）共にコミカライズされており、その人気のほどが分かる。他にも描き下ろしで『トゥインクルハート』（ひらいけい）や『魔龍戦紀』（高群保）、『ガルフォース2』（小野敏洋）などが出版されていた。アンソロジーやパロディ系のコミックスでは『トップをねらえ!』（赤石沢貴士ほか）や『ドリームハンター麗夢』（都築和彦ほか）、『プロジェクトA子』（影次ケイほか）などがコミカライズされていた。**（松原）**

230 やじきた学園道中記 幻の皇一族編

〝扶桑会〟に支配され、怪事件が続く桜華台高校に転校してきた矢島順子（ヤジさん）と篠北礼子（キタさん）。二人は扶桑会を率いる姉小路白妙の調査を開始する。

市東亮子・原作の強くて可愛い女子高生が転校を繰り返しながら事件を解決するロードムービー的アクション漫画をOVA化。『～妖刀伝』の山崎理監督だけに、忍者アクションの描写も秀逸。91年には監督を変更し、第2弾「牡丹慕情編」がリリースされた。（松原）

①89／09／15 ②秋田書店 ③40 ④J.C.STAFF ⑤山崎理 ⑥10486 ⑦未 ⑧有 ※2巻は90年代に発売

231 Cryingフリーマン2 風声鶴唳

涙を流す殺し屋クライング・フリーマンこと火野村窯は、チャイニーズマフィア・百八竜の後継者に任命される。しかし、日本人をドンに迎えることに反対する者の陰謀か、後継者任命の祝いの席を血で汚されてしまい…。

18禁扱いだったパート1に続きリリースされたパート2は、香港を舞台に極彩色の大活劇が繰り広げられる。

同じくOVA化された『傷追い人』に続き「ビッグコミックスピリッツ」に連載された小池一夫・原作、池上遼一・作画による劇画が原作。（松原）

①89／09／22 ②東映ビデオ ③50 ④東映 ⑤西沢信孝 ⑥12020 ⑦有 ⑧有 ※3巻以降は90年代に発売

232 青春夫婦物語 恋子の毎日

▼奇才・ジョージ秋山原作の人生喜劇！

ジョージ秋山が「週刊漫画アクション」に連載していた青年コミックスをOVA化。

ヤクザ稼業のサブ（石丸博也）と恋子（平野文）の同棲生活を半ばコミカルに、半ばシリアスに描く青春恋物語。

無邪気な恋子とヤクザなサブの物語

恋子の無邪気で真っ直ぐで愛嬌のあるキャラクターに癒される。サブの隠し持った拳銃を弄んで誤って発射してしまうシーンに思わず笑みがこぼれる。ヤクザ稼業のサブを〝俗〟とすれば、恋子は〝聖〟という位置か。ただし、恋子はイノセントなだけではなく、肉感的でエロティックに描かれていて男を惑わせる存在でもある。干された下着の描写は、恋子の性的な側面が暗示されているようである。

第1弾となる本作では、子供ができたため、堅気を目指す弟分マツのために、サブと恋子が奮闘する姿を描いている。また、新宿の街もリアルに描写され、物語にリアリティを与えている。

テレビドラマ化や映画化もされたほどの人気を誇った『恋子の毎日』は、90年にメインスタッフやキャストも引き継いだOVA第2弾もリリースされた。（かに）

①89／09／22 ②日映エージェンシー／パック・イン・ビデオ ③50 ④日本映像 ⑤石黒昇 ⑥12020 ⑦有 ⑧未 ※2巻は90年に発売

233

強殖装甲ガイバー

特撮テイストを盛り込んだ異色ヒーローアニメ

普通の高校生だった深町晶は、偶然、装着者を生体兵器に変身させる秘密組織クロノスの最高機密〝ユニットG〟を装着。ガイバーに殖装した晶は、ガールフレンド・瀬川瑞紀の兄・哲郎を襲う獣化兵（ゾアノイド）を撃退する。1巻は壮絶なる闘いの幕開けを感じさせるプロローグ編となっている。クロノス本部から派遣された監察官リスカーが、ガイバーIIに殖装し、戦いの最中に壮絶な最期を遂げる2巻。失脚を恐れたクロノス日本支部長・巻島玄蔵は、瑞紀を誘拐して晶をおびき出す作戦を計画。襲い来るハイパーゾアノイドに苦戦する晶の前にガイバーIIIが現れる。風雲急を告げる3巻に続く4巻目はクロノスによる被害が拡大し、ハードな展開を迎える。巻島の養子・顎人は自身の野望のためにリスカーの指揮下に入る。一方、晶たちはマスコミにクロノスの存在を取り上げてもらおうと、新聞社で証拠としてガイバーに殖装し、協力を取り付ける。しかし、クロノスは新聞社を爆破。さらにハイパーゾアノイド五人衆が晶たちの通う学校に総攻撃をかける。苦戦を強いられる晶の前に再びガイバーIIIが現れかろうじて勝利を収めるが、瑞紀にガイバーであることを知られてしまう。

短い時間にまとめるためオリジナル設定を取り入れていた前回のOVAと異なり、原作者である高屋良樹が総監修を務め、原作のテイストを活かした本シリーズ。全6巻の尺に合わせて再構成。監督にピープロの特撮で腕を振るった石黒光一を迎え、血湧き肉躍る快作に仕上がっている。

5巻以降のガイバーはさらに加速!

生徒たちは五人衆襲撃事件の記憶を消され、平穏な日々を過ごしていた。瀬川兄妹を人質に取られ、実験用試作ゾアノイドにされた玄蔵との闘いでコントロールメカニズムをエグり取られた晶の運命は…。悪が勝利するのかとハラハラさせる5巻。最終巻では、数千万年前、人類は〝降臨者〟により生体兵器の素材として作られ、その秘密を手に入れたクロノスは、地球に君臨しようとしているという衝撃的事実が明かされる。復活を遂げた晶とガイバーIIIは協力し、クロノス日本支部を破壊する。（松原）

第1巻「出現!! 驚異の強殖装甲」①89／09／25 **第2巻「激突!! 二人のガイバー」**①89／10／25 **第3巻「謎の影!! ガイバーIII」**①89／11／25 **第4巻「猛撃!! 超獣化兵五人衆」**①89／12／16
（1～4巻共通）②バンダイビジュアル ③30 ④アニメイトフィルム ⑤石黒光一 ⑥4500 ⑦有 ⑧有 ※5巻以降は90年代に発売

CHECK!　続編『強殖装甲ガイバー ACTII』

約2年のスパンを空けてスタートした第2シーズン。テンション高めの作画だった前作に比べ、若干描き込み率が下がったものの、ゾアノイドにされた父親を殺してしまい、そのトラウマで晶が殖装できなくなるなど物語は高いボルテージをキープしている。91年と94年にはハリウッドで実写版（91年度版の監督は、KBDなパンクバンド、THE MADのスクリーミング・マッド・ジョージ）、05年にはテレビアニメ版も制作された。

234 ザ・ボーグマン ラストバトル

▼巨大ボーグマン・オメガと壮絶な戦いが始まる!

『聖闘士星矢』の大ヒットを受けて制作されたテレビシリーズ『超音戦士ボーグマン』は、主人公たちがバトルスーツを装着して戦う近未来SF作品である。キャラクターデザインに菊池通隆こと麻宮騎亜を起用し、玩具購入層のキッズ以外にも支持された。特にヒロインであるアニス・ファームのバルテクター装着シーンはバンクシーンで乳房が揺れる、という罪深いカットで多くの高年齢アニメファンを虜にした。

本OVAは妖魔との戦いが終わったテレビシリーズの3年後、新たなる敵・オメガとボーグマンの戦いを描いた。OVAの金字塔ともいえる『バース』において、金田伊功系アニメーターとして活躍した上妻晋作が原画を担当しているのも見所のひとつ。

ボーグマン自体は90年に入っても、『LOVERS RAIN』『超音戦士ボーグマン2―新世紀2058―』と展開していく。(キムラ)

①89/09/25 ②東宝ビデオ ③60 ④葦プロダクション ⑤根岸弘 ⑥11000 ⑦有 ⑧有

CHECK!

ゲームとOVA

セガで人気ゲームにもなった『ボーグマン』をはじめ、ファン拡大に相乗効果をもたらしたアニメとゲーム。『イース』『沙羅曼蛇』『Xanadu』などゲームをアニメ化する媒体としてもOVAは需要があった。

235 九鬼谷温泉艶笑騒動譚 まんだら屋の良太

版画家でもある漫画家・畑中純が、北九州小倉にある架空の温泉郷を舞台に「まんだら屋」という温泉宿のひとり息子・良太と周囲の人々を描いた叙情的な連作艶笑譚。連載開始は79年なので10年にわたる長期連載であり、その後もスピンオフ的作品も発表された畑中のライフワークともいえる作品だ。テレビドラマ、映画に引き続き、89年にOVA化された。助平な良太と生真面目な月子のかけ合いも楽しい本作を監督したのは、『ルパン三世』シリーズの青木雄三。(キムラ)

①89/09/25 ②バンダイビジュアル ③50 ④砂工房 ⑤青木雄三 ⑥10000 ⑦未 ⑧未

236 緑山高校 甲子園編

いきなりハイテンションな試合シーンからスタートする破天荒なスーパー野球アニメ。

創立したばかりでチーム全員が1年生の緑山高校は、大阪見物をしたいという想いだけで勝利し、予選を突破する。「週刊ヤングジャンプ」に連載された桑沢篤夫の原作同様、思い切ったデフォルメで熱くOVA化。二階堂定春役・千葉繁のハイテンションも、熱さに拍車をかけている。5巻以降は90年代にリリースされた。(松原)

1「全員一年生の甲子園」①89/09/25 ③45 2「剛球豪打二階堂!!」①89/10/25 ③45 3「なるか27三振!? なるか大阪見物!?」①89/11/25 ③50 4「対桜島! エースはオレだ!!」①89/12/21 ③40 (1〜4巻共通) ②ウオカーズカンパニー ④バルク ⑤池田成 ⑥5800 ⑦未 ⑧有 ※5巻以降は90年代に発売

237

MEGAZONE23 Ⅲ
イヴの目覚め／解放の日

　前作から3年後にリリースされた第3作。連続する2エピソード「イヴの目覚め」「解放の日」が制作され、劇場公開も展開された。新作が発売されるたびにビジュアルと世界観が更新されていく「MZ23」。今回の監督は荒牧伸志と八谷賢一、キャラクターデザインを北爪宏幸（イヴのみ美樹本晴彦）が担当。前作ラストから何百年も経った地球を舞台に、新たなる「箱庭の世界」の物語が描かれることとなった。

　バハムートによって地球への帰還を果たした人類は、コンピューター「SYSTEM」に管理を委ねた都市「エデンシティ」で繁栄の時を迎えていた。天才的なハッカーであるエイジ・タカナカは「SYSTEM」を管理する情報監督局「E=X」に抜擢され、対ネットジャッカー部隊・ガーランド隊に配属される。しかし、「SYSTEM」に管理される現状を不満とするゲームメーカー「オレンジ社」の武力蜂起、そして極秘に進められる謎のプログラム「プロジェクト・ヘヴン」が、エイジを人類存亡を賭けた戦いへと誘っていく。

　当時のSFの最先端であったサイバーパンク・ムーブメントの波をザブンと被った本作、オープニングのサイバーゲーム「HARD ON」プレイ風景やデザイン・ギミックにも新たな意匠が取り込まれている。舞台も未来都市のビジュアルに変わったことで、まったく新たな物語が語られるかと思えば、さにあらず。時祭イヴとバハムートがストーリーに大きく絡み、そしてまさかの矢作省吾が意外な形で再登場、本作もまた「MZ23」の正当な続編であることがクライマックスで明らかにされていく。（伴）

イヴの目覚め ①89／09／28 ③52 **解放の日** ①89／12／22 ③50 **（全巻共通）** ②ビクター音楽産業 ④AIC ⑤荒牧伸志／八谷賢一 ⑥9200 ⑦有 ⑧有

238

ドッグソルジャー
DOG SOLDIER:SHADOWS OF THE PAST

　今や格闘漫画の巨匠となった猿渡哲也による初期代表作をOVA化。かつてレンタルビデオ屋には、スタローンに影響を受けた数え切れないほどの偽ランボーがアクションコーナーを不法占拠していた。漫画界にも押し寄せる一大ムーヴメントの中、小成たか紀原作「ゴリラ」と双壁をなした（俺の中で）傑作が本作である。アニメ化にあたり元グリーンベレーの凄腕である主人公ジョン・キョースケ・飛葉の声をなんと神谷明が担当。飛葉のベビーフェイスに若干のミスマッチ感を抱かなくもないが、その声もあってか前半のギャグパートから後半どんどんハードモードにシフトチェンジするストーリー展開に残酷過ぎる『シティハンター』と感じずにはいられない。（ロビン）

①89／10／08 ②CBSソニー ③45 ④J.C.STAFF／アニメイトフィルム ⑤江幡宏之 ⑥12039 ⑦未 ⑧未

239

鎧伝サムライトルーパー 輝煌帝伝説

▼ますます凛々しく美しく戦う5人の侍たち

戦国武将を祖先に持つ5人の少年たちが、それぞれ「仁・義・礼・智・信」の5つの力を持って、「鎧擬亜」という武具（アーマー）を装着し、妖邪帝王・阿羅醐を討伐するために戦う姿を描いて、熱狂的な女性ファンを獲得した『鎧伝サムライトルーパー』のOVA第2弾。

新宿が熱帯雨林に！戦士・ムカラとは？

突如、新宿が熱帯の樹木に覆いつくされ、密林と化してしまう。駆け付けたトルーパーたちの前に、アフリカの戦士・ムカラが立ちはだかる。ブーメラン型の武器を用いて戦うムカラは、生身のままでもトルーパーたちを圧倒するが、彼はさらに「黒い輝煌帝の鎧」まで召喚してみせた。これはサムライトルーパーたちが使う「白き輝煌帝の鎧」と対になった強力な鎧である。トルーパーたちは、ムカラがまとった「黒い輝煌帝の鎧」の謎を求めて、遠くアフリカの地に旅立った。

さらに美麗になったOVA第2弾

全4話のうち、1話と2話は、サムライトルーパーとムカラとの戦闘を中心に描かれるが、3話以降は、戦闘自体の意義に苦悩するトルーパーたちの姿が描かれる。鎧をまとって戦うことの意義とは何か、そして、自分たちは「輝煌帝の鎧」にあやつられ、翻弄されているに過ぎないのではないか…。こうして5人のサムライトルーパーは、「心のない鎧の暴走」を阻止するため、実体化した「白き輝煌帝の鎧」に、そしてムカラと一体化してしまった「黒い輝煌帝の鎧」に戦いを挑むのであった。

OVA第1弾『外伝』がアメリカの摩天楼やチャイナタウンで鎧の力を悪用しようと目論む妖術師や科学者と戦う、という内容であったのに対して、本編では、アフリカのジャングルやサバンナを舞台としている点で好対照な作品となっている。また、80年代末期〜90年代初頭に制作されているため、トルーパーたちはもちろん、新キャラである戦士・ムカラも、前作のOVAを上回る美麗な作画で描かれており、本作の人気を支えた女性ファンを喜ばせた。（吉田）

Vol.1「太陽のムカラ」①89／10／08 Vol.2「黒い輝煌帝」①89／11／01 Vol.3「走り始めた鎧」①89／12／01（1〜3巻共通）②CBSソニー ③30 ④サンライズ ⑤浜津守 ⑥3786 ⑦有 ⑧有 ※4巻は90年代に発売

240

海の闇、月の影

双子の姉妹・小早川流風と流水が所属する陸上部部員たちが、太古のウイルスに感染し倒れていく。二人はウイルスに適応し、超能力を手に入れる。しかし、流水はウイルスに負の感情を増幅させられ、残忍な性格に豹変。次々に人々を支配下に収め、流風を殺そうと罠をしかける。被害を防ぐため流風は戦う決意をするのだった。篠原千絵が「少女コミック」に連載したルナティック・サイキックミステリーをOVA化。各巻の巻末にはおまけ映像「Cherryのまんま」「あの子に1000%」「少コミワールド」が収録されている。**（松原）**

第1章「甦る呪い」①89／10／14 **第2章「悪夢の予感」**①89／10／14 **第3章「運命の対決」**①89／12／14 **（全巻共通）**②バンダイビジュアル ③40 ④ビジュアル80 ⑤出崎哲 ⑥9800 ⑦有 ⑧未

24

ぶっちぎり

中学時代、暴走族・銀狼の頭を務めていた高原陣は、白滝学園高校入学と同時に大げんか。退学処分を受けそうになったその時、豪速球を投げる腕を見込まれ野球部入部を条件に不問とされた。陣はライバル暴走族グループとの戦いの中、甲子園までぶっちぎれるのか⁉ 中原裕が「週刊少年サンデー」に連載した、野球暴走族漫画という少し欲張りな作品をOVA化。全4巻が制作され、2巻以降は90年代にリリースされた。**（松原）**

①89／10／27 ②日映エージェンシー／パック・イン・ビデオ ③50 ④日本映像 ⑤谷田部勝義 ⑥12020 ⑦有 ⑧未 ※2巻以降は90年代に発売

242

ヤンキー烈風隊2

二代目襲名!! 血染めの特攻服

劇場版『六神合体ゴッドマーズ』『魁!! 男塾』などで培われた今沢哲男監督渾身のケレン味が遺憾なく発揮されたシリーズ第2弾。相変わらずの過剰な侠気が東堂に認められ、なんと二代目総長を任されることになるも、またもやいざこざに巻き込まれる門田を描く。「見れば闘志が湧く日本一の超硬派アニメ」を標榜するだけあり「不良ことば指導員」なるスタッフに、かの〝イクラちゃん〟をキャスティングする本気《まぶ》っぷり。**（ロビン）**

①89／10／27 ②東映ビデオ ③50 ④東映動画 ⑤今沢哲男 ⑥12020 ⑦有 ⑧有 ※3巻以降は90年代に発売

mini column

DVD、ブルーレイでサバイヴする80's OVA

未DVD、ブルーレイ化の作品が多いと思われる80年代OVAだが、本書のデータを見てもらえれば分かる通り、現行で鑑賞することができる作品は多い。『メガゾーン23』『イクサー1』などグラビアで紹介した名作と称される作品はもとより、『渋谷ホンキイトンク』『冒険してもいい頃』なども視聴可能だ。『幻夢戦記レダ』『クリスタル・トライアングル』や『バオー来訪者』など、今やレアDVDとなっている作品もあり、ワンショットでしかプレスされない可能性もあるだけに、見かけたときは千載一遇の機会と思い嫁を質に入れてでも購入する価値はあるかもしれない。また、『ザ・ヒューマノイド』や『M.D.ガイスト』のように海外でDVD化されているものもある。海外版DVDはかなり前からDVD Fantasiumなどの通販で比較的手に入りやすい環境が整ってきているので、本書で気になった作品は万難を排して観ることを勧める。ただし海賊版には手を出さないように。**（松原）**

243

エースをねらえ！ ファイナルステージ

▼アニメオリジナルの展開で大団円を迎える

これまで何度かおこなわれた『エースをねらえ！』のアニメ化は、原作である漫画の基本ラインを守って忠実に描かれてきた。ところが、前作『～2』を引き継いだ本作では、漫画版とはまったく異なるストーリーが展開してゆく。『～2』の最終話におけるお蝶夫人との対決に惜しくも敗れた岡ひろみであったが、企業からの勧誘を受けるなど、プロ転向の話題も出る選手に成長していた。一方、ひろみに勝って大会で優勝したお蝶夫人の去就が注目されたが、記者会見ではプロへの転向についてはあいまいな態度に終始した。そんな中、西高テニス部時代の先輩である藤堂が、大学をやめ、突然プロ転向を宣言する。プロを見据えて桂コーチと特訓中の藤堂のもと、お蝶夫人がひろみ、尾崎、千葉とともに面会におとずれ、すでに選手としてのピークを越えた自分たちはプロとしては決して活躍できないと詰め寄るが、藤堂の決意は固く、渡米し、プロとしての第一歩を踏み出す。藤堂はプロデビュー戦で格下の相手に敗れてしまうが、それを隠して、サーキットに出場し続けていた。藤堂を慕うひろみは、心配のあまり、アメリカに旅立ち藤堂を探すが、すでにアパートを引き払って転居していた。途方に暮れるひろみの前に、再起をかけてアメリカのサーキットに参戦している緑川蘭子があらわれる。彼女の協力もあって、藤堂を探し当てたひろみは、自分の想いを打ち明け、帰国する。その後、日本国内で開催される国際大会「東京カップ」への出場権を得たひろみは、緑川蘭子やお蝶夫人たちが海外のトップ選手に敗れる中、桂コーチのもと、さらなる特訓に挑み、あるプレイを会得したことで海外のプレイヤーと互角の戦いを進めていくが…。

若者たちの苦悩を描いた青春群像劇

原作漫画の特徴を一言でいうなら、岡ひろみという選手をトッププレイヤーとして世界に送りだすために、ほぼすべての登場人物が、身を挺して「捨て石」となっていく点にある。とりわけ後半は、多用される仏典などからの引用もあって、宗教的な雰囲気すら漂う。一方、本作では、ひろみを取り巻くそれぞれの人物の“若者としての苦悩”が描かれる青春群像劇の要素が大きくなっている。原作漫画が描かれてから相当の年月が経過していることなどを考慮するなら、アニメ化にあたってストーリーを大胆に変更するのも当たり前であるが、制作スタッフによる各キャラクターの解釈が的確なため、ほとんど違和感を覚えないという点で、本作を80年代ＯＶＡ文化の「お手本」と呼んでも差し支えないだろう。（吉田）

Ｖｏｌ．１「僕は好きだ、君が！」「19才の夏」①89／10／25 Ｖｏｌ．２「ＮＥＶＥＲ ＳＡＹ ＧＯＯＤ ＢＹＥ」「会いたい、藤堂さん」①89／11／25 Ｖｏｌ．３「もう引き返せない」「ニューヨーク、藤堂さんのいる街」①89／12／25（１～３巻共通）②バンダイビジュアル ③50 ④東京ムービー新社 ⑤出崎統 ⑥１２０００ ⑦有 ⑧有 ※４巻以降は90年代に発売

244

超人ロック ロードレオン

▼長寿人気SFコミックスがOVAシリーズ化

永遠の命を持つ強力なエスパーの活躍を通して描かれる宇宙抒情詩として60年代後期に同人誌上に初登場した『超人ロック』は、77年の商業誌における再デビュー以降、現在も聖悠紀の手によって描き継がれている超能力漫画の金字塔である。本OVAは、その『超人ロック』の2度目の商業アニメ化作品。84年に封切られたアニメ化第1作目にあたる劇場版は、原作における「魔女の世紀（ミレニアム）」編をベースに制作されたが、本作は全3巻（各巻30分）のOVAとして、原作版でも評価の高い「ロード・レオン」編をもとに、89年に制作された。前作の劇場版では、当時まだ普及していなかったコンピューターグラフィックスの技術を作画に取り入れたことなどが話題となったが、こちらのOVA版は、原作にかなり忠実にストーリーが進行していく。

会社乗っ取りを目論むジョーグ・ロト（後のアストリス・コンツェルン総帥）に両親を目の前で惨殺され、妹は目をつぶされ、自身も右腕を切り落とされたロード・レオンは、孤児院で生活するうちに自身のエスパー能力に目覚め、海賊となってジョーグ・ロトへの復讐に乗り出す。銀河連邦より依頼を受けたロックは、ロード・レオンの妹、フローラの協力のもと、レオンの説得に乗り出すが…。

原作ファンも喜ぶサービスシーンも！

アニメオリジナルの展開として、ジョーグ・ロトに雇われ、フローラを誘拐するエスパーとして、「魔女の世紀」で壊滅したカーン財閥の残党5名が登場し、終盤にはロード・レオンとの激しいサイキックバトルシーンをみせてくれる。このエスパー5人の超能力を吸収し、思念体として巨大化したロード・レオンとロックとの最終決戦は、本作最大の見せ場であろう。

なお、ロード・レオンVSロックの対決における最終シーンでは、ロックの薄れゆく意識の中に「魔女の世紀」のメインキャラクターであるジェシカやコーネリアが登場し、ファンを喜ばせている。

本作で脚本を務めたのは、アマチュア時代に『超人ロック』の1エピソードである「コズミックゲーム」を自主制作で8ミリアニメ化したひろたたけしであり、彼は続くOVA『超人ロック 新世界戦隊』でも監督として活躍している。（吉田）

Vol.1「機械仕掛けの手を持つ男」①89/10/25 Vol.2「対決の超能力者」①89/11/25 Vol.3「青い目のフローラ」①89/12/16 （全巻共通）②バンダイビジュアル ③30 ④日本アニメーション ⑤石黒昇 ⑥7800 ⑦有 ⑧有

CHECK!

新世界戦隊とミラーリング

『ロードレオン』以後、91年に初期の名作エピソード『新世界戦隊』が全2巻で、『新世界戦隊』から繋がる『ミラーリング』が00年にOVA化された。『ミラーリング』はDVDでの発売となり、原作と同じく、息の長いシリーズとなっている。

245 バオー来訪者

霞の目博士によって生み出された最強の生物兵器〝バオー〟。そんなバオーに寄生された少年・橋沢育朗は、研究機関ドレスの研究対象として列車で施設へ移送されている最中、同じく研究対象になっていた超能力者の少女・スミレと共に逃走することに。しかしドレスから放たれた刺客の追跡を許してしまった2人は、逃走中に襲撃を受けてしまう。深手を負い窮地に陥った育朗だったが、戦いの中でバオーの戦闘能力に目覚め撃退。束の間の安息を得るも、第二の刺客であるサイボーグ・ドルド大佐が育朗たちの前に現れる。暗殺術と狙撃術に長けているうえ、機械の体を持つドルドを相手に、育朗のバオーの能力を以ってしても苦戦。さらにはドルドを倒しきれず、スミレを攫われてしまう。霞の目博士は彼女をドレスの施設へ幽閉し、音の拷問を行い育朗の来るのを待っていた。育朗はスミレを助けるため、研究所へ乗り込んでいく。ドルドは遠距離から育朗に狙撃を行うが失敗、反撃によって悲惨な最期を迎える。ついに施設内部へと乗り込んだ育朗は、スクーム族最後の戦士にして地上最強の超能力者・ウォーケンを倒し、スミレのもとへ辿りついた。彼女は仕掛けられていた罠によって瀕死の重傷を負ってしまうが、育朗が自らの血を飲ませることで彼女の蘇生に成功する。目的を達成したのもつかの間、育朗との戦いによって能力の制御を失ったウォーケンが暴走。育郎は最終決戦に臨む。命を賭けた死闘の末、ウォーケンは死亡、育朗はドレス研究所の爆発に飲まれ、バオーと共に海底で長い眠りにつく…。残されたスミレは、自身が17歳になった時に育朗と再会することを予知していた。

『ジョジョの奇妙な冒険』(以下、ジョジョ)シリーズで知られる荒木飛呂彦の漫画が原作。デビュー初期の作品ではあるが、ジョジョに通じるド派手な演出のバトル・アクションや独特の擬音、セリフ回しに荒木節が詰まっている。少年と少女の成長、異形の存在になった少年の葛藤、洋画のようなテンションが持続する展開を内包したストーリー構成は、非常に完成度が高い。ジョジョの人気と共に、アニメとしての完成度も非常に高いため、本OVAの評価が年々高まっているのは妥当だと言える。(加藤)

①89/11/01 ②集英社/東宝 ③50 ④東宝 ⑤横山広行 ⑥9200 ⑦有 ⑧有

246 聖獣機サイガード -CYBERNETICS GUARDIAN-

破壊神が甦り 世界は煉獄の炎に染まる

時は2019年、未来都市サイバーウッドで展開するサイバーパンク・バイオレンス作品。監督・原案・絵コンテは大畑晃一、脚本は三条陸、キャラデザは山形厚史で、アダルトな雰囲気も作品の魅力。45分の尺に収まらないくらいさまざまな要素が盛り込まれている。

警察官がどんどん死ぬのは序の口で、ロボットのドリルで人をグリグリする描写の壮絶さ！　しかも、主人公の使う武器は斧で、敵を真っ二つに。全編、容赦ないバイオレンス・スプラッター描写が多く、B級ホラー映画の味わいがある。

　悪魔崇拝のカルト教団が用意した肩の部分が蕚になっている鎧も異様だが、終盤にこの鎧以外に龍の形をしたものなど複数の鎧が登場するので、次はこいつらが敵になる次回作品を計画していたのかもしれない。もし、続編が作られていたらどんな戦いを見せてくれたのか。主人公とヒロインがあてどのない旅路に出るラストシーンも余韻が残る。（かに）

①89／11／01 ②双進映像／アスミック ③45 ④AIC ⑤大畑晃一 ⑥11800 ⑦有 ⑧有

247 魔狩人 DEMON HUNTER

80年代初頭の漫画同人誌界で注目を集め、熱狂的なファンを獲得した毛羽毛限による同名商業コミックのOVA化作品。

　かつて冥界でその名を轟かせながら、ある事件で幽閉されていた夜魔は、封印を解かれる条件として地上を跋扈する魔物を退治する魔狩人となる。魔物退治にも飽きていた矢先、前世で夜魔の恋人であった高校生・黒鉄生と再会して…。89年という制作年代もあって、同人誌文化で培われた独特のアングラなドラマツルギーが、オーバーグラウンドへ解放されていく状況が垣間見えるOVAとして重要な一本となっている。もりやまゆうじによるキャラクターデザインの魅力もさることながら、『戦え!!イクサー1』や『Call Me Tonight』などで活躍した故・わたなべぢゅんいちによるモンスターのデザインも素晴らしい。（吉田）

①89／11／08 ②バンダイビジュアル ③30 ④スタジオファンタジア ⑤岡本達也 ⑥8920 ⑦有 ⑧未

248 クレオパトラD.C. FORTUNE 2 クリスタル・ファラオ

ひょんなことから世界経済の半分を支配するといわれる巨大企業「コーンズ」を引き継いだ金髪碧眼の黒人少女・クレオの活躍を描く新谷かおるの同名漫画のOVA第2弾。本作では、「世界を滅ぼす」といわれる巨大なダイヤ「ファラオ」を巡り、ダイヤをレーザー兵器のレンズとして使用し地球を焼き払おうとするスレンダー一味と、クレオたちとの戦いを描く。冒頭の真っ赤なコルベットによる街中でのカーチェイスから始まり、スレンダー一味が乗ったスペースシャトルをクレオが戦闘機で追いかけて爆破する終盤の展開まで、ド派手で豪華なアクションシーンが楽しめる作品となっている。また、1、2巻を通して登場する軍人カーツ大佐の、どことなくコミカルで不死身な戦いぶりにも注目。なお、全3巻のOVAのうち、89年に制作された2本は、新谷かおるの原作漫画をほぼ忠実にアニメ化しているが、90年発売の第3巻のみビデオオリジナルのストーリーとなっている。（吉田）

①89／11／24 ②東映ビデオ ③30 ④エイジェント21 ⑤吉永尚之 ⑥8260 ⑦有 ⑧有
※3巻は90年に発売

249 アッセンブル・インサート 前編

▼ヒーロー候補に選ばれたのは怪力少女！

アニメ雑誌「OUT」の別冊「アニパロコミックス」に連載していたゆうきまさみの漫画をアニメ化。パロディ満載な作品。雑誌名通り、いきなりアニメ化以前の『究極超人あ〜る』のイメージソング「エクセレント・チェンジ究極戦隊コウガマン」をわざわざ映像を付けて使ったり、劇中栄養ドリンクCMに声優笠原弘子と川村万梨阿が顔出し出演したりと、そのノリは悪化している（後編ではセリフ付きでR・田中一郎も出演）。

悪の組織・デモンシードに対抗すべくスーパーヒーローをオーデションで選ぶことに。そこで母と姉に勝手に応募されてしまった14歳の怪力少女・南風まろんが選ばれ、歌って踊れる正義のスーパーアイドルが誕生した。アイドルものらしく挿入歌も多い。原作が3話しかないのだが、前編に1話と2話をまとめ、後編に3話をうまく膨らませて物語をうまく収めている。良くも悪くも80年代という時代ならではの作品。（坂本）

①89／12／21 ②東北新社／ワーナー・パイオニア ③30 ④スタジオこあ ⑤知吹愛弓 ⑥5000 ⑦有 ⑧有 ※後編は90年代に発売

CHECK!
アッセンブル・インサート THE BEGINNING
本編発売前に発売されたメイキングビデオ。スタッフインタビューなどを収録。
①89／10／10 ②東北新社／ワーナーパイオニア ③7 ④スタジオこあ ⑤ー ⑥999 ⑦未 ⑧未

250 ミニ四ソルジャーRin！

ミニ四駆で活躍する四駆馬リン。ボンボンのワカは彼にライバル心を燃やす。死神博士のコスプレをした使用人（？）の天本らは、ワカのために特殊なミニ四駆を開発する。しかし、「第30回ミニ4グランプリ」でリンに惨敗。ハンドパワーを駆使する怪人物と5億円をかけた仕掛けで、リンを倒そうとするが…。

好事家におなじみの大陸書房から、ミニ四駆ブームの真っ只中に低価格（1980円）でリリースされた熱血ミニ四駆アニメ。チャイルディッシュなギャグも満載で今観ると逆に新鮮だ。（松原）

①89／11／16 ②大陸書房 ③30 ④日東動画 ⑤武藤裕治 ⑥1980 ⑦未 ⑧未

251 Ys イース 序章

〝嵐の結界〟に覆われ、呪われた国と呼ばれるエステリアに向かうアドル。エステリアに辿り着いた彼は、女占い師サラからイースを救うために現れた伝説の勇者だと告げられる。アドルはエステリアを救うため、旅に出るのであった。

人気ロールプレイングゲームを全7巻でシリーズアニメ化。序章は牧歌的ムードが漂い、刺激が少ないので、最終話まで一気観がおすすめ。

91年に完結後の翌年には、続編となる「イース 天空の神殿」が全4巻でアニメ化された。（松原）

①89／11／21 ②キングレコード ③30 ④アーバン・プロダクト ⑤神谷純 ⑥4369 ⑦有 ⑧有 ※2巻以降は90年代に発売

252 プロジェクトA子 完結編

亜弓先生が結婚? すべての謎が明らかに!

A子やB子は相変わらずC子をめぐって戦ったり、K君をめぐって対立したりと、ドタバタな毎日を送っていた。ある日、A子たちのクラスの担任・亜弓先生がK君とお見合いをすることに。それを知ったB子はお見合い阻止のため現場に乱入。そこにA子も加わりお見合いは滅茶苦茶になるが、亜弓先生はその場でK君との結婚を宣言し、翌日に挙式を。そんな状況の中、地球には多数の宇宙船が近づいていた。

シリーズ4作目にして、タイトル通り完結編（とは言っても、この後に派生作品『A-Ko The VS』が後に作られたが）。『あしたのジョー』など他作品のパロディがふんだんに盛り込まれ、思わずにやりとしてしまうシーンが満載。一作目で語られたC子の生い立ちがストーリー終盤の肝になり、A子たちのドラマにひとつの終止符が打たれた。（加藤）

①89/11/21 ②ポニーキャニオン/創映新社 ③60 ④スタジオファンタジア ⑤もりやまゆうじ ⑥11000 ⑦有 ⑧有

253 冒険してもいい頃 1 初挑戦! AV業界!!

87年から89年まで「ビッグコミックスピリッツ」に連載されたみやすのんきの漫画が原作。すでに「月刊少年ジャンプ」では『やるっきゃ騎士《ナイト》』、「月刊少年チャンピオン」では『LOVE! LOVE! LOVE! アミィ』と、お色気コミックで人気を博していたみやすのんきが、大学卒業後にAV製作会社に就職してしまう青年の成長を描いた。『やる気まんまん』に続いてお色気路線を狙ったナック制作の本OVAは、森村あすか、豊丸、藤沢まりのといったAV女優を声優に起用し、音楽をなぜか内田裕也が担当するなど『チャージマン研!』の西野聖市プロデューサーならではの斬新な采配が注視された。レンタルビデオ店などではアニメファン以外にもアピールすることに成功し、90年には『青春! 燃えてクランクイン!』『アポロ軍団ゲリラ撮影隊参上!』とシリーズは続いた。（キムラ）

①89/11/21 ②ジャパンホームビデオ ③45 ④ナック ⑤落合正宗 ⑥12600 ⑦有 ⑧有 ※2巻以降は90年代に発売

254 独身アパートどくだみ荘II

エッチではなく"助平"! アダルトな笑い全開!

スナックで偶然知り合った女を家に泊めることになったヨシオ。女は過去に関係を持った男は全員死んだと話すが…。「デス・トラップ」「突撃! 奥多摩探検隊」の2本を収録。

実写映画、ビデオドラマ化もされたが、本OVA含めどれもDVD化されていない。もし、ブルーレイ化の際は、ジャケットに描かれた赤ら顔でビンビンに股間をおっ勃てたり、パンストをハンモック代わりにしたりしているヨシオの勇士はそのまま流用してもらいたい。（松原）

①89/12/20 ②日本コロムビア ③46 ④砂工房 ⑤小田仁 ⑥9800 ⑦有 ⑧未 ※3巻は90年代に発売

255 青き炎

青い炎が燃える
黒い心を持った男の物語

柳沢みきお・原作漫画のアニメ化。監督は石黒昇で、時期的に『銀河英雄伝説』1期終了直後の作品。

片田舎の高校生・海津龍一は頭脳明晰のイケメンマッチョ。しかし友人は作らず学校でも浮いた存在だが、女子生徒のあこがれの的だった。さらにホステスの愛人がいて金を貢がせつつ、後輩の大病院の娘と付き合い反対する親から手切れ金を奪う周到さと金への執着心を持つ。実家と縁を切り、上京して慶応大学に入学。テニスサークルに入り、金のために女を抱き、さらなる悪の道を進もうとするところで話は終わる。

「ヤングサンデー」連載の原作はその後、ヤクザと絡んだり殺人を犯したり、遂に金持ち未亡人と結婚して大金を手に入れるのだが、なぜか宗教的展開で唐突に連載終了。まったくオタク的要素が無く、バブル感満載のこの作品は、レンタルビデオ店全盛期だからこそアニメ化できたのであろう。龍一の声は堀内賢雄が担当。**（坂本）**

①89／11／24 ②日映エージェンシー／パック・イン・ビデオ ③50 ④日本映像 ⑤石黒昇 ⑥12020 ⑦有 ⑧未

256 がきデカ

一世を風靡した
超絶悶絶ギャグ！

74年から80年まで「週刊少年チャンピオン」に連載され、「八丈島のキョン！」「死刑！」などの流行語を生み出し、一世を風靡した山上たつひこ原作の大ヒットギャグ漫画が突如89年にOVA化。しかも、OVAとは違う制作会社により同タイミングでテレビ版アニメもスタート。両制作会社共その企画を知らず、偶然同じタイミングだったというのも、大らかな時代ならでは。

脚本はギャグなら〝安定〟な浦沢義雄が担当。「勉強は楽しいのだ」「野良犬はいやじゃ！」「思い出のテニスコート」の3エピソードを収録している。**（松原）**

①89／11／24 ②大映 ③46 ④亜細亜堂 ⑤中村孝一郎／佐藤竜雄 ⑥12000 ⑦未 ⑧未

257 HYPER-PSYCHIC-GEO GARAGA ギャラガ

未完の大作をアニメ化！
サイキックアクション

御厨さと美が「別冊アクション」に連載していたSF漫画『惑星ギャラガ』をベースに制作されたOVA。

最新型宇宙船「ジーベック号」はワープ航法中の事故で、想定外の宙域へと飛ばされ、惑星ギャラガへと不時着する。そこでは、サイキックを使うラーの民と、武装した猿人との戦いが繰り広げられていた。

日米合作アニメ『サンダーキャッツ』の窪秀巳が監督を務め、作画監督に谷口守泰、原画その他のスタッフも90年代以降に頭角を現す若手クリエイターが集結しており、見所満載のアニメであるが、ストーリーや世界観は80年代初頭のOVAを想起させる不思議な作品。**（吉田）**

①89／12／01 ②アスミック ③100 ④アウベック ⑤窪秀巳 ⑥12800 ⑦有 ⑧未

258

WONDER "SAMMA" LAND

サンタクロースつかまえた！

明石家さんまが贈るほっこりするアニメ

クリスマスの日、サンタはいるか、いないかで盛り上がる子供たち。タカ坊はサンタ捕獲作戦を立てるが…。

明石家さんまが原作、製作総指揮を担当した珍品。〝サンタ〟という共通項はあるものの、テレビ番組「明石家サンタ」とは趣を異にする。翌年、同様にさんま原作・製作総指揮で『リリが見たやさしい虹』もリリース。こちらは声優に大竹しのぶ、間寛平、浅野ゆう子が参加し、音楽は本作に続き平松愛理が担当している。**（松原）**

①89／12／06 ②ポニーキャニオン ③25 ④DESTINY ⑤伊藤有一 ⑥4800 ⑦未 ⑧未

259

おがみ松吾郎

笑い、涙、アクションでてめえら、拝んでやる！

「週刊少年マガジン」に連載された伊藤実のヤンキー漫画が原作。ビーボォーの実力派・大森英敏が監督・キャラデザ・作画監督を担当。「てめえら、拝んでやる！」と、喧嘩で半殺しにした相手を拝んで成仏させる松吾郎が、ふとしたことで知り合った小梅の働く保育園を狙うヤクザに立ち向かう。原作のエピソードを、アクションあり、笑いあり、涙ありで少々淡白ながら上手くまとめており、気楽に楽しめる痛快娯楽作品に仕上がっている。**（松原）**

①89／12／16 ②日映エージェンシー／パック・イン・ビデオ ③50 ④日本映像 ⑤大森英敏 ⑥12020 ⑦未 ⑧未

260

孔雀王2

幻影城

第六天魔王を名乗っていた織田信長が復活し、安土大魔城を舞台に孔雀たちと対決。

OVA2作目となる本作の監督は板野一郎、キャラクターデザインに摩砂雪、クリーチャーデザインをハリウッドでも活躍するスクリーミング・マッドジョージ、そして原画には大平晋也、うるし原智志も参加し、クオリティの高い一篇となった。音響はルーカスフィルムが担当し、当時では珍しいドルビーサラウンドでの収録に。

今回の孔雀王は原作にあった呪文バトルよりも、剣撃などのアクション重視のバトルとなっている。ファンの多いキャラクター王仁丸の声優が一作目の石丸博也から玄田哲章となったのは好みが分かれるところ。劇場公開もされ、ゲスト声優も井上和彦、冨永みーな、川村万梨阿、神谷明、大塚周夫、と豪華なのでチェックを。**（キムラ）**

①89／01／03 ②創映新社／ポニーキャニオン ③60 ④スタジオ88 ⑤板野一郎 ⑥11000 ⑦有 ⑧有

mini column

減少するオリジナル、急増する原作もの

「安定を求めてはならない！」。あるアイドルグループのメンバーが解散時に、自身のブログでタイトルに使った言葉である。しかし、どうしても安定を求めてしまうのが経済活動。隆盛を極めたOVA業界は、徐々にテレビアニメと同じく原作ものに安定を求めていく。タイトル数だけ見てみると、88年では約30タイトル少々89年では約40タイトルがテレビシリーズのスピンオフまたは原作ものとなった。巻数を重ねるものも多く、結果的に圧倒的な比率として認識されていたのではないだろうか。オリジナル作品のタイトル数の減少は、他業種から見るとクリエイティブ度の低下と判断され、そんな空気感がOVA衰退を加速させたのかもしれない。しかし、『湘南爆走族』や『ゼオライマー』など、素晴らしい作品もあったことは忘れてはならないだろう。**（松原）**

261

超獣機神ダンクーガ 白熱の終章

▼さらに、やってやるぜ！ 愛憎劇が繰り返される

「ダンクーガ最終章」として制作された全4話からなるOVAシリーズ。「ACT1 魔人転生」のみ89年12月発売でギリギリ80年代OVAとなっている。

物語は『ゴッド・ブレス・ダンクーガ』の出来事からさらに1年が経ち、ディラドという新たなる侵略の脅威に対抗するため、解散していた獣戦機隊メンバーが最後の招集を受ける。そして死んだと思われていた沙羅の元恋人・シャピロが復活し、過去の因縁とも対峙することとなる。

突然の復活を遂げたシャピロと沙羅の愛憎劇などテレビシリーズを踏襲した作品になっているが、前OVAである『ゴッド・ブレス～』はほぼ無かったことになってしまっているのが評価の分かれるところ。ダンクーガの作画は大幅に線を減らし、前OVAとは違った魅力を醸し出している。そしてドラマはファンサービス要素の強かった『ゴッド・ブレス～』とは対照的に重苦しい雰囲気で最終章は語られる。後半は復活したシャピロがほぼ主役であり、忍はサブキャラのような扱い、雅人はローラとは別の女性キャラ・マルテと付き合ったためか獣戦機隊メンバーからも降板し、実質的に作品からも姿を消す。敵であったシャピロがダンクーガに乗り込むという展開には当時のファンも驚きを隠せなかった。

沙羅が忍に放った「一体、何のために戦ってきたのかってね、そう思ったよ…ざまぁないよね。これが地球を救ったヒーローの〝それから〟ってやつか」と言う台詞が胸に刺さる。80年代に一世を風靡した『ダンクーガ』が90年代に大団円を迎え、00年代には『ダンクーガノヴァ』として復活する。（キムラ）

ACT1「魔人転生」①89/12/16 ②バンダイビジュアル ③30 ④葦プロダクション ⑤奥田誠治 ⑥4500 ⑦有 ⑧有 ※2巻以降は90年代に発売

262

エンゼルコップ2〈変貌都市〉

▼新たなる敵、謎のエスパー集団と激突!

“赤い五月”の中心メンバー・タチハラを追う特公メンバーは、遂にその身柄を確保することに成功した。しかし、先の追跡時に怪我をしたライデンはその後、行方不明のまま。しかし、パートナーを見失ってもエンゼルはどこ吹く風。天使感皆無の塩対応に、メンバーの女性・ピースもオカンムリだ。

そのタイミングで、“赤い五月”のメンバーが相次いで謎の死を遂げているという報告が特公に届く。そして、さらに“赤い五月”アジトの炎上、加えてその残党が荻窪のコンピューター会社に立て篭もったという情報がもたらされる。現場に急行したエンゼルたちが目撃したものは、テロリストたちを惨殺する謎の少女と青年の姿だった…。

対テロ組織としての特公の活躍は本作でも全開に。マッチョボディのくせに1話ではパソコンしか触らせてもらえなかったハッカーが大活躍するタチハラ逮捕までのシークエンスは、まさにプロフェッショナルを感じさせる演出とアクションに魅せられる。

1話のラストシーンを予兆にして、ここで物語は一気にスーパーナチュラルな方向性へ。テロリストと特公の戦いに超能力を駆使するハンター・アスラとフレアが踏み込んでくることで、ドラマはいよいよ、その深みを増していくことになるのだ。

そこへ持ってきて本作のラストは、何と身体をガッチリ改造されて文字通りの「ロボコップ」状態で帰還を果たしたライデンが、あっさりと場をさらうことに。刑事に超能力にサイボーグ、このジャンルのごった煮感は、板野&結城コンビの前作「真魔神伝」と何らかの因果性を感じさせられるような気がしないでもない（アスラと結城の、キャラの激似ぶりも含める）。

しかし、本エピソードでのエンゼルの目立たなさは、ある意味異常レベル。今回、原稿を書くために改めて観直してみたが、やはり個人的に一番心に残ったビジュアルといえば、内海賢二演じる特公部長・滝の髭剃り跡濃厚なオッサン顔であった。主人公失格！

MOBSPROOF的には、劇中突如挿入されるハードロック・バンドの演奏場面にも注目だが、20年以上観ていて未だにその歌詞がさっぱり分からない。誰か教えて！

（伴）

①89／12／21 ②ジャパンホームビデオ／創映新社 ③30 ④D.A.S.T ⑤板野一郎 ⑥9600 ⑦未 ⑧有 ※3巻以降は90年代に発売

CHECK!

板野一郎

アニメファンに喝采を以って迎えられた、スピーディーでアクロバティックな戦闘シーンは“板野サーカス”と呼ばれ、後進のアニメーターだけでなく海外の映画監督たちにも影響を与えている。また、印象的で独特なタッチのミサイル描写や非情なゴア描写など、作品を一気にエッジの効いたものに昇華させ、『メガゾーン23 PARTⅡ』など数々の名作を世に放っている。

263 手天童子

墓参りをする柴夫妻の前に鬼が現れ、「15年後に迎えにくる」と赤ん坊を託して姿を消す。赤ん坊は手天童子郎と名付けられ15歳に。身の回りに次々と奇怪な事件が起こる子郎のピンチを救うため、姿を現す護鬼。子郎はこれまで、不思議な事件から自分を守ってくれていたのが護鬼だったことを知る。

2巻以降は90年に入りリリースされた。美雪の兄・勇輔たちと共に、暗黒邪神教と壮絶な戦いを繰り広げる2巻。鬼獄界に向かう戦いの中、美雪は平安時代へ、子郎は宇宙空間に飛ばされてしまう。子郎の前に立ちはだかったサイボーグ戦士アイアンカイザーの正体は…。時を隔てた2人と情念轟く戦いを描いた3巻。凄惨な戦いの衝撃的な結末が明かされる4巻。

精神エネルギーが現実世界に影響し、原因と結果がメビウスの輪のようにねじれ、未来まで変えてしまう、壮絶な母と子の物語を描いた永井豪の傑作を忠実にアニメ化している。（松原）

1「憑鬼の章」①89／12／21 ②日本コロムビア ③50 ④スタジオシグナル ⑤西村純二 ⑥9515 ⑦有 ⑧有 ※2巻以降は90年代に発売

264 MIDNIGHT EYE ゴクウII

迫る殺人サイボーグ！ ゴクウの左目が光る！

スーパーアニメ大賞の監督賞と撮影賞を受賞した前作に続き、原作の第2話「良子」を〝東映スコラビデオ〟としてOVA化。美女・良子から行方不明の兄の捜索を法外な値段で依頼されるゴクウ。彼女は、〝兄のリュウが養父から軍用サイボーグとして改造されるが失敗し、やがては大量殺人を始めてしまうため、一刻も早く見つけ出して欲しい〟と申し出る。ゴクウと殺人サイボーグの死闘を描いた、近未来ハイボルテージアクション作品だ。（松原）

①89／12／22 ②東映ビデオ ③50 ④マッドハウス ⑤川尻善昭 ⑥12020 ⑦有 ⑧有

265 のりピーちゃん♡

マンモスラッキー！ 豪華スタッフでOVA化

「のりぴーちゃん」とは、80年代にカリスマ的人気を博した女性アイドル・酒井法子が描いたキャラクターである。

その人気ぶりはすさまじく、88年には「週刊少女コミック」誌上で4コマ漫画として連載が始まり、さらに89年には同名のOVAが作成された。本作では、丸の中に点が2つ、頭には毛が3本と、極端に少ない線で表現されたのりぴーちゃんの不思議な日常生活が、3本立てのオムニバス形式で描かれている。

主人公・のりぴーちゃんを林原めぐみ、友達のあまのじゃぴーを田中真弓が演じ、監督は初期東映アニメで活躍した大ベテランの小華和ためお、作画監督には谷口守泰が起用されている。制作の契機もさることながら、ビジュアルの単調さと参加スタッフの豪華さのアンバランスによって、忘れえぬ一本となっている。（吉田）

①89／12／25 ②アスミック ③30 ④アウベック ⑤小華和ためお ⑥3500 ⑦未 ⑧未

266

ガルフォース 地球章

▼ガルフォースは人類再生のため大地に降り立つ

前作で大半の地球人は火星へと脱出した。残された東西両陣営は、火星にある国連宇宙局からの司令に従い、殺戮機械MMEの本拠地を叩くべく、先の大戦時に未使用に終わっていた核弾頭を起動、これをぶつける作戦を実行する。サンディたちもこの作戦に加わり、MMEと戦いながらも、核ミサイルの再起動活動を行う。そんな時、自然復活を願う団体・ジオクレスと出会うサンディたち。ミサイルサイロを塞ぎ、このままでは地球が死滅してしまう、というジオクレス代表のサリーの言葉を聞かず、作戦を強行するサンディ。しかし、そこに現れた新型MMEから、核攻撃はまったくの無効だという事実を知らされる。核ミサイル発射を中止すべく、証拠であるディスクを持って司令部に向かう仲間のスコア。ミサイル発射のカウントダウンが進む中、果たして、サンディたちの思いは通じるのか。

舞台を地球に移した サンディたちの戦い

前作で地球に残ったサンディたちの活躍を描く、実質上の地球編のスタートである。80年代はアニメでも映画でも、未来の地球といえば、度重なる戦乱によって荒廃した世界である、というのがセオリーでもあった。この作品でもそんな荒廃した世界で、機械軍との戦い、そして再び核攻撃という愚行を行う人類の姿が描かれる。MMEとの戦いを通して、サンディもまた戦士として成長していくが、その一方で人間的な感情が失われているような印象を受ける。核攻撃に何の疑問も持たず、職務に忠実に動くサンディが、復活の木を目の前に、コロッと心を入れ替えるのはいささか唐突すぎる気もするが、これが作戦中止のきっかけとなっていき、サンディもまた失いかけた人の心を取り戻すのだ。そして物語は90年リリースの第2章へと続き、サンディたち地球人と火星との関係、そしてMMEとの決着が描かれていく。（馬場）

地球章1 ①89／12／25 ②ポリドール ③45 ④AIC ⑤秋山勝仁 ⑥8932 ⑦有 ⑧有
※2巻以降は90年代に発売

リリース本数が多いだけでなく、各キャラクターにファンが付いている『ガルフォース』は音源も多くリリースされている。鈴木聖美、LOOK、小比類巻かほる、白井貴子と所謂、ソニー系アーティストが参加しているのも特徴。90年代に入り、声優の楽曲を集めた『Lady's~Song of GALLFORCE』や、島崎和歌子の歌う「元気がソレを許さない」も収録した『Back to the すくーる・うぉーず』や『ねらわれたスクールウォーズ』とパロディ・ドラマを収録したCDもリリースされた。

執筆者紹介（50音順）

植地毅

CDジャケットやTシャツのデザイン、ゲーム雑誌や「不良番長浪漫アルバム」（徳間書店）など多様な媒体で活躍するライター、デザイナー。

うてなゆき（ネムレス）

レトロゲームとうどんが好きで、たぶんアイドル。「ロックマンとかのボスキャラがいっぱい出てくる面」みたいな楽曲を次々に発表。唯一無二な感じの新ジャンル『ボスラッシュコア』を提唱中。尊敬する動物はイカ。

加藤雄斗

編集プロダクション・リワークス所属の編集・ライター。「シン・ゴジラWalker」（KADOKAWA）や「TIGER & BUNNYぴあ」（ぴあ）などの編集・原稿執筆から、アース・スターノベル発刊の小説「雷帝のメイド」（泰文堂）の編集など、幅広く活動中。

かに三匹

東京都在住会社員。70年生まれ。80年代アニメは青春の1ページ。韓国アニメや宗教団体が制作したアニメの収集を行っている。著書に「韓国アニメ大全 テコンV・反共・反日・いんちき？」（合同会社パブリブ）がある。

キムラケイサク

昭和44年生まれ。阿佐ヶ谷にあるディープなアニソンバー「44sonic」にてマスターをやりつつ、昼は映像家として仮面ライダーや戦隊のCG映像を制作する毎日。好きな80年代OVAは『黒猫館』です。

Twitter＝@keisaku

坂本技師長

69年東京生まれ。アニソンクラブイベント『OTAKU CHRONICLE』でDJやってました。『バース』&『メガゾーン23』作画解説本「AVA AVA」は予約購入なので本名が載っています（笑）。

多根清史

「オトナアニメ」スーパーバイザー/フリーライター。著書に「ガンダムと日本人」（文藝春秋）、共著に「超スーファミ」（太田出版）など。『超時空要塞マクロス』や『超獣機神ダンクーガ』は放送時間が転々と変わることに付き合い続けたリアルタイム世代です…。

中村実香

80年代に菊地秀行の小説にハマり、90年代からレンタルビデオ業界誌を中心に原稿を書き続けるライター。今回、川尻善昭監督作品『妖獣都市』を久々に視聴。その色あせることのない完成度の高さを再確認し打ち震えております。

馬場卓也

ラノベ「バカと戦車で守ってみる!」（サクセス）やゲームノベライズ、シナリオ、「シン・ゴジラWALKER」（KADOKAWA）など特撮書籍から、ウルトラな司会まで幅広くなんでもやるライターなのでよろしく。80年代OVAは『ダンガイオー』推し。

伴ジャクソン

男の墓場プロダクション所属のレスキューライター。主に関わった書籍は、「仁義なき戦い浪漫アルバム」「不良番長浪漫アルバム」（徳間書店）など。最近は、「ヘドバン」（シンコー・ミュージック）、「CONTINUE」（太田出版）にも出没中。

ホシノコ・コウ

思春期に80年代を過ごしたアニメライター。今回、自分が執筆した紹介記事の原稿チェックをお願いした際、お忙しい中にもかかわらず快諾して下さったあさりよしとお先生、羽原信義監督、本当にありがとうございました。

松原弘一良

パンク専門誌「MOBSPROOF」編集長。音楽、映画、漫画、アイドルなど偏ったジャンルを中心に様々な媒体で編集・ライターとして活動中。

吉田正高

69年、東京都生まれ。東北芸術工科大学教授。所有するアニメのレーザーディスクやVHSのコレクションをTogetterでアップしたら編集さんからお声がかかった！というリアル『スター・ファイター』（苦笑）。

リワークス

アニメや漫画の書籍やムックを企画制作する編集プロダクションです。「いまだから語れる80年代アニメ秘話」シリーズ（洋泉社）や「未来警察ウラシマンCOMPLETE BOOK」（ぴあ）などを企画・編集しています。

ロビン前田（赤犬／MANTLEGOD）

バンド活動と並行し、普段は40 overの親父殺しをモットーにアニソンDJとして草の根活動中、といっても全力でポン出し&熱唱&繋ぎの失敗はトークでごまかすスタイル。

編集後記

オリジナルビデオアニメ誕生から30年以上が過ぎた現在、日本はアニメ大国として世界に名を轟かせている。「今期はどのアニメがいい?」などという会話が一般的に交わされるようになり、アニメファンの裾野は広がり、作品数も既存メディアに加えてネット配信も加わり増加の一途を辿っている(しかし、OVAは本数的に減少し、内容的にもスピンオフものが中心で、80年代と比べると隔世の感がある)。作品数の膨大さゆえに〝ディグる〟のが困難になり、アニメファンの世代間における文化の断絶が起きているように思える。今の作品をチェックするだけで大変なのに、過去の、しかも30年近く前の作品をわざわざチェックする若いアニメファンは少ないだろう。

ましてや、DVDやブルーレイになっていない作品も多く、ビデオやLDというハード自体が製造中止となった滅んだメディアである。しかし、そんな滅んだとカテゴライズされている作品の中にはとんでもないエナジーが秘められているのである。『バイオレンスジャック』風にいうなら〝原始の炎〟が秘められているのだ。なぜ、パンク専門誌である「MOBSPROOF」がアニメをテーマにした本書を制作したのかという答えがそこにある。当時、若きクリエイターたちが有り余る才能と情熱を傾け、既成概念やこれまでのアニメ界の枠組みを壊して制作したOVA作品群は、まさにパンクに通じる荒々しいエナジーに満ちたものが多いのである。今も新作が発売されたり、グッズが発売されている息の長い作品もあるが、逆に中途半端で終わった作品、志半ばで終了してしまった作品も多いし、そんな作品こそ愛おしくもあったりする。このまま葬り去られるには惜しい作品を、〝OVA墓場〟から掘り起こしたのが本書である。紹介している作品を観て、中には「失敗した!」と思われる方もいるかもしれないが、それも数年後には飲みの場での笑い話のネタになるかもしれない。なぜなら、時代が変われば視点が変わる。当時、〝クズ作品〟とこき下ろされたものも少なくはなかったが、今の観点で観ると面白い…というか許せるし、〝アリかもな〟と思わせる作品も多いからだ。本書を読んで、ひとりでも多くの人が気に入った作品に辿り着いてもらえたら幸いだ。わずかでも人の記憶に残れば、その作品が死ぬことはないのだから。今回は最初のステップとして、〝一般向け〟にリリースされた作品レビューをメインとしたが、機会があるなら次回は関係者インタビューや資料をメインにしたいと思っている。なお、アダルトアニメに関しては本書でも多大なご協力をいただいた吉田氏が、盟友の江戸栖方氏と協力して総合科学出版より「80年代アダルトアニメの世界(仮)」を上梓予定であるので、そちらも合わせて楽しんでもらいたい。制作にあたって、当時の膨大な数のアニメ誌、関係資料、ビデオジャケットやチラシなどを参考にした。これまでOVAに関わってきた人たちに、最大級のリスペクトと感謝の気持ちを捧げたい。

松原弘一良(MOBSPROOF)

MOBSPROOF EX
OVA 80's オリジナルビデオアニメ
テープがヘッドに絡まる前に

2018年3月21日　第1刷発行
2018年4月1日　第2刷発行

[編者]
MOBSPROOF編集部

[編集・本文デザイン]
松原“マッさん”弘一良(MOBSPROOF)

[カバー・表紙デザイン]
田中秀幸(Double Trigger)

[写真・資料提供]
株式会社アニメインターナショナルカンパニー
株式会社ガイナックス
株式会社サンライズ
株式会社プロダクションリード

キングレコード株式会社
バンダイビジュアル株式会社
株式会社フロンティアワークス

奥田誠治

植地毅
坂本技師長

[執筆協力]
菊地武司(リワークス)

[協力]
株式会社アーティストクルー
スペースクラフト・エンタテインメント株式会社

[発行者]
工藤和志

[発行所]
株式会社 出版ワークス
〒651-0084
兵庫県神戸市中央区磯辺通3丁目1-2 NLC三宮604
TEL 078-200-4106　http://www.spn-works.com/

[印刷・製本所]
株式会社シナノ

Published by Shuppanworks Inc. Japan
ISBN978-4-907108-15-1　C0076
Printed in Japan

with some small bonus reviews